继续
教育

继续（网络）教育系列规划教材

荣获全国高校现代远程教育协作组评比“网络教育教材建设金奖”

刑法学

JIXU JIAOYU

XINGFAXUE

肖红超 尹亚萍 主编

西南财经大学出版社
Southwestern University of Finance & Economics Press
中国 · 成都

总序

随着全民终身学习型社会的逐渐建立和完善，业余继续（网络）学历教育学生对教材的质量要求越来越高。为了进一步提高继续（网络）教育的人才培养质量，帮助学生更好地学习，依据西南财经大学继续（网络）教育人才培养目标、成人学习的特点及规律，西南财经大学继续（网络）教育学院和西南财经大学出版社共同规划，依托学校各专业学院的骨干教师资源，致力于开发适合继续（网络）学历教育学生的高质量优秀系列规划教材。

西南财经大学继续（网络）教育学院和西南财经大学出版社按照继续（网络）教育人才培养方案，编写了专科及专升本公共基础课、专业基础课、专业主干课和部分选修课教材，以完善继续（网络）教育教材体系。

本系列教材的读者主要是在职人员，他们具有一定的社会实践经验和理论知识，个性化学习诉求突出，学习针对性强，学习目的明确。因此，本系列教材的编写突出了基础性、职业性、实践性及综合性。教材体系和内容结构具有新颖、实用、简明、易懂等特点，对重点、难点问题的阐述深入浅出、形象直观，对定理和概念的论述简明扼要。

为了编好本套系列规划教材，在学校领导、出版社和各学院的大力支持下，成立了由学校副校长、博士生导师杨丹教授任主任，博士生导师冯建教授以及继续（网络）教育学院陈顺刚院长和唐旭辉研究员任副主任，其他部分学院领导参加的编审委员会。在编审委员会的协调、组织下，经过广泛深入的调查研究，制定了我校继续（网络）教育教材建设规划，明确了建设目标。

在编审委员会的协调下，组织各学院具有丰富继续（网络）教育教学经验并有教授或副教授职称的教师担任主编，由各书主编组织成立教材编写团队，确定教材编写大纲、实施计划及人员分工等，经编审委员会审核每门教材的编写大纲后再进行编写。自2009年启动以来，经几年的打造，现已出版了七十余种教材。该系列教材出版后，社会反响较好，获得了教育部网络教育教材建设评比金奖。

下一步根据教学需要，我们还将做两件事：一是结合转变教学与学习范式，按照理念先进、特色鲜明、立体化建设、模块新颖的要求，引进先进的教材编写模块来修订、完善已出版的教材；二是补充部分新教材。

希望经多方努力，力争将此系列教材打造成适应教学范式转变的高水平教材。在此，我们对各学院领导的大力支持、各位作者的辛勤劳动以及西南财经大学出版社的鼎力相助表示衷心的感谢！在今后教材的使用过程中，我们将听取各方面的意见，不断修订、完善教材，使之发挥更大的作用。

西南财经大学继续（网络）教育学院

2014 年 12 月

前 言

进入21世纪以来，我国刑事立法以及司法解释发生了较大的变化，2002—2015年，先后审议并通过了刑法修正案（四）至修正案（九），这其中最重要的当属第十一届全国人民代表大会常务委员会于2011年2月25日通过的《中华人民共和国刑法修正案（八）》对刑法所进行的补充和修改，以及全国人民代表大会常务委员会所做出的相关立法解释和最高人民法院、最高人民检察院所制定的司法解释。与此相应，刑法学研究和刑事司法实践也在不断发展。在此背景下，在西南财经大学继续（网络）教育学院的大力支持下，我们精心编写了这本教材。

《中华人民共和国刑法》、刑法修正案、刑法立法解释以及相关司法解释等构成了我国刑法的基本框架。本教材以这些基本内容为基础，介绍最基本的刑事法律、法规知识。这主要包括：刑法基本原则、刑法效力范围、犯罪客体、犯罪客观方面、犯罪主体、犯罪主观方面、共同犯罪、正当防卫与紧急避险、刑罚执行制度、危害国家安全罪、危害公共安全罪、侵犯公民人身权利和民主权利罪、侵犯财产罪和贪污贿赂罪等内容。本书注重理论与实践相结合，法律规定与司法实务相结合，综合论述了刑事法律相关问题，力求做到科学性、实用性和相对稳定性的统一。

本书内容全面、简洁、系统，既可供本科生、专科生、自学者以及成人教育使用，也可以作为法律从业人员日常工作必备的法律实务手册。

本教材由肖红超（西南财经大学教师、法学硕士）、尹亚萍（云南省政法干部学校教师、法律硕士）担任主编，其他参与编写的人员有：包昌浩（武警警官学院教师）、滕腾（四川省委党校教师、法学博士）、蔡文婷（绵阳师范学院教师、法学硕士）。具体分工如下：包昌浩编写第一章至第五章、第二十八章；肖红超编写第六章至第十章，滕腾编写第十一章至第十五章；蔡文婷编写第十六章至第二十一章；尹亚萍编写第二十二章至第二十七章。

编写本教材时，我们参考了大量的同类教材和专著，特此向有关作者表示诚挚的谢意。本教材的出版得到了西南财经大学出版社的鼎力支持，有关工作人员付出了辛勤的劳动，在此谨致衷心的谢忱。由于时间仓促，加之作者水平有限，虽尽力工作，但教材中的不足与谬误之处在所难免，诚望广大读者批评指正。

肖红超　尹亚萍

目录

绪言

一、刑法学的研究对象

最初人们所说的刑法学，是研究有关犯罪及其法律后果（主要是刑罚）的一切问题的学科，其研究对象包括实体的刑法规范、犯罪原因与对策、刑事诉讼程序、刑罚的执行等内容。但随着立法的发展、法学的发达，许多内容，如犯罪学、监狱法学、刑事诉讼法学、刑事执行法学等都逐渐演变为独立的学科，且与刑法学并列，它们的研究对象，也各有不同。比如，犯罪学以犯罪原因与对策为研究对象，而刑法学一般不直接研究犯罪原因，只研究以刑罚、保安处分为手段的犯罪对策。刑事诉讼法学是从程序角度研究如何侦查、起诉、审理犯罪的刑事诉讼程序运作的学科，而刑法学属于实体法学。刑事执行法学则是研究如何执行刑罚的科学。按照我国刑法学界通说，“刑罚学即研究刑法及其所规定的犯罪、刑事责任和刑罚的科学”①。因此，本书所称刑法学，其研究对象就是刑法及其所规定的犯罪、刑事责任和刑罚，具体来说应当包括：①刑法本身，如刑法的概念、性质、地位、目的、原则、适用范围等；②刑法规范与规定，即刑法对于犯罪及其法律后果的一般规定与具体规定；③对刑法规范的立法解释；④对刑法规范的司法解释，主要是指最高人民法院、最高人民检察院关于具体适用刑法的司法解释。

二、刑法学的理论体系

刑法学的理论体系，是指依据一定原则、原理所构成的刑法理论的有机统一体。刑法学分为总论与分论（罪刑各论），前者研究刑法总则的规定，后者研究刑法分则的规定。就刑法学分论而言，其体系一般按分则规定的体系排列，使刑法学分论的体系与刑法分则的体系相一致。但是刑法学总论的体系与刑法总则的体系虽然密切联系，却并不完全相同。因此，关于刑法学体系的争论，从形式上说主要是刑法学总论体系的争论。

关于刑法学总论，我国存在如下几种体系：一是犯罪论-刑罚论体系；二是犯罪论-刑事责任论体系；三是犯罪论-刑事责任论-刑罚论体系；四是刑事责任论-犯罪论-刑罚论体系。作为一本教材，本书仍然采用最通行的犯罪论-刑事责任论-刑罚论体系。

---

① 高铭暄，马克昌．刑法学［M］．北京：中国法制出版社，1999：2.

三、刑法学的研究方法

研究刑法学，应以辩证唯物主义与历史唯物主义为根本方法。[①] 要从研究对象出发，按照辩证发展的观点，既回顾立法沿革、展望理论前景，又坚持立足于现行立法规定，理论联系实际。具体来说，刑法学研究方法，主要包括历史研究法、比较研究法、社会学研究法和案例研究法。

历史研究法，是指对刑法条文进行历史的分析与未来的展望，弄清刑法的来龙去脉，了解刑法的发展动向的方法。

刑法虽有鲜明的时代性，同时又有明显的继承性，因此，研究以往刑法对同一问题的规定，了解制定刑法的背景，有助于理解现行刑法的精神。特别是古中国立法指导思想有“重刑轻民”的传统，刑事立法思想和立法文献都非常丰富，我们应当坚持古为今用的方针，总结前人经验，取其精华，去其糟粕，才能更好地完善当今立法。并且，由于刑法具有相对的稳定性，一经制定就要在相当长的时期内实施，因此，我们在研究刑法时，还必须分析国家未来的形势与发展需要，这有利于使刑法的含义适用于现在与未来。

比较研究法，是指对不同国家的刑法进行比较研究的方法。不同国家的刑法，虽然性质与内容不同或不完全相同，但在许多规定上却有相同或相似之处，对它们进行比较研究，找出可供我国借鉴的法律文化成果，有利于我国刑法理论的发展。但是要注意，在学习其他国家的法律成果时，我们必须正确理解、客观评价，必须立足于本国的现实，既不妄自尊大、盲目排外，也不可脱离实际、简单拿来了事。

社会学研究法，是指对刑法与社会现象的关系、刑法的社会作用与效果进行考察，使刑法理论与社会发展相协调的方法。刑法不是孤立存在的，而是与其他社会现象并存的，因此，必须在各种社会现象中研究刑法学。我们制定刑法，是为了改革与维护社会关系，因此，研究刑法学离不开对社会现状的把握，我们必须明确需要改革哪些制度、需要维护哪些法益，这样，刑法理论与社会发展才会协调，才能促进社会的发展。

案例研究法，是指运用典型刑事案例研究刑法理论的方法。刑法学的实践性相当强，运用案例研究法，是理论联系实际的良好途径。运用典型案例研究刑法学，既可以更加牢固地掌握刑法理论，又可以通过疑难案例去发展刑法理论，指导刑事司法，完善刑事立法。

---

① 斯坦因·U.拉尔森. 社会科学理论与方法［M］. 任晓，等，译. 上海：上海人民出版社，2002：304.

第一章 刑法概述

第一节 刑法的概念和性质

一、刑法的概念

刑法是规定犯罪及其法律后果（主要是刑罚）的法律规范。具体来说，刑法就是掌握政权的阶级即统治阶级，为了维护本阶级政治上的统治和经济上的利益，根据自己的意志，规定哪些行为是犯罪和应负刑事责任，并给犯罪人处以何种刑罚处罚的法律。因此，我国刑法是指为了维护国家与人民的利益，根据工人阶级和广大人民群众的意志，以国家名义颁布的，规定犯罪、刑事责任及刑罚的法律规范的总和。

根据刑法规定范围的大小，可将刑法分为广义刑法和狭义刑法。

广义刑法，是指一切规定犯罪、刑事责任和刑罚的法律规范的总和，包括刑法典、单行刑法以及非刑事法律中的刑事责任条款（又称附属刑罚规范）等。1981 年 6 月至 1995 年 10 月，全国人大常委会曾经颁布了 23 个单行刑法，后来这些单行刑法的内容基本上都已纳入现行刑法典。全国人大常委会于 1998 年 12 月 29 日颁布的《关于惩治骗购外汇、逃汇和非法买卖外汇犯罪的决定》是现行有效的单行刑法。

狭义刑法，仅指系统规定犯罪与刑罚的一般原则和各种具体犯罪及其刑罚的规范的刑法典。我国现行刑法是指 1979 年五届全国人民代表大会通过以及 1997 年经过修订颁布生效的《中华人民共和国刑法》。

根据刑法适用范围的大小，可将刑法分为普通刑法和特别刑法。刑法典属于普通刑法，而单行刑法和附属刑法属于特别刑法。当一个行为同时触犯普通刑法和特别刑法时，适用特别刑法优于普通刑法的原则。

二、刑法的性质

首先，刑法是统治阶级意志的反映，维护统治阶级的利益，因而具有阶级性。其次，刑法是关于犯罪、刑事责任和刑罚的法律规范的总和，它还具有法律性。

（一）刑法的阶级性质

刑法是一个历史的范畴，和其他法律一样，不是自古以来就有的，也不会永远存在。在原始社会末期，随着私有制和阶级的出现，刑法才作为阶级矛盾不可调和的产物应运而生。刑法规定的基本内容是犯罪、刑事责任和刑罚，也就是通过对犯罪人追究刑事责任和适用刑罚来为统治阶级服务。刑法的阶级本质是由国家的阶级本质决定的。我国刑法是社会主义类型的刑法，反映工人阶级和广大人民群众的意志。

（二）刑法的法律性质

从法律性质看，刑法与其他部门法如民法、行政法、经济法等比较起来，有四个显著的特点：

第一，法益保护的广泛性。一般部门法都只是调整和保护某一方面的社会关系。如民法仅调整和保护平等主体之间的财产关系与人身关系；行政法调整行政关系以及在此基础上产生的监督行政关系。刑法则保护人身、经济、财产、婚姻家庭、社会公共秩序等许多方面的法益。可以认为，一般部门法所保护的法益，刑法都要予以保护。

第二，制裁手段的严厉性。一般部门法对一般违法行为也适用强制方法，如赔偿损失、警告、行政拘留等。而刑法规定的法律后果主要是刑罚，刑罚是国家最严厉的强制方法，它不仅可以剥夺犯罪分子的财产，限制或剥夺犯罪分子的人身自由，剥夺犯罪分子的政治权利，而且在最严重的情况下还可以剥夺犯罪分子的生命。

第三，其他法律的保障性。由于其他法律在不能充分保护法益时需要刑法保护，刑法的制裁方法又最为严厉，这就使得刑法实际上成为其他法律的保障。即其他法律调整的社会关系和保护的法益，也都借助于刑法的调整和保护。例如，如果刑法没有规定拒不执行判决、裁定罪，其他法律的实施就没有保障。这一点既是刑法与其他法律的联系所在，也是刑法与其他法律的区别之一。

第四，适用上的谦抑性。由于刑法的严厉性，因此一般认为，刑法只是在必要的范围内适用，即刑法的适用必须慎重、谦虚，应当是在其他社会规范调整无效之后。

第二节　刑法的根据、任务和功能

一、刑法的根据

我国刑法第一条规定，为了惩罚犯罪，保护人民，根据宪法，结合我国同犯罪作斗争的具体经验及实际情况，制定本法。这一规定说明，制定刑法的既有法律根据又有实践根据。

（一）法律根据

宪法为国家的根本法，具有最高的法律效力，任何机关、政党、团体、组织和个人，都必须以宪法为根本的活动准则。所以，立法机关在制定刑法时，必须以宪法为根本的立法准则；刑法不能与宪法相抵触，否则就没有效力。宪法不仅是制定刑法的法律依据，而且是解释刑法的法律根据，对刑法的解释也必须与宪法相协调。总之，宪法是刑法的母法，刑法是宪法的子法。子法必须贯彻母法的基本要求，并为保障母法的实施服务。

（二）实践根据

我国同犯罪作斗争的具体经验及实际情况，是刑法制定和修订的实践根据。调查研究、实事求是、一切从实际出发，是我国刑事立法的根本指导原则。刑法应大胆吸收和借鉴人类社会创造的一切文明成果，包括我国优秀的法律文化遗产和国外有益的立法经验；但这种吸收与借鉴不能脱离中国的基本国情，换言之，应当在立足于我国同犯罪作斗争的具体经验及实际情况的基础上进行吸收与借鉴。当然，立足于实际不等于死板保守，刑法还要具有适当的超前性，从动态上把握客观实际。

二、刑法的任务

我国刑法第二条规定，中华人民共和国刑法的任务，是用刑罚同一切犯罪行为作斗争，以保卫国家安全，保卫人民民主专政的政权和社会主义制度，保护国有财产和劳动群众集体所有的财产，保护公民私人所有的财产，保护公民的人身权利、民主权利和其他权利，维护社会秩序、经济秩序，保障社会主义建设事业的顺利进行。根据这一规定，刑法的任务可以从以下两个方面加以说明：惩罚犯罪与保护人民的统一。惩罚与保护密切联系：不使用惩罚手段抑止犯罪行为，就不可能保护法益；为了保护法益，必须有效地惩罚各种犯罪；惩罚是手段，保护是根本目的。所以司法人员在适用刑法时，应当以保护法益为目的，绝不能为惩罚而惩罚。具体而言，刑法的任务，表现在以下几个方面：

（1）惩罚实施了犯罪行为的人，与犯罪行为作斗争。

（2）保卫国家安全，保卫人民民主专政的政权和社会主义制度。这是我国刑法的首要任务。

（3）保护社会主义的经济基础。我国社会主义的经济基础直接决定了政权和制度的巩固及社会生活的正常与繁荣，因此，保护社会主义的经济基础是我国刑法的重要任务。

（4）保护公民的人身权利、民主权利、财产权利和其他权利。保护人民的合法权益是我国刑法的根本任务，也是我国刑法任务的重要内容之一。我国刑法坚决保护公民所享有的人权。

（5）维护社会秩序。刑法是维护社会秩序、稳定社会环境的强有力的法律武器。维护社会秩序、净化社会环境，是社会主义现代化建设事业顺利进行的保障。

三、刑法的功能

刑法的功能包括三个方面，即行为规制功能、社会保护功能和人权保障功能。

（一）行为规制功能

行为规制功能是通过对犯罪行为的规范评价，对公民的行为进行规范、制约的功能。刑法将某种行为规定为犯罪并宣布给予刑罚，表明该种行为在刑法上是无价值的，并命令人们不要做出实施该种行为的意思决定，从而达到规制人们行为的功能。该功能是与刑法规范既是评价规范又是意思决定规范相对应的，它是刑法最基本的功能。

（二）社会保护功能

社会保护功能又称为刑法的秩序维持功能，简称为保护功能。即通过对犯罪行为的制裁保护法益，维持正常的社会秩序。首先，刑法的法益保护功能表现为对法益的保护。其次，刑法保护法益的功能表现为对犯罪的制止和预防。对法益的保护和对秩序的维持是通过对犯罪的制止和预防实现的。

（三）人权保障功能

人权保障功能又称为刑法的自由保障功能，简称为保障功能。刑法在实现法益保护功能时，必须考虑使刑法不致侵犯公民的个人自由，不致侵犯公民的人权。这就是刑法的自由保障功能。保障功能包括两方面的含义：①刑法保障善良公民不受国家的随意侵害；②司法机关不得违反刑法的规定对犯罪人科处刑罚，犯罪人有不受刑法规定以外的制裁的权利。

保障功能和保护功能虽然是由刑法的规制功能派生出的功能，但却具有十分重要的意义。保护功能涉及整体利益，保障功能涉及个体利益，整体与个体之间应当达到平衡、协调。所以，保护功能和保障功能，整体利益和个体利益，正义和秩序，两者之间互相联系又互相矛盾，好的刑法制度总是力求在两者之间达到一种恰当的平衡。

第三节　刑法的体系和解释

一、刑法的体系

刑法的体系，即是指刑法的组成和结构。我国修订后的刑法典分为总则、分则和附则三部分，其中，总则、分则各为一编，编下设章、节、条、款、项等层次。

刑法总则，是关于犯罪、刑事责任和刑罚的一般原理原则的规范体系，是认定犯罪、确定刑事责任和适用刑罚所必须遵循的共同规则。总则共五章，分别为刑法的任务、基本原则和适用范围、犯罪、刑罚、刑罚的具体运用。

刑法分则，是关于具体犯罪和具体法定刑的规范体系，是解决具体行为定罪量刑的标准。分则共十章，分别规定了十类犯罪。刑法总则与刑法分则的关系是一般与特殊、抽象与具体的关系。总则指导分则，分则是总则所确定的原理原则的具体体现，二者相辅相成。只有把刑法总则和分则紧密地结合起来加以研究，才能正确地认定犯罪、确定责任和适用刑罚。

章下为节，但只是总则的第二、三、四章以及分则的第三、六章之下设立节，总则的第一、五章及分则的其他章之下没有设立节。节（章）下是条，条是表达刑法规范的基本单位，也是刑法典的基本组成单位。刑法典的全部条文用统一的顺序号码进行编排，从第一条至第四百五十二条统一编号，不受编、章、节划分的影响。条下为款。款是条的组成单位，没有编号，其标志是另起一段。如引用某条的第二段，则称为“第××条第二款”。但许多条文只设立了一款，在这种情况下便只称作“第××条”，而不称为“第××条第一款”。款（条）下是项。项是某些条或款之下设立的单位，其标志是另起一段且用括号内的基数号码编写。如刑法第三十四条第一款下设有 3 项。

刑法为成文法，故其表达理应符合语法。当同一条款的后段要对前段内容做出相反、例外、限制或补充规定时，往往使用“但是”一词予以表示，我们把“但是”以后的这段文字称为“但书”（但书前的内容称为“本文”）。但书主要有以下情况：①对前段表示了相反关系，如刑法第十三条的但书；②对前段表示了例外关系，如刑法第八条的但书；③对前段表示了限制关系，如刑法第七十三条第一、二款的但书；④对前段表示了补充关系，如刑法第三十七条的但书。由此看来，但书对准确表达立法意图起着重要作用，解释和适用刑法时不可忽视。

二、刑法的解释

刑法的解释，是指对刑法规范含义的阐明。

刑法的解释，可以从不同方面进行分类，主要有以下两种分类：

（一）按照解释的效力，刑法的解释可以分为立法解释、司法解释和学理解释

1. 立法解释

立法解释，就是由最高立法机关对刑法的含义所做的解释。

刑法的立法解释对于弥补刑法规范中的漏洞，使刑法规范适应复杂多变的客观情况，维护刑法的稳定性，具有重要作用。

刑法的立法解释包括三种情况：

（1）在刑法中用条文对有关刑法术语所做的解释。

（2）由国家立法机关在法律的起草说明或修订说明中所做的解释。

（3）刑法在施行中如发生歧义，由全国人大常委会进行解释。

2. 司法解释

司法解释，就是由最高司法机关对刑法的含义所做的解释。凡属于法院审判工作中具体应用法律、法令的问题，由最高人民法院进行解释。凡属于检察院监察工作中具体应用法律、法令的问题，由最高人民检察院进行解释。两高的解释如果有原则性的分歧，报请全国人大常委会解释或决定。

3. 学理解释

学理解释，就是由国家宣传机构、社会组织、教学科研单位，或者专家学者从学理上对刑法含义所做的解释。

立法解释和司法解释属于正式解释，具有法律约束力；学理解释属于非正式解释，不具有法律约束力。

（二）按照解释的方法，刑法的解释可以分为文理解释和论理解释

1. 文理解释

文理解释，是对法律条文的字义，包括字词、概念、术语，在文理上所做的解释。

其主要特点是严格按照刑法条文字面上的含义进行解释，既不扩大，也不缩小。如对“公共财产”的解释。第九十一条　本法所称公共财产，是指下列财产：（一）国有财产；（二）劳动群众集体所有的财产；（三）用于扶贫和其他公益事业的社会捐助或者专项基金的财产。在国家机关、国有公司、企业、集体企业和人民团体管理、使用或者运输中的私人财产，以公共财产论。

2. 论理解释

论理解释，是按照立法精神，联系有关情况，从逻辑上所做的解释。

其主要特点是，从条文的内部结构关系与条文之间的相互联系上，探求立法的意图，阐明立法的主要精神。

论理解释又分为当然解释、扩张解释和限制解释。

（1）当然解释，是指刑法规定虽未明示某一事项，但依规范目的、事物属性和形式逻辑，将该事项当然包括在该规范适用范围内的解释。

（2）扩张解释，是根据立法原意，对刑法条文作超过字面意思的解释。

（3）限制解释，是根据立法原意，对刑法条文作狭于字面意思的解释。

第二章 刑法的基本原则

第一节 刑法的基本原则概述

一、刑法基本原则的概念

刑法的基本原则，是指刑法本身所具有的，贯穿于刑法始终，具有指导和制约全部刑事立法和刑事司法的意义，并体现我国刑事法治的基本精神的准则。刑法的基本原则是法治的基本原则在刑法中的具体表现，是各个部门法都必须遵循的共同准则在刑法中的特殊体现。但刑法的基本原则与法治的基本原则、共同准则又有明显区别。

首先，刑法基本原则应是刑法所特有的原则，而不是各个部门法所共有的原则。在国家的法律体系中，既有各个法律自己特有的原则，又有所有法律的共同原则，它们之间是个性与共性、特殊与一般的关系。既然是“刑法的基本原则”，理当是有别于其他法律原则的原则，也是有别于所有法律共同准则的原则。

其次，刑法的基本原则必须是贯穿全部刑法规范，具有指导和制约全部刑事立法和刑事司法的意义。刑法中存在许多原则，但并非其中的任何原则都是刑法的基本原则。如刑法规定的对未成年人与老年人犯罪从宽处罚的原则、累犯从重处罚的原则、数罪并罚的原则等，只是刑法的局部原则，而不是贯穿于全部刑法规范之中的全局性、根本性准则，因而不是刑法的基本原则。

再次，刑法的基本原则必须是刑法的制定、解释与适用都必须遵循的准则。既然是“刑法的基本原则”，就必须是得到普遍遵循的准则，即不管是刑法的制定还是刑法的解释与适用都必须遵循的准则。

最后，刑法的基本原则必须体现我国刑事法治的基本精神。刑事法治的内涵是：健全刑事法制，坚持司法公正、坚持司法平等，反对特权、反对徇私舞弊。刑法的基本原则必须体现这一精神。

我国现行刑法明文规定了罪刑法定、平等适用刑法、罪刑相适应原则。

二、刑法基本原则的意义

刑法基本原则具有强大的威力，既有利于积极惩治犯罪，又有利于切实保障公民的合法权益；既有利于推进法治化进程，又有利于维护法律的公正性；既有利于实现刑法的目的，又有利于达到刑罚的最佳效果。

第二节 罪刑法定原则

一、罪刑法定原则的历史溯源

在中世纪没有罪刑法定原则的存在，当时刑法领域的情况是：神权政治，君主专制，罪刑擅断，司法专横，刑罚权的发动没有或缺乏客观的标准，人民的人身、财产的安全完全依赖于君主和司法官的意志，人权没有保障。

资产阶级革命前夕，一些启蒙思想家对罪刑法定原则作了系统的阐述。如洛克、卢梭、孟德斯鸠、贝卡利亚等，特别是费尔巴哈明确地格言式地表述了罪刑法定原则，即“法无明文规定不为罪，法无明文规定不处罚”。经过启蒙思想家们的大声疾呼，罪刑法定原则逐渐深入人心。从法律规定上看，罪刑法定原则的最先来源是 1215 年英王约翰签署的大宪章第三十九条的规定，即“对于任何自由人，不依同一身份的适当的裁判或国家的法律，不得逮捕、监禁、剥夺领地、剥夺法的保护或放逐出境，不得采取任何方法使之破产，不得施加暴力，不得使其入狱”。这一规定奠定了“适当的法律程序”的思想基础。而现代意义上的罪刑法定原则的法律渊源是法国 1789 年的《人权宣言》以及在其思想指导下制定的 1810 年的《法国刑法典》。《人权宣言》第八条规定：“在绝对必要的刑罚之外不能制定法律，不依据犯罪行为前制定且颁布并付诸实施的法律，不得处罚任何人。”1810 年的《法国刑法典》第四条进一步规定：“没有在犯罪行为时以明文规定刑罚的法律，对任何人不得处以违警罪、轻罪和重罪。”这是最早在刑法典中规定罪刑法定原则的条文，它的历史进步意义在于使罪刑法定原则从宪法中的宣言式规定转变为刑法中的实体性规定。随着资产阶级革命在世界各国的胜利和《拿破仑刑法典》的巨大影响，罪刑法定原则也传播到世界各国。目前，这一原则已深深植根于各国法律指导思想中，成为当今世界各国刑法中最基本、最重要的一项准则。

中国古代没有罪刑法定原则的存在。清末修律时，该原则被引入中国。《钦定宪法大纲》和《大清新刑律草案》中均有规定。此后至 1949 年 9 月 30 日的几部刑法也都规定了该原则。现行台湾、澳门相关地方性法规也都对其作了规定。1979 年刑法中没有规定罪刑法定原则，1997 刑法第三条对该原则做出了明确规定。

二、罪刑法定原则的基本内容及要求

罪刑法定原则，是指定罪判刑必须以现实法律明文规定为准，对于现行法律没有明文加以规定的行为，不得定罪处罚。我国刑法第三条明确规定：“法律明文规定为犯罪行为的，依照法律定罪处刑；法律没有明文规定为犯罪行为的，不得定罪处刑。”概括起来说，就是“法无明文规定不为罪，法无明文规定不处罚”。

（一）基本内容

在形式层面罪刑法定原则基本内容包括：

（1）法律主义，排斥习惯法；

（2）重法不溯及既往；

（3）否定类推解释；

（4）禁止绝对不定期刑。

在实质层面罪刑法定原则基本内容包括：

（1）明确性；

（2）禁止处罚不当罚行为；

（3）禁止不均衡残虐刑罚。

排斥习惯法，实际就是“无成文法不为罪”原则。习惯曾经是法的主要渊源，早期的成文法也是对习惯的承认与固定，是习惯的法律记载。但是在当代法律制度中，习惯仅存在于民商法和国际贸易等有限的范畴内。罪行法定主义强调刑法必须具有成文法的法典形式，一切习惯法都必须予以废除。

重法不溯及既往，实际是“无事前法不为罪”原则。使用事后立法的方法来规范事前的行为即所谓溯及既往的制度。刑法溯及既往就是采用事后立法的方法来制裁事前的行为，而相对于事前立法而言，被制裁的行为事前并无明确的违法性。相对于事前的行为，事后立法尚未发生法律效力，两者之间本质上并不发生法律适用的关系。因此，允许刑法溯及既往，就等于扩大了刑法的适用范围。但是，当代罪刑法定主义的重要特征之一是维护被告人的利益，强调对人权的保障，故凡是有利于被告的溯及既往仍然为罪行法定主义所许可。

否定类推解释，实际就是“无严格法不为罪”原则。

类推曾是一项长期存在于司法实践中的法律制度，它实际是一种发生在司法领域内的变相的立法。适用类推不仅侵犯刑法的尊严，破坏法律的稳定，而且往往危及公民的基本人权。

禁止绝对不定期刑，即“无对应法不处罚”原则。所谓绝对不定期刑是对于特定的犯罪，法律并不明确规定其适用刑罚的基本范围，而将刑罚的裁量完全委任于裁判的法律制度。其根本特征是刑法与裁判之间无法确立相互的对应关系，这虽然能灵活地适应犯罪的多变性，但对裁判缺乏必要的制约力，应用不当就有可能导致刑罚权严重失控等弊端。而罪刑法定主义不仅要求刑法明确规定犯罪的构成要件，同时还要求法律对每一种犯罪及其裁量等级都规定明确可以适用的刑罚和具体的量刑范围。因此，无明确界限的或可以采取多种形式实施的刑罚方法、无明确执行内容的刑罚、无确定期限的自由刑及无确切数额的财产刑等所谓绝对不定期刑都应当予以废除。

（二）基本要求

（1）法定化，即犯罪与刑罚必须事先由法律做出明文规定，不允许法官自由擅断。

（2）实定化，即对于什么行为是犯罪和犯罪产生的具体法律后果都必须做出实体性的法律规定。

（3）明确化，即刑法条文必须文字清晰，意思确切，不得含糊其词或模棱两可。

三、罪刑法定原则的立法体现

我国1979刑法没有明文规定罪刑法定原则，而1997年刑法典则全面、系统地体现了这一原则。

（1）总的方面：①刑法第三条明文规定了罪刑法定原则；②重申了刑法溯及力问题上的从旧兼从轻原则；③废除了类推制度。

（2）罪之法定：①明确规定了犯罪的概念，即刑法第十三条的规定；②在总则中规定了犯罪构成的各种要件及正当行为、犯罪形态等问题；③制定了详细完备的分则罪名，罪名个数由130个上升为413个；④在个罪的构成要件及法定刑的规定上增强了可操作性，在罪状表述上一般采用叙明罪状的方式，而较少采用简单罪状。

（3）刑之法定：①明确规定了刑罚体系；②明确规定以犯罪事实为依据、以法律为准绳进行量刑，明确规定各种犯罪的法定刑种与刑度；③分则中以相对确定的法定刑的方式明确规定了各种犯罪的法定刑，并且规定了适用不同幅度法定刑的具体情节。

四、罪刑法定原则的司法适用

刑法规定的罪刑法定原则要付诸实践，离不开司法机关的司法活动。要切实贯彻执行罪刑法定原则，必须注意以下几个问题：

第一，正确认定犯罪和判处刑罚。

对于刑法明文规定的各种犯罪，司法机关必须以事实为根据，以法律为准绳，认真把握犯罪的本质特征和犯罪构成的具体要件，严格区分罪与非罪，此罪与彼罪的界限，做到定性准确，不枉不纵，于法有据，名副其实。对各种犯罪的量刑，亦必须严格以法定刑及法定情节为依据。

第二，正确进行司法解释。

对于刑法规定不够具体的犯罪，最高司法机关通过进行司法解释，指导具体的定罪量刑活动，这对于弥补立法的不足，统一规范和指导司法实务，具有重要意义。但是，进行司法解释不能超越其应有的权限，无论是扩张解释，还是限制解释，都不能违反法律规定的真实意图，更不能以司法解释代替刑事立法，否则就会背离和违背罪刑法定原则。

第三节　刑法面前人人平等原则

一、刑法面前人人平等原则的历史溯源

适用刑法平等思想，早在我国古代就已提出。比如，“王子犯法，与庶民同罪”。此外，公元前407年，魏国李悝制定的《法经》也有类似规定，如其在杂律部分明文规定：“太子搏戏则笞，笞不止则特笞，不止则更立。”就是说，太子犯了错，也要被施以笞刑，一次没有改过，第二次要加重惩罚，还不改过，就要废掉太子另立他人了。

而现代法律中法律面前人人平等的口号，起源于资产阶级的人权意识，以空想共产主义为其重要的思想基础。早在启蒙运动时期，法国和英国的启蒙思想家就提出了

天赋人权思想，强调人生而平等，反对封建特权。作为启蒙运动的思想结晶，1789 年法国《人权宣言》全面确认了法律面前人人平等的原则：“法律对于所有的人，无论是施行保护或处罚都是一样的。在法律面前，所有公民都是平等的。”法律面前人人平等思想的核心在于司法，尤其是刑事司法，所以，就刑事司法而言，强调适用刑法人人平等原则。至此，许多国家的宪法和其他法律都有关于平等原则的规定，而作为一项刑法原则，其主要强调适用刑法上的平等。

二、刑法面前人人平等原则的基本含义与要求

我国刑法第四条明文规定：“对任何人犯罪，在适用刑法上一律平等。不允许任何人有超越法律的特权。”这就是刑法面前人人平等原则，

（一）基本含义

①任何人犯罪，都应当受到法律的追究；同样情节的犯罪人，在定罪处罚时应当平等。②任何人受到犯罪的侵害，都应当依法受到保护，而且被害人同样的权益应当受到刑法同样的保护。③任何人不得享有超越法律规定的特权，不得因犯罪人或者受害人的特殊身份、地位，或者不同出身、民族、宗教信仰等而对犯罪人予以不同的刑罚适用。

（二）基本要求

要实现刑法面前人人平等，总体要求任何人在适用刑法时均处于相同的法律地位，在刑法所确定的效力范围内不存在任何超越法律管辖的特权。具体来说必须做到定罪平等、量刑平等、行刑平等。

一是定罪平等。任何人实施危害社会的行为，只要该行为符合犯罪构成的全部条件和刑法规定的其他条件，都应当被认定为犯罪。

二是量刑平等。

（1）任何人只要其行为被认定为犯罪，在不具备法定的免除或者减轻刑事责任的条件下，行为人都必须接受刑罚的制裁。

（2）刑罚的裁量以刑事责任的大小为依据，在罪名、犯罪情节和刑事责任相同的条件下，应当严格贯彻同罪同罚的原则。

（3）刑罚处罚的力度取决于行为的属性、所造成的社会危害性以及矫正的必要性，刑罚不因为行为人的社会地位、财产拥有量的差异而发生刑种或者刑期的变化。

三是行刑平等。刑罚的执行方法和执行制度取决于制裁犯罪的必要和教育改造罪犯的需要，刑罚的执行不因为被执行人的社会地位、财产拥有量的差异而有所不同。

三、刑法面前人人平等原则的立法体现

刑法面前人人平等原则首先体现在总则。除了第四条明文规定人人平等原则外，这一精神还体现在很多地方。比如，只要精神状态正常，凡年龄已满 16 周岁的人犯罪，就应当负刑事责任，而不论他的身份地位、职业状况、财产数额如何。

其次刑法分则的规定也体现了刑法面前人人平等原则。刑法分则共十章，每一章中的每一种犯罪都是刑法面前人人平等原则的具体化表现。此外，刑法所增设罪名亦体现了刑法面前人人平等原则的基本精神。例如，我国刑法第二百七十六条规定的破坏生产经营罪是对1979年刑法典第一百二十六条破坏集体生产罪修改而成。该罪名的创设，体现了刑法平等地保护社会主义市场经济体制下各种经济成分的合法权益的精神。

四、刑法面前人人平等原则的司法适用

立法上的平等是刑法适用平等的前提，而如果没有适用上的平等，立法上的平等便形同虚设。而适用上刑法面前人人平等原则着重应当解决两个问题：一是司法公正，具体指前文所说的定罪平等、量刑平等、行刑平等；二是反对特权。

第四节 罪责刑相适应原则

一、罪责刑相适应原则的历史溯源

罪责刑相适应，又称罪刑均衡，其基本观念最早可以追溯到原始社会的同态复仇和奴隶社会的等量报应。古巴比伦《汉谟拉比法典》、古罗马《十二铜表法》都对"以眼还眼""以血还血"做了较为相似的规定。这些规定强调了罪与刑之间绝对等量报应的观念，成为罪刑均衡思想最原始也是最粗俗的表现形式。近代意义上的罪刑均衡，确立于资产阶级启蒙运动时期，是西方人权思想发展的产物。在资产阶级启蒙思想家们的大力倡导下，罪刑均衡原则在西方国家的刑事立法中逐步得以确立。1789年法国《人权宣言》第八条在确立了罪刑法定原则之后，又在1793年法国宪法所附的《人权宣言》第十五条中规定："刑罚应与犯法行为相适应，并应有益于社会。"该法典关于罪刑均衡原则的规定后来为许多欧陆国家所效仿，成为一项世界性的刑法原则。我国在1997年刑法第五条中明确规定罪责刑相适应原则，这一规定也成为中国刑法正在努力向着现代化迈进的有力明证。

二、罪责刑相适应原则的基本含义和要求

（一）基本含义

我国97刑法典第五条规定："刑罚的轻重，应当与犯罪分子所犯罪行和承担的刑事责任相适应。"

罪责刑相适应原则，是犯多大的罪，就应承担多大的刑事责任，法院也应判处其相应轻重的刑罚，做到重罪重罚，轻罪轻罚，罚当其罪，罪刑相称；在分析罪重罪轻和刑事责任大小时，不仅要看犯罪的客观社会危害性，而且要结合考虑行为人的主观恶性和人身危险性，把握罪行和罪犯各方面因素综合体现的社会危害性程度，从而确

定其刑事责任程度，适用相应轻重的刑罚。

（二）基本要求

（1）刑事立法对具体犯罪处罚的原则性规定，对刑罚裁量、执行制度及个罪法定刑的设置，不仅要考虑犯罪的社会危害性，而且要考虑行为人的人身危险性。

（2）司法实践中刑罚裁量，坚持以客观行为的侵害性与主观意识的罪过性相结合的犯罪社会危害程度，以及犯罪主体本身对于社会的潜在威胁和再次犯罪的危害程度，作为量刑的尺度。不仅要考虑犯罪行为及其危害结果，而且应结合分析整个犯罪实施和犯罪分子个体的各方面因素，力求刑罚个别化。

三、罪责刑相适应原则的立法体现

我国刑法除明文规定罪责刑相适应原则外，在其他立法内容上也始终贯穿着罪责刑相适应原则的精神。这一原则在刑法中的具体表现是：

第一，确立了科学的刑罚梯度体系。我国刑法总则设计了一套主次分明、轻重有别、各具特色的刑罚体系。从性质上区分，包括生命刑、自由刑、财产刑、资格刑；从程度上划定，有重刑也有轻刑；从种类上分，有主刑和附加刑。这是实现罪刑相当的前提。

第二，规定了区别对待的处罚原则。我国刑法总则根据各种行为的社会危害性和人身危害性的大小，规定了轻重有别的处罚原则。此外，刑法总则还侧重于刑罚个别化的要求，规定了一系列刑罚裁量与执行制度，例如累犯制度、自首制度等。

第三，设立了轻重不同的法定刑幅度。分则部分是罪刑相当的主要体现。这首先体现在立法者根据法益的重大程度与行为类型来划分犯罪种类；其次是具体罪与具体法定刑幅度相互对应；再次是法定刑采用相对确定法定刑，既限制刑罚幅度，又为各种具体犯罪规定了可以分割、能够伸缩、幅度较大的法定刑，保障了法官的自由裁量权。

四、罪责刑相适应原则的司法适用

罪责刑相适应原则，既是立法应遵循的原则，也是刑事司法应遵循的原则。立法者面对的是抽象的犯罪，设置刑罚应当与某些犯罪人承担的刑事责任（主要表现为客观危害性和初犯可能）适应，司法者面对的是具体的犯罪，确定刑罚时应当与已然犯罪人的刑事责任（主要表现为主观恶性和再犯可能）适应，做到罪责重，刑罚量就大，罪责轻，刑罚量就小。

司法机关在贯彻这一原则时，应当着重解决以下问题：

第一，纠正重定罪轻量刑的错误倾向，把量刑与定罪置于同等重要的地位。

我国审判机关在刑事审判活动中，一贯重视对案件的定性，而对量刑工作的重要性，部分法官重视不够，在处理一些上诉案件时，就形成了一个不成文的规则，即不确定属性错误或量刑畸轻畸重的才予改判，而对于量刑偏轻或偏重的则维持原判。针对这种错误倾向，为了切实贯彻罪责刑相适应原则，必须提高审判机关和法官对量刑工作重要性的认识，把定性准确和量刑适当作为衡量刑事审判工作质量好坏的不可分割的统一标准，以此来检验每一个具体刑事案件的处理结果。

第二，纠正重刑主义的错误思想，强化量刑公正的执法观念。

我们必须清醒地认识重刑主义的危害，促使每一个法官都树立起量刑公正的思想，切实做到罪责刑相适应，既不轻纵犯罪分子，也不能无端地加重犯罪人的刑罚。

第三，纠正不同法院量刑轻重悬殊的现象，实现执法中的平衡和协调统一。

继续及时完善刑事立法外，还需要进一步加强刑事司法解释工作，加强刑事判例的编撰工作，以便为量刑工作提供更加具体明确的标准；同时提高刑事审判工作人员的素质，不断改进量刑方法，从而逐步实现量刑的规范化、科学化和现代化。

第三章 刑法的效力范围

第一节 刑法的空间效力

一、刑法空间效力概述

刑法的空间效力，是指刑法对地和对人的效力，它实际上要解决的是刑事管辖权的范围问题。

从各国刑法规定和理论主张来看，主要存在以下几种原则：

（1）属地原则。即以地域为标准，凡是在本国领域内犯罪，无论是本国人还是外国人，都适用本国刑法；反之，在本国领域外犯罪，都不适用本国刑法。这一原则是建立在国家主权原则的基础上的。

（2）属人原则。即以犯罪人的国籍为标准，凡是本国人犯罪，都适用本国刑法而不论犯罪是发生在本国领域内还是在本国领域外；反之，外国人犯罪，即使发生在本国领域内，亦不适用本国刑法。这一原则是建立在本国公民应保证对本国法律的忠诚和服从的基础上的。

（3）保护原则。以保护本国利益为标准，凡侵害本国家或国民利益的，不论犯罪人是否是本国人，也不论犯罪地在本国领域内还是在本国领域外，都适用本国刑法。保护原则的实质是国家运用刑法手段使本国家和公民的利益免受外来侵害。

（4）普遍原则。即以保护国际社会的共同利益为标准，凡发生国际条约所规定的侵害国际社会共同利益的犯罪，不论犯罪人是本国人还是外国人，也不论犯罪地是在本国领域内还是本国领域外，都适用本国刑法。

现代世界各国刑法多以属地原则为主，兼采其他原则。我国刑法也是如此。

二、我国刑事管辖权的立法规定

（一）属地管辖权

我国刑法第六条第一款规定：“凡在中华人民共和国领域内犯罪的，除法律有特别规定的以外，都适用本法。”

1.“中华人民共和国领域内”的含义

这里的“领域”，是指我国国境以内的全部区域，包括领陆、领水和领空。

领陆：大陆及其沿海岛屿实质性领域。

领水：内水、领海及其地下层。

领空：领陆、领水、领海之上的空间。

这里的“领域”还包括我国的船舶或者航空器虚拟性领域以及我国驻外使领馆［根据1961年《维也纳外交关系公约》（1975年加入）规定，各国驻外大使馆、领事馆不受驻在国的司法管辖而只接受本国的司法管辖］。

2.“法律有特别规定”的含义

（1）第十一条：“享有外交特权与豁免权的外国人的刑事责任问题，通过外交途径解决。”

（2）第九十条：“民族自治地方不能全部适用本法规定的，可以由自治区或者省的人民代表大会根据当地民族的政治、经济、文化特点和本法规定的基本原则，制定变通或者补充的规定，报请全国人大常委会批准施行。”

（3）刑法典不能适用于港澳地区。根据港澳基本法的有关规定，我国刑法对港澳无适用效力。

（4）刑法典颁布后国家立法机关制定修正案、特别刑法，出现法条竞合时，根据新法优于旧法、特别法优于普通法的原则，不适用刑法典。

3. 对犯罪地的确定

关于以什么因素为标准确定犯罪发生在本国领域内有几种观点与立法例。

一是行为地说。认为犯罪是一种行为，故行为发生在本国领域内才认为是在本国领域内犯罪。

二是结果地说。犯罪的实质是侵害或威胁法益，故该种结果发生在本国领域内才认为是在本国领域内犯罪。

三是中间地说。认为行为的中间影响地或中间结果地为犯罪地。

四是遍在说。认为行为实施地与结果发生地都是犯罪地，行为或结果有一项发生在本国领域内，就适用本国刑法。根据遍在说，在未遂犯场合，行为地与行为人希望结果发生之地、可能发生结果之地，都是犯罪地。在共同犯罪场合，共同犯罪行为有一部分发生在本国领域内或共同犯罪结果有一部分发生在本国领域内，就认为是在本国领域内犯罪。

我国刑法第三条第三款规定：“犯罪的行为或者结果有一项发生在中华人民共和国领域内的，就认为是在中华人民共和国领域犯罪。”可见我国对于“犯罪地标准”的规定采用“遍在说”，即不论是行为地、结果地均在我国领域内，还是行为地在我国领域外、结果地在我国领域内，或是行为地在我国领域内、结果地在我国领域外，都属于在我国领域内犯罪，应适用我国刑法。

属地原则对国内犯罪是最理想的原则，但对国外犯罪则不能起到很好的管辖作用，如外国人实施危害本国利益或本国国民权益的犯罪，本国公民在国外实施的犯罪等都难以使用属地管辖原则。因此，针对这几种情况，涉外管辖原则中还采取了其他原则，如属人原则、保护原则等。

（二）属人管辖权

属人管辖权，又称国籍原则，是指国家对其国民具有管辖的权力，不论其国民在国内或国外犯罪或成为受害人，本国均有权予以管辖。我国1997年刑法第七条规定："中华人民共和国公民在中华人民共和国领域外犯本法规定之罪的，适用本法，但按本法规定的最高刑为3年以下有期徒刑的，可以不予追究。中华人民共和国国家工作人员和军人在中华人民共和国领域外犯本法规定之罪的，适用本法。"根据上述规定，我国公民在域外犯罪的，原则上适用我国刑法，但需注意以下几点：

（1）我国公民在我国领域外犯我国刑法规定之罪的，不论按照当地法律是否认为是犯罪，也不论其所犯罪行侵犯的是何国或者何国公民的利益，原则上都适用我国刑法。只是按照我国刑法的规定，该公民所犯之罪法定最高刑为3年以下有期徒刑的，可以不予追究。

（2）我国的国家工作人员和军人在域外犯罪，则不论其所犯之罪的法定最高刑是否为3年以下有期徒刑，一律适用我国刑法追究其刑事责任。

（3）对于我国刑法在域外的属人管辖权，刑法第十条进一步规定，在我国领域外犯罪，依照刑法应当负刑事责任的，即使经过外国审判，仍然可以依照我国刑法处理。这表明我国法律的独立性和国家主权的不受干预性，外国的审判对我国没有约束力。但从实际合理与国际合作角度出发，为使被告人免受过重的双重处罚，该条又规定在外国已经受过刑罚处罚的，可以免除或者减轻处罚。这样，既维护了国家主权，又从人道主义出发对被告人的具体情况作了实事求是的考虑，是非常科学的。

（三）保护管辖权

保护管辖权，又称保护原则，是指不论本国人或外国人，在国外实施危害本国的国家利益或本国国民的利益，本国有权进行管辖。保护原则是属地原则和属人原则的补充，保护原则的确立是国家自卫权在涉外刑事法律领域的体现，每个国家都有权维护本国国家和国民的利益不受侵犯。这一原则最早是欧洲大陆民法法系国家于19世纪提出的，现已为世界各国普遍采用。

我国刑法也采用了保护原则，但对适用范围作了限制，第八条规定："外国人在中华人民共和国领域外对中华人民共和国国家犯罪，而按本法规定的最低刑为3年以上有期徒刑的，可以适用本法，但是按犯罪地法律不受处罚的除外。"适用这条规定，要明确下列限制：

（1）外国人所犯之罪必须侵犯我国国家或公民利益。

（2）外国人所犯之罪按照我国刑法规定最低须为3年以上有期徒刑（对低于3年有期徒刑的轻罪则不适用）。

（3）外国人所犯之罪按照犯罪地法律也应受刑罚处罚（对按犯罪地的法律不受处罚的则不适用）。

（四）普遍管辖权

普遍管辖权，也称世界性原则，是现代国际社会有效惩治与防范国际犯罪的重要法律措施。凡是我国缔结或者参加的国际条约中规定的罪行，不论罪犯国籍如何，也不论其罪行发生在哪个国家，也不论其具体侵犯的是哪一个国家或者公民的利益，只要犯罪分子在我国境内被发现，在我国所承担条约义务的范围内，就应当行使刑事管辖权。

根据我国刑法的规定，按照普遍管辖原则适用我国刑法，必须具备如下条件：

第一，追诉的犯罪是我国缔结或者参加的国际条约所规定的国际犯罪。

第二，追诉的犯罪是我国在所承担条约义务的范围之内。

第三，追诉的犯罪系发生在我国领域之外。如果是发生在我国领域之内，则应依据属地原则适用我国刑法，而不需要依据普遍管辖原则。

第四，犯罪人必须是外国人，包括无国籍人。如果犯罪人是我国公民，应当依照属人原则适用我国刑法，也不需要适用普遍管辖原则。

第五，对追诉的犯罪，我国刑法有明文规定。

第六，犯罪人是在我国领域内居住或者进入我国领域。因为只有这样我国才能对犯罪人行使刑事管辖权。否则，就没有行使普遍管辖权的义务，也没有依据普遍管辖原则适用我国刑法的可能。

第二节　刑法的时间效力

刑法的时间效力，是指刑法的生效时间、失效时间以及对刑法生效前所发生的行为是否具有溯及力的问题。

一、刑法的生效时间

刑法生效时间，通常有两种规定方式：一是从公布之日起即生效；二是公布之后经过一段时间再施行。我国现行刑法的生效时间是后者。我国刑法典于 1997 年 3 月 14 日修订通过，于 1997 年 10 月 1 日起生效。这样做是考虑到人们对新法比较生疏，通过一段时间的宣传、学习和研究，便于广大人民群众和司法工作人员做好实施新法的心理、组织及业务准备。

二、刑法的失效时间

刑法的失效时间，即刑事法律规范的效力终止的时间，由国家立法机关规定。我国刑法的失效有两种方式：一是由国家立法机关明确宣布某些法律失效，如 2007 年 9 月 26 日最高人民检察院颁布的《检察人员执法过错责任追究条例》第二十六条规定，该条例施行后，1998 年 6 月 26 日颁布施行的《人民检察院错案责任追究条例（试行）》同时废止；二是自然失效，即新法施行后代替了同类内容的旧法，或者由于原来特殊的立法条件已经消失，旧法自行废止。如 1994 年 6 月 17 日最高人民检察院和国家科学技术委员会联合发布的《关于办理科技活动中经济犯罪案件的意见》，1997 年刑法修订之后，该解释的内容与刑法有关贪污贿赂犯罪等规定相抵触而不再适用。

三、刑法的溯及力

刑法的溯及力，是指刑法生效后，对于其生效以前未经审判或者判决尚未确定的行为是否适用的问题。如果适用，则有溯及力；如果不适用，则没有溯及力。对于刑法的溯及力，各国采取不同的原则，概括起来大致有以下几种；

（1）从旧原则，即新法对其生效前的行为一律没有溯及力。

（2）从新原则，即新法对于其生效前未经审判或判决尚未确定的行为一律适用，具有溯及力。

（3）从新兼从轻原则，即新法原则上具有溯及力，但旧法（行为时法）不认为是犯罪或者处刑较轻时，依照旧法处理。

（4）从旧兼从轻原则，即新法原则上不具有溯及力，但新法不认为是犯罪或者处刑较轻的，则依新法处理。

上述诸种原则，从旧兼从轻原则既符合罪刑法定的要求，又适应实际的需要，为绝大多数国家刑法所采，我国刑法亦采取此原则。我国刑法第十二条第一款规定："中华人民共和国成立以后本法施行以前的行为，如果当时法律不认为是犯罪的，适用当时的法律；如果当时法律认为是犯罪的，依照本法总则第四章第八节的规定应当追溯的，按照当时的法律追究刑事责任，但是如果本法不认为是犯罪或者处刑较轻的，适用本法。"第二款规定："本法施行以前，依照当时的法律已经做出的生效判决，继续有效。"根据这一规定，对于新中国成立后到 1997 年 9 月 30 日之前发生的行为，应按如下不同情况分别处理：

（1）行为时的法律不认为是犯罪，而现行刑法认为是犯罪的，适用行为时的法律，即不以犯罪论处，现行刑法没有溯及力。

（2）行为时的法律认为是犯罪，而现行刑法不认为是犯罪的，适用现行刑法，即不以犯罪论处，刑法具有溯及力。

（3）行为时的法律与现行刑法都认为是犯罪，并且按现行刑法总则第四章第八节的规定应当追诉的，按照行为时的法律处理，即刑法没有溯及力（刑法关于追诉时效的规定具有溯及力）；但是，如果现行刑法处刑较轻，则应适用现行刑法，即现行刑法具有溯及力。所谓处刑较轻，是指法定刑，因而只需要进行法定刑的判断，而不能进行个案的判断。

（4）现行刑法施行以前，依照当时的法律已经做出的生效判决，继续有效。

第四章 犯罪与犯罪构成

第一节 犯罪的概念

一、犯罪概念的历史沿革

犯罪概念，是对犯罪各种内在、外在特征的高度、准确概括，是对犯罪的内涵和外延确切的、简要的说明。犯罪概念在刑法学的研究中居于重要的地位。这是因为，犯罪、刑事责任与刑罚是刑法的三个最基本的范畴。犯罪是刑事责任的前提，而刑罚则是刑事责任的最主要的承担方式。刑法以犯罪、刑事责任、刑罚为研究对象，自然要以犯罪概念的研究为逻辑起点。

原始社会不存在犯罪概念，奴隶制国家法律上同样没有关于犯罪概念的一般规定，其犯罪概念的基本点就是着重强调犯罪是对神意的违反。封建制法律对犯罪的一般概念未做出规定，人们对犯罪概念的认识还停留在具体行为描述的水平上。而在西方，犯罪概念的历史发展与中国不同。早在罗马法时代，罗马第一部成文法《十二铜表法》就赋予了犯罪的一般社会意义，分类规定了“私犯、公罪”。经过多年的发展，从总体上看，各国刑法关于犯罪的定义，归纳起来可分为三种类型：

（一）形式概念

所谓形式的犯罪概念，是指仅仅从犯罪的法律特征上给犯罪下定义，而不说明把该行为规定为犯罪的依据所在。例如，1810 年法国刑法典第一条规定：“法律以违警刑所处罚之犯罪，称违警罪；法律以惩治刑所处罚之犯罪，称轻罪；法律以身体刑或者名誉刑所处罚之犯罪，称重罪。”这种从法律层面界定犯罪的方式即为形式的犯罪概念。形式的犯罪概念注重行为的规范违反性，以刑事违法性界定犯罪的概念，明确了国家刑罚权的界限，在一定程度上防止了刑罚权发动的恣意。但是，犯罪的形式概念没有说明犯罪的危害性何在，国家为什么对这些违法行为要处以刑罚，亦即没有揭示犯罪的本质特征。

（二）实质概念

实质的犯罪概念，是指从为什么认为该行为构成犯罪方面给犯罪下定义，而不涉及犯罪的法律形式上的特征。如 1922 年的《苏俄刑法典》第六条规定：“威胁苏维埃制度基础及工农政权在向共产主义过渡时期所建立的法律秩序的一切危害社会的作为或不作为，都被认为是犯罪。”这种定义强调犯罪的实质特征，说明了法律将某种行为规定为犯罪的根据和理由，但没有揭示犯罪的法律特征，没有限定犯罪的法律界限，与罪刑法定原则的精神存在抵触，在实践中缺乏操作性。

（三）实质与形式相统一的概念

形式的犯罪概念或实质的犯罪概念都具有一定的片面性，前者表明了法律的要求，后者表现了法律处罚的根据，因此，随之就出现了综合的犯罪概念，就是既从犯罪的实质上，又从犯罪的法律特征上给犯罪下定义。如 1958 年的《苏联和各加盟共和国刑事立法纲要》第七条规定："凡是刑事法律规定的危害苏维埃社会制度或国家制度，破坏社会主义经济体系和侵犯社会主义所有制，侵犯公民的人身、政治权利、劳动权利、财产权利和其他权利的危害社会的行为（作为或不作为），以及刑事法律规定的违反社会主义法律秩序的其他危害社会的行为，都是犯罪。"这种概念至少从方法论上看克服了犯罪的形式概念和犯罪的实质概念所存在的片面性。受其影响，我国刑法第十三条规定也是此种概念形式。

二、我国刑法中的犯罪概念

我国刑法第十三条规定："一切危害国家主权、领土完整和安全，分裂国家、颠覆人民民主专政的政权和推翻社会主义制度，破坏社会秩序和经济秩序，侵犯国有财产或者劳动群众集体所有的财产，侵犯公民私人所有的财产，侵犯公民的人身权利、民主权利和其他权利，以及其他危害社会的行为，依照法律应当受刑罚处罚的，都是犯罪，但是情节显著轻微危害不大的，不认为是犯罪。"这一定义不仅较为详细地揭示了我国现阶段犯罪的本质特征，而且揭示了犯罪的法律特征，同时将犯罪行为与普通违法行为区别开来，是较为完备、科学的定义。根据这一规定，我国刑法中的犯罪具有以下三个基本特征。

（一）严重社会危害性，即犯罪是严重危害社会的行为

社会危害性，是指行为对合法权益的侵犯性。它是犯罪最本质、最基本的特征。严重的社会危害性，是指行为对刑法所保护的社会关系（法益）造成损害或可能造成损害的特性。

严重的社会危害性可以通过第十三条所列举的犯罪侵害客体来体现。具体可以通过刑法分则 10 章规定的犯罪侵害的客体来体现。决定社会危害性大小的因素，主要有：

第一，行为侵犯的客体；

第二，行为的手段、后果以及时间、地点；

第三，行为人的情况及其主观因素。

因此，考察有无社会危害性及其大小，应运用历史的全面的观点看问题，透过现象抓住事物的本质。

（二）刑事违法性，即犯罪是触犯刑法的行为，是犯罪的法律特征

犯罪是一种违法行为，但不是一般意义上的违法行为，而是刑事违法行为。违法并不都是犯罪，只有违反刑法的才构成犯罪。

（三）应受刑罚惩罚性，即犯罪是应受刑罚处罚的行为

不应受刑罚不等同于不需要刑罚。前者是指行为人的行为不构成犯罪；后者是指行为构成犯罪，只是不给予刑罚处罚。以上三个基本特征是相互联系、紧密结合的。

严重的社会危害性是刑事违法性和应受刑罚惩罚性的基础，它是犯罪的最基本属性。刑事违法性是社会危害性在刑法上的表现，是确定严重社会危害性的准绳。它与应受刑罚惩罚性一起构成社会危害性的度量。行为的社会危害性未达到违反刑法、应受刑罚惩罚的程度，则不构成犯罪。应受刑罚惩罚性是前两者的最终归宿。

因此，这三个基本特征都是任何犯罪所不可或缺的，是区分罪与非罪的根本标准。

第二节　犯罪的构成

一、两种犯罪构成体系简介

（一）大陆法系犯罪构成理论

以德法为主的大陆法系国家的犯罪构成模式，由构成要件的符合性（该当性）、违法性和有责性三个要件组成。

符合性是指行为人的行为已经符合法律对某一具体犯罪规定的客观外部的要素要求；违法性是指行为违反刑法要求禁止实施的规定；有责性是指行为人在具有责任能力的前提下在主观上具有故意或过失的罪过时应当承担的责任。

（二）苏联的犯罪构成理论

十月革命后，苏维埃刑法学者引入历史唯物主义和辩证唯物主义的观点，通过批判、借鉴、吸收的方法对资产阶级的犯罪构成理论进行了改造。

特拉伊宁认为："犯罪构成乃是苏维埃法律认为决定具体的、危害社会主义国家的作为（或不作为）为犯罪的一切客观要件和主观要件（因素）的总和。"特拉伊宁是将犯罪构成作为理论概念、理论体系加以提出的，并在苏维埃刑法已有各种具体规定的基础上加以研究的。

我国现行传统的犯罪构成理论是从苏联移植引进的。1958 年我国翻译出版了特拉伊宁的《犯罪构成的一般学说》，该书对我国的犯罪构成理论的建立和发展产生了深远的影响。自此，犯罪构成便成了我国刑法理论体系的核心问题。我国传统的犯罪构成理论摒弃了以行为或行为人为中心的主客观相脱离的犯罪构成体系的弊端，把犯罪构成视为主客观的统一体，因而具有一定的进步性。在某种意义上起到定罪的规格和定罪的模式的作用。

二、犯罪构成的概念和特征

犯罪构成与犯罪概念是两个既有密切联系又有区别的概念。犯罪概念是犯罪构成的基础，犯罪构成是犯罪概念的具体化。两者的联系在于：首先，作为犯罪概念基本

特征的行为的社会危害性与刑事违法性，也是犯罪构成的基本特征；其次，犯罪构成又是犯罪概念及其基本特征的具体化，它通过主客观要件具体明确体现犯罪的社会危害性，同时使犯罪概念的法律特征得以具体化。两者的区别在于回答问题的角度不同。犯罪概念从宏观上回答的是什么是犯罪、犯罪有哪些基本属性的问题，从总体上划清罪与非罪的界限，是确定犯罪的总标准，是对犯罪基本特征的高度概括。犯罪构成则是进一步回答犯罪是怎样成立的、其成立需要具备哪些法定要件，其所要解决的是犯罪成立的具体标准、规格问题，是划清罪与非罪、此罪与彼罪的具体标准。

犯罪构成，是指依照我国刑法的规定，决定某一具体行为的社会危害性及其程度而为该行为构成犯罪所必需的一切客观和主观要件的有机统一。

犯罪构成具有以下特征：

（1）构成要件具有法定性。构成要件由刑法明文规定，我国刑法分则条文通常比较明确、具体地规定了各种犯罪的构成要件；有些犯罪由于众所周知，刑法便没有详细描述其构成要件，但我们可以从刑法对简明罪状的规定中把握其构成要件。由于构成要件具有法定性，故必须严格依照刑法的规定确定其具体内容。所应注意的是，认定具体犯罪时，我们应当以刑法总则的规定为指导，根据刑法分则逐一认定，以便得出正确的结论。

（2）犯罪构成是一系列主客观要件的有机统一，这是主客观相统一的原则在犯罪构成中的体现。比如，依照我国刑法第一百一十四条的规定，放火罪的构成要件是：①犯罪客体是公共安全；②客观上表现为用引起犯罪对象燃烧的方法，危害公共安全的行为；③犯罪主体是一般主体，即达到刑事责任年龄，具备刑事责任能力的人；④犯罪主观方面是故意。我国刑法中的400余种个罪，其犯罪构成都是一系列主客观要件的统一。

（3）犯罪构成的要件是对该行为成为犯罪所必需的，且对该行为社会危害性及其程度有决定意义的事实特征。任何一种犯罪都可以由许多事实特征来说明，比如犯罪时间、地点和对象，但这些事实特征都不是犯罪构成的要件，因为他们对犯罪的社会危害性不具有决定性的意义。比如故意杀人罪，只要犯罪行为侵害的客体是生命权，就构成此罪。至于这个犯罪行为发生在何时何地，侵害的是谁的生命权，均不影响此罪的构成。

三、犯罪构成的分类

（一）基本犯罪构成与修正的犯罪构成

这是依照犯罪构成类型所依赖的犯罪形态是否典型所做的划分。其中基本犯罪构成是刑法条文就某一犯罪的单独犯的既遂状态所规定的犯罪构成，往往由刑法分则直接加以规定。

而修正的犯罪构成是以基本的犯罪构成为前提，适应犯罪行为的各种不同犯罪形态，而对基本的犯罪构成加以某些修改变更的犯罪构成，往往是在刑法总则中以通则的形式加以规定。

（二）普通犯罪构成与派生的犯罪构成

这是按照犯罪行为危害程度的大小所做的划分。其中，普通的犯罪构成，又称独立的犯罪构成，是刑法条文对具有通常社会危害程度的行为所规定的犯罪构成。

而派生的犯罪构成是以独立的犯罪构成为基础，具有较重或较轻社会危害程度而从独立的犯罪构成中衍生出来的犯罪构成，包括加重的犯罪构成和减轻的犯罪构成。

（三）完结的犯罪构成与开放的犯罪构成

这是以犯罪构成要件是否被刑法条文完整地规定下来为标准所做的划分。完结的犯罪构成，也称封闭的犯罪构成，是刑法条文非常完整地对构成要件做了规定的犯罪构成。

开放的犯罪构成，又称为待补充的犯罪构成或空白的犯罪构成，是刑法条文仅对部分构成要件做了明确规定或仅对犯罪行为做了一般特征的描述，要件需要法官在适用刑法条文时做出某些必要的判断、补充才能最后确定的犯罪构成。

四、犯罪构成的共同要件

我国刑法分则总共规定了四百余种犯罪，它们的具体犯罪构成都不一样，但归纳各种犯罪的构成，每种犯罪都具有四个共同的构成要件：犯罪客体、犯罪客观方面、犯罪主体、犯罪主观方面。

需要指出的是，上述犯罪构成要件的排序，是传统排序。1948 年，苏联刑法学者孟金沙教授主编的刑法教科书《苏联刑法总论》将犯罪构成的四个要件依次排列为犯罪客体—犯罪客观方面—犯罪主体—犯罪主观方面。此排列顺序不仅为特拉依宁教授等其他苏联刑法学者所接受，亦为我国诸多刑法教材的摹本。在《犯罪主体》一书中，我国著名刑法学家赵秉志教授认为，犯罪构成其他三个方面的要件都是建立在犯罪主体要件基础之上的，犯罪主体要件不存在，也就没有其他三要件，乃至犯罪构成整体的不存在。为此，犯罪构成四要件的实际逻辑顺序为“犯罪主体—犯罪主观方面—犯罪客观方面—犯罪客体”。此说法自有其逻辑根据，但与人们认识犯罪的规律不符。我们在认定犯罪时，首先考虑的肯定是其侵犯的客体，其次是犯罪行为，然后才会需要查明行为人是否符合犯罪主体要件，最后认定行为人是否具有罪过心理。因此，本书仍然采用传统的犯罪客体—犯罪客观方面—犯罪主体—犯罪主观方面排序。

五、研究犯罪构成的意义

研究犯罪构成的意义具体体现在以下几方面：

（1）为追究犯罪人的刑事责任提供根据。一个人之所以要对自己的行为负刑事责任，其基本依据就是行为人的行为具备犯罪构成。行为是否具备犯罪构成，决定了刑事责任的有无；具备什么样的犯罪构成，决定了刑事责任的程度（应当指出，行为是否具备犯罪构成是决定刑事责任有无的唯一的依据，但决定刑事责任轻重的因素除了犯罪构成要件事实外，还包括一些非构成要件的事实，如犯罪前后的表现等）。因此，是否追究某人的刑事责任，首先要查明某人的行为是否构成犯罪，行为只有符合了犯罪构成，才能认定为犯罪，进而被追究刑事责任。

（2）为划分罪与非罪、此罪与彼罪的界限提供标准。首先，它是具体行为罪与非罪的界限，行为只有具备了犯罪构成，才能构成犯罪。其次，犯罪构成也是区分此罪与彼罪的法律标准。各种不同犯罪的独特的特点，反映在每一个具体的犯罪构成要件中。因此，认真研究每一罪的具体构成要件，是准确定性、区分此罪与彼罪的关键。

（3）为无罪的人不受非法追究提供法律保障。犯罪概念的规定是宏观的，如果用其来决定罪与非罪，必然导致法官的自由裁量权过大。而犯罪构成通过一系列主客观要件具体而明确地体现出犯罪的社会危害，使犯罪概念的法律特征具体化，这是实现罪刑法定的前提。所以，明确的犯罪构成可以保障不应当受刑事制裁的人免受刑事处罚。

第五章 犯罪客体

第一节 犯罪客体概述

一、犯罪客体的概念

犯罪客体，是指我国刑法所保护的为犯罪行为所危害的社会关系。

按照此种解释，犯罪客体，首先必须是我国社会主义社会关系。社会关系就是人们在生产和共同生活活动过程中所形成的人与人之间的相互关系。社会关系有物质的社会关系和思想的社会关系之分，它们都有可能受到犯罪行为的侵犯而成为犯罪客体。刑法学界对犯罪客体的这个定义最初沿用了苏联的社会主义社会关系说。如苏联著名刑法学家特拉伊宁在他的《犯罪构成的一般理论》中所言，任何一种侵犯行为的客体，都是为了统治阶级的利益所建立起的社会关系。社会主义的社会关系是社会主义刑法体系中的犯罪的客体。但是随着社会经济的发展，非社会主义社会关系也是社会关系的重要组成部分，尤其是在推动着社会生产力的发展方面也做出了自己的贡献，所以这部分社会关系也应该包括进去，也应该是为刑法所保护的社会关系。

其次必须是为犯罪行为所侵害的社会主义社会关系。随着对“侵害”一词理解的深入，目前认为犯罪客体不仅指犯罪“侵害”的社会关系，而且包括犯罪所直接威胁的社会关系。

所以，根据“社会关系说”可知，犯罪客体是指我国刑法所保护的，而被犯罪行为所侵害或者威胁的社会关系。需要指出的是，社会关系涉及社会生活的方方面面，为犯罪所侵害的、受我国刑法保护的社会关系仅仅是其中最重要的一部分，如国家安全、公共安全、社会主义经济基础、公民的人身、财产权利等，而其他一些社会关系如上下级关系、民事经济关系、行政关系，则由其他法律、道德和其他规范调整。

二、研究犯罪客体的意义

近年来，刑法学界有一些学者对犯罪客体在犯罪构成体系当中的地位以及存在的必要性产生怀疑并加以批判。不少学者认为犯罪客体对于认定犯罪来说没有任何意义，其在犯罪构成当中的存在是源于特定时期政治斗争的需要，是百废待兴时期照搬苏联刑法理论并无原则继承的结果（很多犯罪的客体较难精准界定，立法对其也曾摇摆不定，比如受贿罪，刑法分则曾先后把它归入不同类型的犯罪之中）。张明楷教授曾在其著作《犯罪论原理》中提出了犯罪客体不是犯罪构成要件的主张，并在其个人的其他论著中重申了这一观点。

但是从实践出发，我们认为研究犯罪构成的要件，仍然有着重大意义。首先，传统犯罪构成理论并无明显的不妥之处；从实践的角度来看，司法工作者对传统的犯罪构成的应用也并无明显不适；从犯罪认定之准确性的角度来衡量，传统的犯罪构成的实效更经得起检验，所以无论从哪方面衡量，都没有十足的必要去建立一套新的犯罪构成体系，当然也就没有探讨犯罪客体要件是否还应作为犯罪构成要件之一的必要。并且，我们认为，以一个犯罪行为断定整个事件属于刑事案件之性质的关键，就在于大致衡量了行为是否侵害到了法益及法益受到侵害的程度，而要做到这一点离不开对犯罪客体的考量。具体来说研究犯罪客体具有以下重要意义：

（1）有助于认识犯罪的本质，揭示犯罪的阶级属性；

（2）有助于划分犯罪的类型，建立刑法分则的科学体系；

（3）有助于确定犯罪的性质，分清此罪与彼罪的界限；

（4）有助于评估犯罪行为的社会危害程度，正确地裁量刑罚。

第二节　犯罪客体的种类

刑法理论按照犯罪行为所侵害的社会关系的范围，对犯罪客体做不同层次的概括，从而把犯罪客体划分为三类或者三个层次：犯罪的一般客体；犯罪的同类客体；犯罪的直接客体。

对犯罪客体进行分类具有重要的意义。首先，通过分类可以进一步揭示各类犯罪客体的属性，正确认识犯罪客体在刑事司法中的作用，解决刑事司法中诸如定罪量刑中的各种难题。其次，通过分类，可以揭示犯罪的共性和个性特征，从更深的层次上认识犯罪，总结其规律性，制定正确的刑事政策。

犯罪的上述三类客体是三个不同的层次，它们之间是一般与特殊、共性与个性、整体与部分的关系。

（一）犯罪的一般客体

犯罪的一般客体，又称犯罪的共同客体，是指一切犯罪行为所共同侵犯的客体，或一切犯罪所侵犯的合法权益的整体。刑法第二条、第十三条概括了犯罪一般客体的主要内容。一般客体反映了一切犯罪客体的共性，它是刑法所保护客体的最高层次。据此，可以把犯罪视为一个整体，提出犯罪的共同本质，阐明犯罪的社会危害性以及我国刑法同犯罪作斗争的社会政治意义。

（二）犯罪的同类客体

犯罪的同类客体，是指某一类犯罪行为所共同侵犯的客体，即我国刑法所保护的社会主义社会关系的某一部分或某一方面。例如，危害国家安全罪的同类客体是国家主权、领土完整和安全等；侵犯财产罪的同类客体是公、私财产关系；破坏社会主义市场经济秩序罪的同类客体是社会主义市场的经济秩序等。我国刑法正是按照犯罪的同类客体把社会上形形色色的犯罪分为十大类。尤其值得注意的是，刑法鉴于某些类型的犯罪罪名较多，因而对刑法分则采取章下设节的体例。例如刑法分则第三章破坏社会主义市场经济秩序罪又划分为生产、销售伪劣商品罪等八小类，刑法分则第六章妨害社会管理秩序罪又分为扰乱公共秩序罪等九小类。在这种情况下，同类客体实际上又存在两个层次的社会关系，我们分别称为同类章客体和同类节客体，简称章客体和节客体。总之，只有依据同类客体才能对犯罪做科学的分类，建立严谨的、科学的刑法分则体系，便于我们对犯罪进行研究。这无论对司法实践还是对科学研究，都具有重要意义。

（三）犯罪的直接客体

犯罪的直接客体，是指某一犯罪行为所直接侵害而为我国刑法所保护的社会关系，即我国刑法所保护的某种具体的社会关系。例如，杀人罪的直接客体是他人的生命权利；伤害罪的直接客体是他人的健康权利；等等。直接客体是每一个具体犯罪的构成的必要要件，是决定具体犯罪性质的重要因素。它对于立法上建立每个具体犯罪构成从而规定相应的量刑幅度，对于司法工作正确定罪量刑，都具有十分重要的意义。

1. 简单客体和复杂客体

根据犯罪行为所直接侵犯的具体社会关系的复杂程度，将犯罪直接客体划分为简单客体和复杂客体。

简单客体，是指一种犯罪行为只直接侵犯一种具体的社会关系。如盗窃罪、杀人罪。

复杂客体，是指犯罪行为直接侵犯两种以上的具体社会关系。如抢劫罪，不仅侵犯公、私财产关系，而且直接侵犯他人的人身权利。

2. 主要客体、次要客体和随机客体

在复杂客体中，各种客体在案件中有主次之分，不能等量齐观。立法者根据主要客体把它列入有关的某一类犯罪中，如把抢劫罪列入侵犯财产罪中。根据直接客体在犯罪中受危害的程度，机遇以及受刑法保护的状况，可对复杂客体进行再分类，包括主要客体、次要客体和随机客体。

主要客体，是指某一具体犯罪所侵害的复杂客体中程度较严重的，刑法予以重点保护的社会关系。

次要客体，是指某一具体犯罪所侵害的复杂客体中程度较轻的，刑法予以一般保护的社会关系，也称辅助客体。

随机客体，是指在某一具体犯罪所侵害的复杂客体中可能由于某种机遇而出现的客体，也称随机客体、选择客体。

3. 物质性客体和非物质性客体

根据具体犯罪侵害的社会关系是否具有物质性危害，可以将直接客体分为物质性犯罪客体和非物质性犯罪客体。

对物质性犯罪客体侵害的标志是产生物质性的损害或威胁，可能成为物质性犯罪客体的社会关系，可能成为物质性犯罪客体的法益，有财产、生命与健康等。对于非物质性犯罪客体侵害的标志是不具有直接的物质损害的形式，可能成为非物质性犯罪客体的社会关系有政治制度、社会秩序、人格、名誉等。

第三节　犯罪客体与犯罪对象

一、犯罪对象的概念

犯罪客体是抽象的，其总是通过一定的载体表现出来，这一载体就是犯罪对象。犯罪对象，指刑法分则条文规定的犯罪行为所作用的客观存在的具体的人和物，包括以下含义：

1. 犯罪对象是具体的人和物

2. 犯罪对象是犯罪行为直接作用的人和物

作为犯罪对象的具体的人或物，具有客观实在性，但在其未受到犯罪行为侵害时，仅是可能的犯罪对象。只有犯罪行为直接作用于某人或某物时，才能成为现实的犯罪对象。据此，可以将犯罪对象与犯罪所得之物、犯罪所用之物区分开来。犯罪所得之物，指犯罪人通过犯罪所获得的财产或物品，犯罪所用之物，指犯罪人进行犯罪活动所使用的工具或物品，这些都不能认定为犯罪对象。

3. 犯罪对象是刑法规定的人和物

刑法分则条文大多数并不明确规定犯罪客体，而往往通过规定犯罪对象的方式来表明犯罪客体的存在。因此刑法条文或者规定作为犯罪对象的人，或者规定作为犯罪对象的物，用以表明犯罪客体。

犯罪对象可以从不同角度做不同的分类：

从物质表现形式上，犯罪对象包括物体和人体两种。

从犯罪对象有无特殊限制来看，存在普遍犯罪对象与特定犯罪对象。前者泛指人或物而不加任何限制，如故意杀人罪中的“人”；后者则指某种人或物，明确限制其范围，如盗窃、抢夺枪支、弹药、爆炸物罪，犯罪对象是枪支、弹药、爆炸物。

二、犯罪对象与犯罪客体的区别

犯罪客体与犯罪对象是两个既有联系又有区别的概念。

1. 犯罪客体与犯罪对象的联系

作为犯罪对象的具体物是作为犯罪客体的具体社会关系的物质表现；作为犯罪对象的具体人是作为犯罪客体的具体社会关系的承担者。通常来说，犯罪客体总是通过一定的犯罪对象表现它的存在，也即犯罪分子的行为就是通过犯罪对象即具体物或者具体人来侵害一定的社会关系的。

2. 犯罪客体与犯罪对象的区别

（1）犯罪客体决定犯罪性质，犯罪对象则未必。犯罪对象本身不是社会关系，而是具体物或者具体人。犯罪对象只有通过其所体现的犯罪客体才能确定某种行为构成什么罪。比如，同样是盗窃枕木，某甲盗窃的是备用的枕木，某乙盗窃的是正在使用中的枕木，那么前者只构成盗窃罪，后者则构成破坏交通设备罪，两者的区别就在于犯罪对象所体现的社会关系不同。

（2）犯罪客体是任何犯罪构成的要件，犯罪对象则不一定是任何犯罪都不可缺少的，它仅仅是某些犯罪的必要要件。比如，伪造证件罪，必须有伪造出来的证件，否则就不可能构成此罪。但是，像偷越国（边）境罪，就没有犯罪对象可言；参加黑社会性质组织罪，也没有对象可言。

（3）任何犯罪都会使犯罪客体受到危害，而犯罪对象却不一定受到损害。例如，某家电视机被盗，所侵犯的是主人对电视机的所有权关系，而电视机本身则未必受到损害。相反，盗窃犯总是要把电视机保护好，才能销赃或者自用。

（4）犯罪客体是犯罪分类的基础，犯罪对象则不是。刑法分则规定的十类犯罪是根据犯罪客体来划分的，如果按犯罪对象则无法分类。犯罪客体是犯罪的必要构成要件，其性质和范围是确定的，因而它可以成为犯罪分类的基础；犯罪对象并非犯罪的必要构成要件，它在不同的犯罪中可以是相同的，在同一犯罪中也可以是不同的，少数犯罪甚至没有犯罪对象，所以犯罪对象不是犯罪分类的标准。例如，同是公共财产，盗窃、诈骗的，属于侵犯财产罪；如果贪污、受贿的，属于贪污、受贿罪。因为它不仅侵犯了公共财产所有权，而且侵犯了国家工作人员职务行为的廉洁性。由此可见，犯罪对象不能成为犯罪分类的根据与标准。当然，在同一类犯罪中，犯罪对象有时可以起到划分各种犯罪之间界限的作用。例如，在危害公共安全罪中，就是因为对象不同而划分出不同的罪。例如，破坏交通工具罪和破坏交通设施罪的区别，就在于对象不同。前者破坏的是飞机、火车、船舶等；后者破坏的是桥梁、隧道、铁轨之类。

第六章　犯罪客观方面

第一节　犯罪客观方面概述

一、犯罪客观方面的概念与特征

犯罪客观方面，又称犯罪客观要素，是指刑法所规定的构成犯罪的客观外在表现。犯罪客观方面是构成犯罪所必须具备的要件。犯罪客观方面具有如下几个特征：

（一）法定性

所谓犯罪客观方面的法定性，是指构成犯罪的各种客观要件必须是刑法条文明确规定的。我国刑法总则对于犯罪客观方面未做专门的规定，在刑法分则条文中，犯罪客观方面作为犯罪的主要构成要件表现出来，规定比较明确、具体。

（二）客观性

所谓客观性，是指犯罪活动是人的犯罪活动的外在表现形式，能被人们直接感知。人的犯罪行为作为人的一种活动，可以分为主观和客观两个方面的事实，只有在主观罪过外化成为不以人们意志而存在的客观范畴时，才能对其定罪量刑。

（三）多样性

多样性是指犯罪客观方面的内容以及包含的要件复杂、多样。犯罪客观方面既可能是危害行为的方式、危害结果的表现形式，也可能是危害行为与危害结果的因果关系形式，甚至还可能是犯罪发生的时间和地点等。

（四）具体性

我国刑法规定的犯罪客观方面要件，是具体的而不是抽象的，旨在表明行为对刑法所保护的社会关系造成损害的客观事实特征。

二、犯罪客观方面的意义

研究犯罪客观方面，对正确定罪量刑具有重要意义。

（一）有助于区分罪与非罪的界限

如果不具备犯罪客观方面的要件，就失去了构成犯罪和承担刑事责任的客观基础，这样就谈不到犯罪。对于一切犯罪来说，危害行为的有无是区分罪与非罪的重要标志。例如，故意伤害罪必须具有非法伤害他人身体的行为。

（二）有助于区分此罪与彼罪的界限

我国刑法中的许多犯罪在客观要件和主体要件上是相同的，在主观方面也是相同或者基本相同的，法律之所以把它们规定为不同的犯罪，主要就是基于犯罪客观方面的要件不同。例如，我国刑法分则第五章规定的盗窃罪、诈骗罪和抢夺罪就是按此区分的。

（三）有助于正确分析和认定犯罪的主观要件

研究犯罪的客观要件，可以为正确地判定犯罪主观要件中的罪过、动机、目的等内容提供可靠的客观基础。犯罪主观方面支配犯罪客观方面，犯罪客观方面是犯罪主观方面的外在表现，犯罪意图只有通过犯罪行为才能实现。

（四）有助于正确量刑

就不同的犯罪而言，之所以区分不同的犯罪类别，规定轻重不同的刑罚，主要是由于其客观方面的要件不同并进而影响到它们的社会危害性程度不同，如抢劫罪和抢夺罪、故意杀人罪和故意伤害罪就是如此。

第二节　危害行为

马克思曾经指出，“我”只是由于表现自己，只是由于踏入现实的领域，才进入受立法者支配的范围。[①]“我”的行为就是“我”同法律打交道的唯一领域，因为行为就是“我”为之要求生存权利、要求现实权利的唯一要求，因此“我”才受到现行法的支配。马克思之所以强调行为在法律上的重要性，是因为法律从其性质和功能上讲，就是调整特定社会关系的行为规范。我国刑法所惩处的犯罪，必须是危害社会的行为，而且是特定的危害社会的行为，是我国刑法中犯罪客观方面首要的因素，在犯罪构成中居于核心地位。

一、危害行为的概念和特征

危害行为是刑法学中一个非常重要的概念，它不同于犯罪行为，也不同于合法行为。在我国刑法中的危害行为，是指犯罪构成客观方面的行为，即是由行为人的意识、意志支配的危害社会的身体动静。

危害行为的概念说明，作为犯罪客观要件的危害行为具有以下三个基本特征：

1. 主体特定性

危害行为在客观上是人的身体动静，是自然人或者单位实施的行为。我国刑法排除了动植物、物品或者自然现象作为犯罪主体的可能性。

2. 有意性

危害行为在主观上是由行为人的意志支配下的身体动静。支配身体的意志或意识

① 黄京平. 刑法学［M］. 北京：中国人民大学出版社，2015：45.

活动，是危害行为的内在特征，只有这样的人体外部动静才是危害行为，才可能由刑法来调整并达到刑法调整所预期的目的。

3. 有害性

危害行为在法律上是对社会有危害的身体动静。我国刑法惩罚的行为，只是危害社会的行为。身体动静的社会危害性，是危害行为的价值评价特征，也称为危害社会的社会性特征。

二、危害行为的表现形式

我国刑法所规定的危害社会行为，其表现形式多种多样。刑法理论上将形形色色的危害社会行为归纳为两种基本表现形式，即作为与不作为。

（一）作为

1. 作为的概念

作为，是指行为人以身体活动实施刑法所禁止的危害行为，即“不当为而为之”。在我国刑法中大多数犯罪以作为的方式构成，如抢劫罪、诈骗罪、贪污罪、逃脱罪、强奸罪。作为是危害行为的基本形式，它自然具有危害行为的三个基本特征，此外，还具有以下特殊性：其一，作为的外在表现是人的身体的积极动作，如持刀砍伤他人。其二，作为通常由人的一系列积极举动组成，而不是仅指个别的动作。例如扒窃行为，由靠近被害人，将手伸入被害人衣袋或提包，窃取钱物等动作组成。其三，作为是违反刑法禁止规范的危害行为。如果行为人违反刑法禁止性规范，即违反“不应当的义务”而实施某种行为的，就成为危害行为中的作为。

2. 作为的实施方式

作为的实施方式主要包括以下五种情况：

（1）利用行为人自己的身体实施的作为。这是作为最常见的实施方式。如以拳脚伤人，以口头诽谤、侮辱、诬告他人，都是以身体实施的行为。

（2）利用物质性工具实施的作为。如利用刀、枪、毒药去杀人、伤人，利用伪造的证件诈骗他人钱财等。

（3）利用他人实施的作为。这是指行为人利用无责任能力的人（包括未成年人、精神病人）实施的行为，如教唆不满 14 周岁的人放火、抢劫。在这种情况下，无责任能力人的行为，实际上成为犯罪分子实施犯罪的工具。

（4）利用动物实施的行为。如利用患有狂犬病的狗去伤害、杀害他人。

（5）利用自然力实施的作为。如故意将一不知情的人骗到闪电即将出现的野外，致其被雷电击死，即是利用自然力实施的作为。

（二）不作为

不作为，是指行为人负有某种行为的特定义务，能够履行而不履行的危害行为，即“当为而不为”。不作为是与作为相对应的危害行为的另一种表现形式。构成刑法中的不作为，必须具备下列条件：

（1）行为人负有实施某种积极行为的特定义务，这是成立不作为的前提条件。行为人负有的这种特定义务是法律上的义务，不只是普通的道德义务。如果行为人没有这种特定义务，则不构成刑法中的不作为。关于特定义务的根据或来源，通常认为有以下几种：

①法律明文规定的义务。这里的法律是指由国家制定或认可并由国家强制力保证其实施的一切行为规范的总称。但是需要注意的是，并不是法律规定的任何一种义务，都可以成为刑法中不作为的根据；只有其他法律所规定的义务成为刑法规范所要求履行的义务时，才是不作为的法律义务的根据。

②行为人的职务上或业务上要求履行的义务。如值班医生有为病人治病的义务，消防队员有救火的义务等。它是以该行为人担任某种职务、从事某种业务并正在执行为前提，否则就不发生履行该义务的问题。

③先行行为引起的义务。这种义务是指由于行为人的行为而使刑法所保护的社会关系处于危险状态时，行为人负有采取有效措施排除危险或防止结果发生的特定义务。如果行为人不履行这种义务，就是以不作为的形式实施危害行为。如汽车司机在交通肇事后，有及时救助伤员的义务。

（2）行为人有履行特定义务的可能性或履行能力。行为人虽然具有实施某种积极行为的义务，但是由于某种客观原因存在，根本不可能履行或不具备履行该项义务的能力，则不能成立刑法中的不作为。

（3）行为人由于不履行特定义务，已经造成或可能造成危害结果的发生。这是区分作为与不作为的外在标志。

第三节　危害结果

一、危害结果的概念与特征

（一）危害结果的概念

我国刑法理论界对危害结果的理解有广义和狭义之分。广义的危害结果，是指由被告人的危害行为引起的一切对社会的损害事实，它包括危害行为的直接结果与间接结果；狭义的危害结果，是指作为犯罪客观方面构成要件的结果，通常是对直接客体造成的损害。我国刑法学界通常从狭义的角度去理解危害结果。① 所以我们可以定义危害结果为犯罪行为发生后所导致的事实性的客观损害以及主观的社会危害。

（二）危害结果的特征

危害结果具有如下几个特征：

1. 危害结果的客观性

刑法中的危害结果相对于哲学范畴的结果，属于特殊结果，它具有结果的一切特征，是一种事实，一种客观存在的现实。

---

① 黄京平. 刑法学［M］. 北京：中国人民大学出版社，2015：49.

2. 危害结果的因果性

危害结果的因果性，要求危害结果在内容上是一种现实的、客观存在的事实，而这种事实必须是危害行为引起的事实。

3. 危害结果的侵害性

危害结果由危害行为引起，作为一种事实，它表明刑法所保护的社会关系即犯罪客体受到侵害。

4. 危害结果的多样性

危害结果作为危害行为对刑法所保护的社会关系侵害的一种事实，必然具有多样性。该多样性的形式，只要是事实，而且是危害行为侵犯刑法所保护的社会关系形成的事实，都可以成为危害结果。

二、危害结果的种类

由于危害结果具有多样性，故有必要从不同角度对其进行分类，以便深入理解危害结果的内涵与意义。

（一）属于构成要件要素的危害结果与不属于构成要件要素的危害结果

这是以危害结果是否属于具体犯罪构成要件要素为标准所做的分类。前者是指成立某一具体犯罪所必须具备的危害结果，如果行为没有造成这种结果，就不可能成立犯罪。例如，根据我国刑法第三百九十七条的规定，国家机关工作人员的滥用职权或者玩忽职守行为，只有造成了公共财产、国家与人民利益的重大损失，才构成“滥用职权罪”或者“玩忽职守罪”。这里的“重大损失”属于构成要件要素的危害结果。后者是指不是成立犯罪所必需的、构成要件之外的危害结果。这种危害结果是否发生及其轻重如何，并不影响犯罪的成立；只是在行为构成犯罪的基础上，对反映社会危害性程度起一定的作用，因而影响法定刑是否升格以及同一法定刑内的量刑轻重。例如，抢劫罪的成立并不要求发生致人重伤、死亡的结果。

（二）物质性危害结果与非物质性危害结果

这是根据危害结果的现象形态所做的分类。前者是指形态表现为物质性变化的危害结果，它往往是有形的，可以具体认定和测量的，如致人伤害、毁损财物等，都是物质性结果。后者是指形态表现为非物质性变化的危害结果，它往往是无形的，不能或者难以具体认定和测量，如对人格的损害、名誉的毁损等，属于非物质性危害结果。

（三）直接危害结果与间接危害结果

这是根据危害结果与危害行为的联系形式所做的分类。前者是危害行为直接造成的侵害事实，它与危害行为之间具有直接因果关系，即二者之间没有独立的另一现象作为联系的中介。后者是指危害行为间接造成的侵害事实，在危害行为与间接危害结果之间，存在独立的另一现象作为联系的中介。

第四节　危害行为与危害结果之间的因果关系

因果关系是哲学上的一个重要范畴，它是指一种现象在一定的条件下引起另一种现象，引起其他现象的现象是原因，被引起的现象是结果。不过，因果关系的本身并不包括原因和结果，而只包含二者之间的引起与被引起的关系。

刑法上研究的因果关系，是指人的危害行为同危害结果之间的因果关系。研究刑法上的因果关系具有重要意义，因为罪责自负是我国刑法的基本原则，一个人对某种危害结果有无罪责，决定条件之一就是他的行为与该结果之间有无因果关系。因此，当危害结果发生时，要使某人对该结果负责任，就必须查明他所实施的行为与该结果之间具有因果关系。换言之，查明某人的行为同危害结果有无因果关系，是正确认定犯罪、判定刑事责任的必要条件。

在实践中，对于危害行为与危害结果之间的因果关系，通常并不难确定。但是，犯罪情况复杂多样，某种危害结果的发生既有其内部原因，也有外部原因；有主要原因，也有次要原因；有直接原因，也有间接原因。比如，行为人意图杀害被害人，致其重伤，在送医院过程中遇交通堵塞致被害人无法得到及时救治而身亡，或在抢救过程中遇医生玩忽职守而不治而亡，或在住院期间遇火灾被烧死。在这些情况下，行为人的行为与被害人死亡之间是否有刑法上的因果关系就不是那么一目了然了，需要我们科学分析和论证。研究刑法上的因果关系，应当注意以下一些基本观点和基本问题：

一、因果关系的客观性

因果关系作为客观现象间引起与被引起的关系，是不依人的意志为转移而客观存在的。因果关系的有无只能根据现象之间的客观联系进行判断，不能以行为人没有认识到自己的行为会导致某种危害结果而否定它的存在，也不能因为其假设存在而存在。比如，行为人轻伤被害人，但碰巧被害人为血友病患者，致使其流血不止而死亡。在这种情况下，就不能以行为人不知被害人是血友病患者，认为其行为不会导致被害人死亡而否定轻伤行为与死亡结果的因果关系的存在。

二、因果关系的相对性

辩证唯物主义科学地说明，世界上的一切事物都是普遍联系和相互制约的“锁链”，A 现象是 B 现象的结果，其本身又可以是 C 现象的原因，“为了了解单个的现象，我们就必须把它们从普遍的联系中抽出来，孤立地考察它们，而且在这里不断更替的运动就显现出来，一个为原因，另一个为结果。”① 换言之，原因和结果的区别在于现象在普遍联系的整个链条中只是相对的，而不是绝对的。因此，要确定哪个是原因哪个是结果，必须把其中的一对现象从普遍联系中抽出来，孤立地考察它们，也就是说，

① 李秀林. 辩证唯物主义新探［M］. 北京：中国人民大学出版社，1998：218.

只有抓住整个链条中的某一特定环节，才能具体地考察这一对现象之间的因果联系，即谁为原因，谁为结果。刑法中研究因果关系的目的，是要解决行为人对所发生的危害结果应否负刑事责任的问题，所以本书所讨论的因果关系，是人的危害行为与危害结果之间的因果联系。

三、因果关系的时间序列性

因果关系的时间序列性，是指从发生的时间上看，原因在前，结果在后，结果不可能在原因之前存在。因此，作为原因的危害行为的实施，必定先于作为结果的危害结果的出现。这告诉我们，只能在危害结果发生之前的危害行为中去找原因。如果某人的行为是在危害结果发生之后实施的，该行为与危害结果之间显然没有因果关系。比如，甲在睡眠中突发心脏病死于床上，行为人意图杀甲，看到甲躺在床上，以为其在熟睡，用枪向其射击。在这种情况下，由于行为人的杀害行为是在甲的死亡结果发生之后实施的，因而二者之间不可能有因果关系。当然，这并不意味着凡是先于危害结果发生的行为，都是引起该结果的原因；在结果之前的行为只有引起和决定该结果的发生，才是该结果发生的原因。比如，行为人向被害人实施敲诈勒索行为，但行为人并不是出于畏惧心理，而是基于怜悯之心提供财物，则敲诈勒索行为与被害人提供财物之间不具有刑法上的因果关系。

四、因果关系的条件性和具体性

人的行为不可能超时空而孤立存在和发展；人的行为引起某种危害结果，总是同当时的具体时间、地点以及其他各种条件相结合、相互作用的过程。一种行为在一般情况下可能不会造成某种危害结果，但在具体的环境中、特定的条件下，就可能造成某种危害结果。

因此，考察某人的行为同某种危害结果的因果关系，绝不可脱离案件的各种具体条件孤立地看其行为本身，而应全面考虑危害行为实施的时间、地点、条件等具体情况；否则，难以正确判明因果关系。例如行为人与被害人发生争执，向被害人胸部打了一拳，致使被害人的心脏病发作，在送往医院的途中遇交通堵塞而不治身亡。在这一案例中，在一般情况下一拳是不会致人死亡的，但恰巧被害人有心脏病，而且又没能及时送往医院，否则被害人是可以得救的。但并不能因此否定行为人的击拳行为与被害人死亡之间的因果关系。原因是引起结果诸因素中的决定性因素，而条件虽然对结果的发生起着一定的作用，但它只是围绕原因对结果起加速或延缓的作用，而非决定性的作用。因此，不能把原因与结果同等看待，否则，将会扩大刑事责任的客观依据。

五、因果关系的复杂性、多样性

刑法上的因果关系与哲学上的因果关系一样都具有复杂性与多样性。这种复杂性和多样性主要表现为一因多果和多因一果。一因多果，是指一个危害行为同时引起多种结果的情况。比如，行为人破坏公共汽车，致其倾覆，导致多人伤亡。又如，行为人抢劫被害人，并致其死亡。在一行为引起多种结果的情况下，要分析主要结果与次要结果、直接结果与间接结果，以便正确定罪量刑。多因一果，是指多个原因导致某一危害结果发生的情况。比如，在共同犯罪中，每个共同犯罪人的行为都是造成危害结果的原因。又如，在责任事故类的过失犯罪中，事故的发生通常涉及许多人的过失，而且还是主客观原因交织在一起。在多行为导致某一危害结果发生的情况下，应该区别原因的程度，分清什么是主要原因，什么是次要原因。这是因为这些原因在导致危害结果发生中所起的作用不同；相应地，危害程度也有差别。通过分清主次原因，使各行为人承担各自的刑事责任。

六、因果关系的必然联系和偶然联系问题

在我国传统刑法理论中，主要存在必然因果关系说与偶然因果关系说的争论。① 在现实中，因果关系一般表现为一对现象之间存在着内在的、必然的、合乎规律的引起与被引起的关系。这种联系称为必然因果关系，它是因果关系基本的和主要的表现形式。但是自然和社会现象十分复杂，因果关系的表现也不例外。另外还存在单一的和偶然的联系（又称为偶然因果联系），它是某种行为本身并不包含产生某种危害结果的必然性，但在其发展过程中，偶然又有其他原因加入其中，即偶然地同另一原因的展开过程相交错，由后来介入的这一原因合乎规律地引起了这种危害结果的情况。偶然因果关系通常对量刑具有一定的意义。例如行为人抢劫被害人，被害人逃跑，在横穿马路时，被害人由于慌乱被正常行驶的汽车轧死。在这个案例中，行为人的行为与被害人的死亡结果之间存在着偶然的因果关系，因此行为人不仅对抢劫承担刑事责任，而且对被害人的死亡也须负责任。

偶然因果关系有时对定罪与否也有一定的影响。比如，行为人以限制自由的方法强迫被害人在其作坊中劳动。被害人在很短的时间内寻机逃出作坊，行为人发现后在持棍棒追赶，被害人慌不择路，失足落入路边沟里，头碰石头，造成重伤。本案中如果行为人仅有强迫他人劳动的行为，由于尚未达到情节严重的程度，因此只是一般违法行为。但是，现在发生了被害人重伤的结果，而且行为人的强迫劳动行为与此结果之间具有偶然的因果关系，据此可以认定行为人的强迫劳动的行为已达到情节严重的程度，按照刑法的有关规定，构成强迫职工劳动罪。

七、不作为犯罪的因果关系

不作为与危害结果之间的因果关系，在刑法理论上存在不同的观点。有观点认为，不作为没有行为，从物理上说是无，无不能生有，因而不作为的危害行为与危害结果之间在客观事实上并不存在因果关系，而只是法律上拟制的因果关系。我们认为，解决不作为犯罪的因果关系，必须坚持因果关系的唯物辩证法的观点，应当用社会的观点来解释为什么不作为具有原因力。不作为行为与危害结果之间的因果关系是客观存在的，而不是法律拟制的。不作为与作为是行为的两种表现方式，都是处在客观事物

① 张明楷. 刑法学［M］. 北京：法律出版社，2007：166.

的普遍联系之中。因此，不论是作为或是不作为，都既是其他现象产生的结果，又是产生另一现象的原因。在不作为的情况下，行为人具有实施某种行为以防止或阻止危害结果的发生的特定义务，但却没有实施该种行为，以致危害结果发生；如果行为人履行特定的义务，危害结果便不会发生。因此，行为人的不作为是危害结果发生的原因。比如，行为人是铁路扳道工，负有按时扳道的职责，但行为人能履行这一职责却未履行，以致火车出轨，造成人员伤亡。在这一案例中，负有按时扳道义务的行为人的不作为行为，在客观上引起了火车出轨、人员伤亡的危害结果。

八、因果关系与刑事责任

研究危害行为与危害结果有无因果关系，对于解决行为人应否负刑事责任问题具有重要意义。但我国刑法中的犯罪构成是主客观诸要件的统一，行为符合犯罪构成才能追究行为人的刑事责任。刑法上的因果关系是为了解决已经发生的危害行为是由谁的行为造成这一问题，因此只是确立了行为人对特定危害结果负刑事责任的客观基础，并不等于解决了其刑事责任问题。要使行为人对危害结果负刑事责任，还必须具备主观上的故意或过失。否则，即使行为与危害结果之间具有因果关系，仍不能构成犯罪和使其负刑事责任。

第七章 犯罪主体

第一节 犯罪主体的概念与分类

一、犯罪主体的概念

犯罪主体，是指实施危害社会的行为、依法应当负刑事责任的自然人和单位。自然人犯罪主体是指达到刑事责任年龄，具有刑事责任能力的自然人；单位犯罪主体是指可以独立承担刑事责任能力的企事业单位、国家机关、社会团体等。

二、犯罪主体的分类

（一）自然人主体和单位主体

从主体的法律性质上分，犯罪主体包括自然人犯罪主体和单位犯罪主体。自然人犯罪主体是我国刑法中最基本的、具有普遍意义的犯罪主体。单位主体在我国刑法中不具有普遍意义。我国刑法第三十条规定，单位成为犯罪主体应以我国刑法分则有明文规定者为限。自然人主体是指达到刑事责任年龄，具备刑事责任能力，实施危害社会的行为并且依法应当承担刑事责任的自然人。

（二）一般主体和特殊主体

自然人主体可以再细分为一般主体与特殊主体。对于具体的犯罪而言，只要达到刑事责任年龄和具备刑事责任能力的自然人即可构成的犯罪主体是一般主体。特殊主体是自然人犯罪主体的特殊要件，除了具备上述两个条件外，还要具有特定的身份。

我国刑法规范中要求特殊主体的犯罪涉及数十个条文和罪名。大致可以归纳为以下类型：

（1）军人违反职责罪。根据我国刑法第四百三十四条、第四百五十条、第四百五十一条以及我国《军人违反职责罪暂行条例》第二条和第二十五条的规定，构成该条例所规定的20余种军人违反职责罪，犯罪主体必须具备我国现役军人或者军内在编职工的身份。

（2）公务人员违反职责的犯罪。其中又可以分为两类：第一类是一般公务人员违反职责的犯罪，如报复陷害罪、贪污罪、挪用公款罪、受贿罪、玩忽职守罪等；第二类是特定公务人员违反职责的犯罪，如由司法工作人员渎职构成的徇私枉法罪、私放罪犯罪，由邮电工作人员渎职构成的妨害邮电通信罪等。

（3）从事特定职业者在职业活动中构成的业务过失犯罪，如重大责任事故罪等。

（4）具有特定法律身份者在诉讼活动中才能构成的犯罪。如伪证罪要求犯罪主体必须是诉讼活动中具有证人、鉴定人、记录人、翻译人的身份。

（5）共同生活的家庭成员违反扶养义务构成的犯罪。如虐待罪和遗弃罪。

（6）被逮捕、关押的犯罪分子才能构成的犯罪。如脱逃罪和组织越狱罪。

（7）从事非法职业者才能构成的犯罪。如诈骗罪。

对于要求特殊主体的犯罪来说，特定身份是犯罪构成的必备条件。不具备特定的身份，就不能构成这些特定的犯罪。因此，特殊主体对某些犯罪的定罪具有重要的意义，查明行为人是否具备特定的身份条件，有助于划清特殊主体的犯罪与其他犯罪、与非犯罪行为的界限。

第二节　刑事责任能力

一、刑事责任能力的概念

刑事责任能力，是指行为人辨认和控制自己行为的能力。① 辨认能力是指一个人对自己行为的性质、意义和后果的认识能力。控制能力是指一个人按照自己的意志支配自己行为的能力。

二、刑事责任能力的程度

对于一般公民来说，只要达到一定的年龄，生理和智力发育正常，就具有了相应的辨认和控制自己行为的能力，从而具有刑事责任能力。但是，在出现疾病的情况下，辨认自己行为性质、后果的能力与自我控制的能力也可能分离。只有辨认和控制自己行为的能力都具备，才属于有刑事责任能力。下面依据我国刑法通常采取的四分法，对刑事责任能力程度问题予以分析。

（1）无刑事责任年龄，即不满 14 周岁的，对任何犯罪都不负刑事责任。

（2）相对刑事责任年龄，即已满 14 周岁不满 16 周岁的人，犯故意杀人、故意伤害致人重伤或者死亡、强奸、抢劫、贩卖毒品、放火、爆炸、投放危险物质的，应当负刑事责任。除上述罪名外，因不满 16 周岁不予刑事处罚的，要责令其家长或者监护人加以管教，在必要的时候，也可以由政府收容教养。

（3）从轻或减轻刑事责任年龄，即已满 14 周岁不满 18 周岁的人、又聋又哑的人以及盲人等犯罪，应当从轻或者减轻处罚。各国刑法一般都认为，限制责任能力人实施的刑法所禁止的危害行为的，构成犯罪，应负刑事责任，但是其刑事责任因其责任能力的减弱而有所减轻，应当或者可以从宽处罚或者免于处罚。②

（4）完全负刑事责任年龄，即已满 16 周岁的，犯任何罪，都必须负刑事责任。但我国刑法也明确规定，犯罪时未满 18 周岁的，不适用死刑。

① 黄京平. 刑法学［M］. 北京：中国人民大学出版社，2015：58.

② 高铭暄. 刑法学原理（第 1 卷）［M］. 北京：中国人民大学出版社，1993：622.

第三节　决定和影响刑事责任能力的因素

一、刑事责任年龄的概念

刑事责任年龄，是指法律所规定的行为人对自己实施的刑法所禁止的危害社会的行为负刑事责任必须达到的年龄。

我国刑法第十七条规定，已满16周岁的人犯罪，应当负刑事责任；已满14周岁不满16周岁的人，犯故意杀人、故意伤害致人重伤或者死亡、强奸、抢劫、贩卖毒品、放火、爆炸、投毒罪的，应当负刑事责任；已满14周岁不满18周岁的人犯罪，应当从轻或者减轻处罚。我国现行刑法关于刑事责任年龄的规定，是结合我国实际情况制定的，理由如下：

（1）未满14周岁的人，由于身心发育尚未成熟，他们幼稚无知，还不具备必要的辨别是非善恶的能力，因此对他们所实施的危害社会的行为不追究刑事责任。

（2）已满14周岁不满16周岁的人，虽然有一定的辨认是非善恶的能力，但年纪尚轻，智力发展尚不完全，缺乏社会知识和法制观念，因此对他们的危害行为一般不追究刑事责任，而只对某些严重的犯罪追究刑事责任。

（3）已满16周岁的人，智力、体力已有相当的发展，已经具有辨别是非善恶和控制自己行为的能力，因此法律要求他们对自己所实施的一切犯罪行为负刑事责任。

（4）已满14周岁不满18周岁的人尚未成年，容易受外界的不良影响，同时，由于他们可塑性大，易于接受改造。因此对他们所实施的犯罪，应当从轻或减轻处罚。我国刑法第四十九条明确规定：犯罪的时候不满18周岁的人不适用死刑。

刑事责任年龄指的是实施犯罪时的年龄，而不指破案或审判时的年龄。责任年龄的确定是刑法中的重大问题，它直接涉及刑罚惩罚范围，涉及是否从轻、减轻处罚，如果某人尚未达到法定应负刑事责任的年龄，即使行为人在客观上造成了严重结果，也不应追究其刑事责任。充分理解我国刑法关于责任年龄的规定，对于正确定罪量刑具有非常重要的意义。

二、刑事责任年龄的确定

犯罪主体中的刑事责任年龄，是依实施行为时为准还是依结果发生时为准，这涉及对年龄的实际确定问题。在行为与结果同时的场合，对其界定一般不发生问题。但是，当行为结果不同时间时，则涉及以哪一个时间去确定其年龄的问题。这一问题之所以需要明确，是因为在有些案件中，行为时被告人尚未满14周岁（或者未满16周岁、18周岁），而当结果发生时，被告人却已满14周岁（或者已满16周岁、18周岁）。在这时，如何确定其年龄，会对被告人的行为是否构成犯罪及刑罚轻重适用产生直接的影响。如果从刑事责任年龄确定是为了解决行为人在行为当时是否具有辨别、控制能力这一点上来看，应当认为以行为时行为人的实际年龄为准去确定其是否达到刑事责任年龄是比较科学的；如果行为有连续或者持续状态，则应以这种行为状态结束之时行为人的实际年龄去确定其刑事责任年龄。

三、未成年犯罪案件处理的原则

对未成年罪犯适用刑罚原则，我国坚持从宽处理，“教育为主，惩罚为辅”的原则。

（一）剥夺政治权利刑罚的适用

对犯严重破坏社会秩序罪的未成年罪犯，除依法判处无期徒刑的以外，一般不附加判处剥夺政治权利刑罚。对于未成年罪犯，不单独适用剥夺政治权利刑罚。

（二）从轻、减轻处罚的适用

对未成年人罪犯依法从轻处罚，是指应当在法定刑范围内判处相对较轻的刑种或者相对较短的刑期；依法减轻处罚，是指应当在法定最低刑以下判处刑罚。在具体量刑时，不但要根据犯罪事实、犯罪性质和危害社会的程度，还要充分考虑未成年人犯罪的动机、犯罪时的年龄，是否初犯、偶犯或者惯犯，在共同犯罪中的地位和作用等情节，以及犯罪后有无悔罪、个人一贯表现等情况，决定对其适用从轻还是减轻处罚和从轻或者减轻处罚的幅度，使判处的刑罚有利于未成年罪犯的改过自新和健康成长。

（三）缓刑的适用

对于被判处拘役、三年以下有期徒刑的未成年罪犯。犯罪后有悔罪表现，家庭有监护条件或者社会帮助措施能够落实，认为适用缓刑确实不致再危害社会的，应当适用缓刑。但是有下列情形之一的，一般不宜适用缓刑：惯犯、有前科或者被劳动教养两次以上的；共同犯罪中情节严重的主犯；犯罪后拒不认罪的。

（四）免予刑事处罚的适用

未成年罪犯中的初犯、偶犯，如果罪行较轻，悔罪表现好，并具有下列情形之一的，一般应免予刑事处罚：预备犯、中止犯、防卫过当、避险过当、共同犯罪中的从犯、胁从犯，以及犯罪后自首或者有立功表现的。对免予刑事处罚的，可予以训诫或者责令具结悔过、赔偿道歉、赔偿损失，或者建议有关主管部门给予行政处分。

四、关于精神障碍的刑事责任处理规定

一般而言，达到刑事责任年龄就标志着刑事责任能力的完备，但如果存在精神障碍，则可能影响刑事责任能力。我国刑法专门规定了精神病人的刑事责任问题，这为我国司法实践解决特殊人群实施危害行为的刑事责任提供了基本依据。

（一）完全无刑事责任能力的精神病人

我国刑法第十八条第一款规定：“精神病人在不能辨认或者控制自己行为的时候造成危害结果，经法定程序鉴定确定的，不负刑事责任，但是应当责令他的家属或者监护人严加看管和医疗；在必要的时候，由政府强制医疗。”

由此可以看出：第一，精神病人应否负刑事责任，关键在于行为时是否具有辨认

或者控制自己行为的能力；第二，行为时是否有辨认或者控制能力，既不能根据行为人的供述来确定，也不能凭办案人员的主观判断来确定，而是必须经过法定的鉴定程序予以确认；第三，对因不具有刑事责任能力不负刑事责任的精神病人，并不是一概放任不管，而是应当责令他的家属或者监护人严加看管和医疗，必要时也可以由政府强制医疗。

（二）完全有刑事责任能力的精神病人

我国刑法第十八条第二款规定："间歇性的精神病人在精神正常的时候犯罪，应当负刑事责任。"间歇性精神病人在精神正常的时候，具有辨认或者控制自己行为力，应当对自己的犯罪行为负刑事责任。

（三）限制刑事责任能力的精神病人

我国刑法第十八条第三款规定："尚未完全丧失或者控制自己行为的精神病人犯罪的，应当负刑事责任，但是可以从轻或者减轻处罚。"

限制刑事责任能力的精神病人，是介于前两种精神病人之间的一部分精神病人，与完全无刑事责任能力精神病人相比，这种人并未完全丧失辨认和控制自己行为的能力，因此，不能完全不负刑事责任。但是这种人作为精神病人，其刑事责任能力毕竟又有所减弱，因此，我国刑法规定对这种人可以从轻或者减轻处罚。

第四节　犯罪主体的特殊身份

一、犯罪主体特殊身份的概念

犯罪主体的特殊身份，是指刑法规定的影响行为人刑事责任的行为人人身方面特定的资格、地位或状态。如军人、辩护人、诉讼代理人、证人、男女、亲属等。这些特殊身份不是自然人犯罪主体的一般要件，而是某些犯罪的自然人主体所必须具备的条件。

在我国刑法理论上，通常以主体是否要求以特定身份为要件，将自然人主体分为一般主体与特殊主体。我国刑法规定不要求以特殊身份作为要件的主体，称为一般主体；我国刑法规定以特殊身份作为主体构成要件或者刑罚加重、减轻依据的犯罪称为身份犯。身份犯分为纯正的身份犯和不纯正的身份犯。纯正的身份犯是指以特殊身份为主体要件，无此特殊身份则该犯罪是根本不能成立的犯罪。如贪污罪的主体是国家工作人员或者受国家机关、事业单位、经营国有财产的人员等，若行为人不具备此种身份，其行为就不能构成贪污罪。不纯正身份犯是指特殊身份不影响定罪但影响量刑的犯罪。在这种情况下，如果行为人不具有特殊身份，犯罪也成立；行为人具有特殊身份的，则成为刑罚加重或减轻的事由。如一般人可以构成诬告陷害罪，但主体为国家机关工作人员时，则应从重处罚。

二、犯罪主体特殊身份的界定

正确理解犯罪主体的特殊身份的含义，应当注意以下两种情况：

（1）特殊身份必须是在行为人开始实施危害行为时就已经具有的特殊资格或者已经形成的特殊地位或状态。行为人在实施行为后才形成的特殊地位，并不属于特殊身份。

（2）作为犯罪主体要件的特殊身份，仅仅是针对犯罪的实行犯而言的，至于教唆犯和帮助犯，并不受特殊身份的限制。如强奸罪的主体必须为男性，但这只是就实行犯而言，妇女可以成为强奸罪的教唆犯或帮助犯。

第五节　单位犯罪

一、单位犯罪的概念

我国刑法第三十条规定，公司、企业、事业单位、机关、团体实施的危害社会的行为，法律规定为单位犯罪的，应当负刑事责任。也就是说单位犯罪的概念是指公司、企业、事业单位、机关、团体为本单位谋取非法利益，经集体研究决定或者主要负责人员决定，实施了我国刑法分则中规定为单位犯罪的行为。只有法律明文规定单位可以成为犯罪主体的犯罪，才存在单位犯罪及单位承担刑事责任的问题，而并非一切犯罪都可以由单位构成。

二、单位犯罪的特征

1. 犯罪主体的复合性

作为犯罪主体的单位，其本身是由自然人组成的，但又不是自然人的简单组合，“而是一种既不能脱离自然人而独立存在，又可以在形式上先于单位成员而构成的特定组织形式。”单位犯罪的主体是复合的、重叠的，这种复合主体，是以单位（法人或非法人社会组织）为形式，以自然人（单位主管人员和其他直接责任人员）为内容组成的特别主体。

2. 主观罪过的多样性

单位犯罪的主观罪过应当具有多样性，既包括故意，也包括过失，还存在混合罪过形式。首先，在意识因素上，单位对其行为的社会危害性、行为后果预见性有明确的认识能力，这是通过单位内部决策人员的认识表现出来的。其次，我国刑法关于故意犯罪和过失犯罪的规定对单位犯罪是适用的。最后，规定单位犯罪主观罪过多样性是社会发展的立法需要。随着商品经济的发展和单位（法人或非法人社会组织）的增多，单位犯罪的情况愈加复杂，其主观罪过也必将呈现多样化。

3. 客观表现的整体性

任何一种犯罪，都是通过一定的客观行为（作为或不作为）表现出来的。同样，在单位犯罪这个动态的犯罪实施过程中，所有的行为归根结底也都是以自然人作为或不作为再现的。单位实施危害社会的行为，实质上是一种有领导、有分工、有组织的行为，无论是作为的还是不作为的，都不再是纯粹的个人目的和私利，如果是以单位的整体意志表现出来，即为单位犯罪，否则就不构成单位犯罪。

4. 严格的法定性

“法无明文规定不为罪，法无明文规定不处刑”是我国刑法罪刑法定原则的基本要求。无论是单位犯罪还是自然人犯罪，都必须有我国刑法条文的明确规定，即具有法定性。在我国，单位都是享有一定权利、承担一定义务的组织，特别是国家机关、国有公司、事业单位、人民团体等单位都有一定的职权，其利用职权进行犯罪活动的社会危害性比自然人个人犯罪更为严重，影响更大。因此，国家立法严惩单位犯罪活动时，就必须以条文明文规定的形式严格界定单位犯罪的主体及范围。

第八章　犯罪主观方面

第一节　犯罪主观方面概述

一、犯罪主观方面的概念

犯罪主观方面，亦称犯罪主观要件，按照刑法界理论通说，是指行为人对自己所实施的危害社会行为及危害结果所持的心理态度。[①] 人在实施犯罪时的心理状态是十分复杂的，概括起来有故意和过失这两种基本形式，以及犯罪目的和犯罪动机这两种心理要素。

二、犯罪主观方面的内容

犯罪主观方面的内容，或者说罪过的内容，是指我国刑法规定的行为人实施犯罪必须认识的事实内容和必须具有的意志状态。犯罪主观方面的内容，是由意识因素和意志因素这两大部分内容构成的。

（一）意识因素

意识因素，是指行为对事物及其性质的认识和分辨情况。

（1）行为人对自己行为及其结果的社会危害性的认识，或者说对与犯罪客体有关的事实及性质的认识。

（2）行为人对犯罪的基本事实情况的认识，或者说对犯罪客观方面有关事实的认识。首先包括了危害行为、危害结果和两者之间的因果关系的认识。只有当刑法分则明确要求行为人对犯罪的时间、地点和方法等事实也要有认识时，犯罪客观方面中的选择要件，才能构成特定犯罪罪过的内容。

我国刑法并没有要求行为人认识自己的行为是违反刑事法律规定的行为，即不要求认识刑事违法性。因为如果不认识行为的刑事违法性就不能构成罪过，不负刑事责任的话，那么就容易使有些人借口不懂法律逃避应负的刑事责任。

（二）意志因素

根据我国刑法规定，意志对于危害行为和危害结果起支配和控制作用，表现为四种形式，即希望、放任、疏忽、轻信。我国刑法要求，任何犯罪的主观方面，都是有

---

① 马克昌. 刑法通论［M］. 武汉：武汉大学出版社，1999：304.

着具体内容的意识因素与这四种意志形式之一结合组成的，缺乏意识因素和缺乏意志因素，罪过是不能成立的。

第二节 犯罪的故意

一、犯罪故意的概念和构成要素

（一）犯罪故意的概念

根据我国刑法第十四条第一款的规定，犯罪故意是指明知自己的行为会发生危害社会的结果，并且希望或者放任这种结果发生的主观心理状态。这种由犯罪故意而承担的刑事责任，就是故意责任。故意责任是责任的主要形式，它意味着行为人是在一种故意的心理状态下实施犯罪的，因而属于责任形式。作为一种责任形式，故意不仅是一种心理事实，而且包含着规范评价，由此形成统一的故意概念。

（二）犯罪故意的构成要素

犯罪故意由两个因素构成：一是认识因素，二是意志因素。现对其分述如下：

1. 认识因素

认识因素，是指明知自己的行为会发生危害社会的结果的主观心理状态。由此可见，认识因素是事实性认识与违法性认识的统一。

（1）事实性认识

事实性认识，是指对于构成事实的认识，这就为事实性认识限定了范围。事实性认识包括对以下客体要素的认识：

首先是行为的性质。对于行为性质的认识，是指对于行为的自然性质或者社会性质的认识，对于行为的法律性质的认识属于违法性认识而非事实性认识。其次是行为的客体。对于行为客体的认识，是指对行为客体的自然属性或者社会属性的认识。再次是行为的结果。对于行为结果的认识，是指对于行为的自然结果的认识，这种认识在很大程度上表现为一种预见，即其结果是行为的可期待的后果。最后是行为与结果之间的因果关系。对于因果关系的认识，是指行为人意识到某种结果是本人行为引起的，或者行为人采取某种手段以达到预期的结果。在这种情况下，行为人都对行为与结果之间因果关系具有事实上的认识。

（2）违法性认识

违法性认识，是指对于行为人的违法性的判断，属于对认识的规范评价因素。刑事违法性是犯罪的基本特征，在罪刑法定的构造中，具有明确的界限，应当成为违法性认识的内容。至于行为是否违反刑法的认识，并不要求像专业人员那种确知。因此，以刑事违法性的认识作为违法性认识的内容，并不会缩小犯罪故意的范围，而且合乎罪刑法定的原则。

2. 意志因素

犯罪故意的意志因素是指希望或者放任危害结果发生的主观心理态度。意志因素是心理性意志与违法性意志的统一。

（1）心理性意志

心理性意志，是指心理事实意义上的意志。意志对人的行动起支配作用，并且决定着结果的发生。如果说意志对于行为本身的控制是可以直观地把握的话，意志对于结果的控制就不如行为那么直接。因为结果虽然是行为引起的，它又在一定程度上受外界力量的影响。在这种情况下，应当区分必然的结果与偶然的结果：必然结果是由意志力支配的结果，可以归之于行为；而偶然结果是受外在东西所支配的结果，不能归之于行为。从意志与这些结果的关系上来说，必然结果是意志控制范围之内的、预料之中的结果；偶然结果是出于意料的结果。

（2）违法性意志

违法性意志，是指心理性意志的评价因素，这种评价成为归责的根据。在心理性意志的基础上，之所以还要进一步追问违法性意志，是因为违法性的结果虽然是行为人所选择的，但如果这种选择是在不具有期待可能性的情况下做出的，即缺乏违法性意志，我们仍然不能归罪于行为人。因此，违法性意志，其实就是一个期待可能性的判断问题。

二、犯罪故意的类型

据中国刑法第十四条第一款的规定，犯罪故意可以分为以下两种类型：

（一）直接故意

直接故意，是指明知自己的行为会发生危害社会的结果，并且希望这种结果发生的心理态度。在直接故意中，存在认识程度上的差别，即明知自己的行为必然发生危害社会的结果与明知自己的行为可能发生危害社会的结果。但这种认识程度上的差异并不影响直接故意的成立。只要对危害结果的发生是明知的，无论是明知其必然发生还是明知其可能发生，并对这种危害结果持希望其发生的心理态度，都可构成直接故意。

（二）间接故意

间接故意，是指明知自己的行为可能发生危害社会的结果，并且有意放任，以致发生这种结果的心理态度。间接故意的认识因素是指行为人认识到自己的行为可能发生危害社会的结果，而不包括认识到自己的行为必然发生危害社会的结果。因为放任是以行为人认识到危害结果具有可能发生也可能不发生这种或然性为前提的，如果行为人已认识到自己的行为必然发生危害结果而又决意实施的，则根本不存在放任的可能，其主观意志只能是属于希望结果的发生的直接故意。

间接故意具有以下三种情形：一是为追求某一犯罪目的而放任了另一危害结果的发生；二是为追求某一非犯罪目的而放任某一危害结果发生；三是突发性犯罪中不计后果放任某种严重危害结果的发生。[①] 以上三种情况中，行为人对被害人死亡结果的发生都持间接故意的心理态度。

---

① 黄京平. 刑法学［M］. 北京：中国人民大学出版社，2015：76.

第三节 犯罪的过失

一、犯罪过失的概念和构成要件

过失犯罪，指在过失心理支配之下实施的、根据我国刑法的规定已经构成犯罪的行为。犯罪过失，是指行为人应当预见自己的行为可能发生危害社会的结果，因为疏忽大意而没有预见，或者已经预见但轻信能够避免的心理态度。

（1）行为人主观上必须对危害结果的发生持根本否定态度心理。

（2）行为必须发生了危害结果，从我国刑法分则的规定看，这些结果一般都是较为严重的结果。

二、犯罪过失的类型

犯罪过失包括疏忽大意的过失和过于自信的过失两种类型。

（一）疏忽大意的过失

疏忽大意的过失，是指应当预见自己的行为可能发生危害社会的结果，因为疏忽大意而没有预见，以致发生这种结果的心理态度。所谓疏忽大意，就是粗心、马虎，不留意、不负责任。[①] 从司法实践来看，判断行为人是否具有疏忽大意过失，并不是先判断行为人是否疏忽大意，而是先判断行为人是否应当预见自己的行为可能发生危害社会的结果，如果应当预见而没有预见，就说明行为人疏忽大意了。

（二）过于自信的过失

过于自信的过失，是指已经预见自己的行为可能发生危害社会的结果，但轻信能够避免，以致发生这种结果的心理态度。

行为人已经预见自己的行为可能发生危害社会的结果，同时又轻信能够避免危害结果，这就是过于自信过失的认识因素。已经预见是事实，轻信能够避免是行为人在已经预见危害结果的同时还实施该行为的主观原因。轻信能够避免，是指在预见到结果可能发生的同时，又凭借一定的主客观条件，相信自己能够避免结果的发生，但所凭借的主客观条件并不可靠。

过于自信的过失与间接故意有相似之处，如二者均认识到危害结果发生的可能性，都是不希望危害结果发生，但二者的区别也是明显的：从本质上说，间接故意所反映的是对合法权益的积极蔑视态度，过于自信的过失所反映的是对合法权益消极不保护的态度。

---

① 高铭暄. 新编中国刑法学（上册）[M]. 北京：中国人民大学出版社，1998：195.

第四节　意外事件

一、意外事件的概念

根据我国刑法第十六条的规定，意外事件是指行为虽然在客观上造成了损害结果，但不是出于行为人的故意或者过失，而是由不能预见的原因所引起的，不认为是犯罪。这种情况就是刑法理论中所说的无罪过的意外事件。

二、意外事件的特征

意外事件具有三个特征：一是行为人的行为客观上造成了损害结果；二是行为人主观上没有故意或者过失；三是损害结果由不能预见的原因所引起。“不能预见”是指当时行为人对其行为发生损害结果不但没有预见，而且根据其实际能力和当时的具体条件，行为时也根本无法预见。从认识因素上来讲，行为人没有认识到其行为会发生危害社会的结果；从意志因素上来讲，行为人对危害结果的发生持反对态度。

三、意外事件与疏忽大意过失的区别

二者相同之处都是发生了损害结果，且都没有预见。不同之处在于：在疏忽大意的过失中，行为人应当预见也能够预见，但没有预见；在意外事件中，根据行为人的自身状况和当时的环境、条件，不可能预见。因此，是否应当预见、是否能够预见，是区分二者的关键。

“不能预见的原因”所致的意外事件与疏忽大意的过失的相似之处在于，二者都是行为人对损害结果的发生没有预见，并因此而发生了这种结果。根据行为人的实际能力和当时的情况，结合法律、职业等的要求来认真考察其有没有预见的原因，对于区分意外事件与疏忽大意的过失犯罪至关重要，这是罪与非罪的原则区分。例如，某汽车司机在雨夜行车，从一塑料布驶过，压死了塑料布下的一个精神病人。司机以为塑料布下是附近农民的稻谷，在当时的情况下他不可能预见到有人在雨夜躲在公路的塑料布下，这就属于意外事件。

第五节　犯罪目的与犯罪动机

一、犯罪目的和犯罪动机的概念

犯罪目的，是指行为人通过实施犯罪行为达到的某种危害结果的希望或追求。犯罪的成立要求对犯罪事实有所认识，这就是犯意。故意是最典型、一般的犯意。犯罪目的具有选择性，如报复的动机会产生杀人、伤害、诬告、报复陷害等不同的目的；犯罪目的具有暂时性，一旦达到便不再存在。犯罪目的是一些犯罪的构成要件。

犯罪动机，是指刺激、促使犯罪人实施犯罪行为的内心起因或思想活动，能够直接反映行为人主观恶性的程度和行为的社会危害性程度。它回答犯罪人基于何种心理原因实施犯罪行为，故动机的作用是发动犯罪行为。从心理学上讲，人的行为是由动机支配的，而动机是由需要引起的，没有需要就不可能产生动机。但是，并不是任何需要都能成为动机，只有需要指向一定的目标，并且展现出达到目标的可能性时，才能形成动机，才会对行为有推动力。

由于犯罪动机和犯罪目的是密切联系而存在的，行为人基于某种需要而形成犯罪动机，在犯罪动机的指引和推动下又进而确定了犯罪目的，因而在间接故意中同样也存在脱离于犯罪目的的犯罪动机。①

二、犯罪目的和犯罪动机的联系和区别

(一) 犯罪动机与犯罪目的的联系

犯罪动机和犯罪目的之间密切联系，主要表现在以下几个方面：

(1) 两者都是犯罪人实施犯罪行为过程中存在的主观心理活动，它们的形成和作用都反映行为人主观恶性程度及行为的社会危害性程度。

(2) 犯罪目的以犯罪动机为前提和基础，犯罪目的来源于犯罪动机，犯罪动机促使犯罪目的的形成。

(3) 两者有时表现为直接的联系，即它们所反映的需要是一致的，如出于贪利动机实施以非法占有为目的的侵犯财产犯罪。

(二) 犯罪动机与犯罪目的的区别

犯罪动机与犯罪目的相互区别，主要表现在：

(1) 两者的形成时间先后顺序不同。犯罪动机产生在前，犯罪目的产生在后，犯罪动机是产生犯罪目的的原因。犯罪动机之产生，是由于人的某些需要在不良心理因素的作用下而激发的；犯罪目的则是在对犯罪行为的性质有明确认识的基础上形成的。

(2) 两者的内容、作用不同。犯罪动机是表明行为人为什么要犯罪的内心起因，比较抽象，是内在的发动犯罪的力量，起的是推动犯罪实施的作用；犯罪目的则是实施犯罪行为所追求的客观危害结果在主观上的反映，比较具体，它决定着犯罪行为的方向，引导犯罪行为向预期达到的目标运行。

(3) 一种犯罪动机可以导致几个或者不同的犯罪的目的。一种犯罪目的也可以同时为多种犯罪动机所推动。

(4) 两者对定罪量刑的意义不同。实践中，犯罪目的一般不仅影响量刑，还影响定罪，侧重于影响定罪；而犯罪动机侧重于影响量刑。

---

① 陈兴良，曲新久. 案例刑法教程 [M]. 北京：中国政法大学出版社，1994：183-184.

第六节 认识错误

我国刑法上的认识错误，是指行为人对自己行为的法律性质、后果和有关的事实发生了误解。刑法上的认识错误可分为两种：法律上的认识错误和事实上的认识错误。

一、法律上的认识错误

法律上的认识错误，是指行为人对自己行为的法律性质发生误解。其表现为三种情况：

（1）假想非罪。行为在法律上规定为犯罪，而行为人误认为不是犯罪。如甲未经许可收购珍贵树木制作家具，没有意识到该行为属于我国刑法规定的非法收购、加工珍贵树木及其制品罪。

（2）假想犯罪。行为在我国刑法上并没有规定为犯罪，而行为人误以为是犯罪。例如，某甲复制含有色情内容的有艺术价值的文学作品，本来不构成犯罪，但他却误认为犯罪，这种误解对行为性质不发生影响。

（3）行为人对自己犯罪行为的罪名和罪行轻重发生误解。例如，某甲盗割正在使用的电线，某甲自以为是盗窃罪，而实际上依法应为破坏电力设备罪。这种对法律的误认不涉及行为人有无违法性意识，不影响定罪判刑。

二、事实上的认识错误

事实上的认识错误，是指行为人对与自己行为有关的事实情况有不正确的理解。对事实认识错误，通常采取“法定符合说”认定行为人的罪责。即行为人预想事实与实际发生的事实法律性质相同的，不能阻却行为人对因错误而发生的危害结果承担故意的责任。反之，法律性质不同的，则阻却行为人对因错误而发生的危害结果承担故意的责任。这里所称的法律性质相同，是指属于同一犯罪构成范围内的情形；法律性质不同，是指属于不同犯罪构成的情形。

（1）客体错误，是指行为人预想侵犯的对象与实际侵犯的对象在法律性质上不同（分属不同的犯罪构成）。例如甲窃取了乙的提包，回家后打开提包发现里面有一支手枪。甲窃取提包通常只有盗窃普通财物的故意，而事实上发生了窃取枪支的结果。因此甲发生的事实错误不仅是具体对象的错误还是客体错误。客体错误阻却行为人对错误的事实承担故意的罪责。甲仅在盗窃罪的限度内承担罪责，对误盗枪支的事实不承担故意的罪责。

（2）对象错误，是指行为人预想侵犯的对象与行为人实际侵犯的对象在法律性质上是相同的（属于同一构成要件）。例如，甲欲杀乙，却误认丙为乙而杀死了丙。甲预想侵犯的对象是乙，实际侵犯的对象是丙，甲无论是杀了丙或杀了乙，都是剥夺他人的生命，都没有超出故意杀人罪犯罪构成之对象的范围，也没有使犯罪客体的性质发生变化。因此，甲仍然构成故意杀人罪既遂。

如果行为人预想侵犯的对象与实际侵犯的对象在法律性质上部分相同部分不同的，行为人只就相同的部分承担故意罪责，对不同的部分不承担故意罪责。

（3）手段错误，是指行为人对犯罪手段发生误用。如甲本想使用毒药杀害张三，但因为误认而错用了一种无毒的药物（手段不能犯未遂），但这种错误不影响罪过的性质。

（4）行为偏差，是指行为人预想打击的目标与实际打击的目标不一致。如甲欲杀张三，朝张三射击却击中张三身旁的李四。从现象看，这也是对象错误。这是一种客观行为错误而不是主观认识错误。对行为误差一般也采取“法定符合说”，即适用对象辨认错误的认定方法解决。

（5）因果关系错误，是指行为人对自己行为和所造成的结果之间因果关系的实际情况发生误认。①行为造成了预定的结果，误以为没有造成该结果；②行为没有实际造成预定的结果，误以为造成了该结果；③知道行为已经造成了预定的结果，但对造成结果的原因有误解。这三种情形的错误对罪责均不发生影响。

第九章　故意犯罪停止形态

第一节　故意犯罪停止形态概述

一、故意犯罪停止形态的概念

故意犯罪的停止形态，是指直接故意犯罪在犯罪过程的不同阶段由于各种原因而停止下来所呈现的不同状态，即既遂、预备、未遂和中止形态。一般说来，一个完整的犯罪过程，要经由一个从犯意形成、犯罪预备、着手实行到完成犯罪的发展过程。例如，故意杀人罪，一般会先有杀人的念头，再准备杀人凶器，然后实行杀人行为，直至把被害人杀死。但是，并非每一个犯罪都能完成以上犯罪过程。

二、故意犯罪停止形态的分类

就犯罪的停止形态的特征来看，犯罪的停止形态可以分为犯罪的完成形态和犯罪的未完成形态。犯罪既遂是犯罪的完成形态，它表明某一犯罪行为已经完全符合特定犯罪构成的全部要件；犯罪的预备、未遂和中止是犯罪的未完成形态，它表明某一犯罪行为尚未完全具备特定犯罪构成的全部要件，但又构成了犯罪，相比之下，犯意的形成虽然是推动行为人实施犯罪的内心起因，但犯意仅仅属于思想范畴，仅有犯意而未将犯意付诸实施尚不可能对社会造成任何危害，因而犯意的形成不属于犯罪的过程。

（1）行为人要先产生犯罪意图，再有犯意流露的行为，但此时尚不构成犯罪。

（2）行为人为了实施犯罪而准备工具、制造条件，这属于犯罪的预备行为，此时已经可以构成犯罪了。如果在此时行为人由于其意志以外的原因而未能着手实行犯罪行为，使该犯罪行为停止下来而不再发展，则是犯罪预备。

（3）如果该预备行为未受行为人意志以外的干扰，行为人着手实行了犯罪，但由于其意志以外的原因而没有得逞，使得犯罪行为停止下来，则是犯罪未遂。

（4）如果行为人未受干扰，继续实行犯罪直至具备了某犯罪构成的全部要件，则是犯罪既遂。

（5）如果在预备阶段或实行阶段，行为人自动放弃犯罪或者自动有效地防止犯罪结果发生，使得犯罪未完成而停止下来，则是犯罪中止。

第二节 犯罪既遂

一、犯罪既遂的概念与特征

犯罪既遂是犯罪的一种基本形态，学术界对犯罪既遂的标准一直存在着争议。在司法上，应当坚持罪刑法定原则，应当以“犯罪构成要件要素齐备说”作为认定犯罪既遂的标准；在立法上，则应当从犯罪事实和刑事政策的角度出发，以“犯罪目的实现刑事政策说”作为确立犯罪既遂形态的标准。

犯罪既遂具有三个方面的特征：其一，行为人主观方面必须是直接故意；其二，行为人必须已经着手实行犯罪；其三，行为人的行为具备了某种犯罪的基本构成的全部要件。

二、犯罪既遂的类型

根据我国刑法分则对各种直接故意犯罪构成要件的规定，犯罪既遂形态主要有以下四种：

1. 结果犯

结果犯的犯罪既遂，不仅要求行为人实施完毕我国刑法分则规定的特定犯罪行为，而且要求犯罪行为实际造成法定的危害结果。所谓法定的危害结果，具体是指我国刑法分则明文规定的犯罪行为对犯罪对象造成物质性、有形的、可以具体测量确定的损害结果。如故意杀人罪、抢劫罪、诈骗罪等犯罪，均为结果犯。

2. 危险犯

危险犯的犯罪既遂，不仅要求行为人实施完毕我国刑法分则规定的特定犯罪行为，而且要求犯罪行为足以造成某种危害社会的结果发生的危险状态，但不要求犯罪行为实际发生某种危害结果。一般认为，我国刑法分则规定的放火罪、爆炸罪、投毒罪、决水罪、以危险方法危害公共安全罪、破坏交通工具罪、破坏交通设施罪等，均属于危险犯。

3. 行为犯

行为犯，是指以法定的犯罪行为的完成作为既遂标准的犯罪。① 只要行为人实施完毕法定的犯罪行为，即使犯罪行为没有实际造成危害结果发生，甚至没有导致危害结果发生的现实危险的，也构成犯罪既遂。

4. 举动犯

举动犯的犯罪既遂，不要求犯罪行为发生实际的危害结果或者造成危害结果发生的实际危险，甚至也不要求犯罪实行行为实施完毕，只要行为人一着手犯罪行为，犯罪即告完成并完全符合犯罪构成。我国刑法规定的典型的举动犯有组织、领导、参加

---

① 黄京平. 刑法学［M］. 北京：中国人民大学出版社，2015：95.

黑社会性质组织罪和传授犯罪方法罪等。

三、既遂犯的处罚原则

犯罪既遂是故意犯罪的完成形态，对故意犯罪的既遂犯，应当直接按照我国刑法分则具体条文所规定的刑罚幅度量刑。

（1）关于定罪和法条引用问题。应直接按照我国刑法分则具体犯罪条文规定的法定刑幅度处罚，罪名上不需要标明既遂犯，但在司法文书的叙述部分，应标明行为人已完成犯罪的情况。对法律条文仅直接引用我国刑法分则具体犯罪条文即可。

（2）注意对同种罪危害不同的既遂犯的区别对待。对危害性和罪责程度不同的既遂犯，在处罚时应予以适当的区别对待。

（3）在既遂犯同时具备其他宽严处罚的情节尤其是法定的宽严处罚情节时，要注意同时引用相关的条款。

第三节　犯罪预备

一、犯罪预备的概念与特征

犯罪预备，是指直接故意犯罪的行为人为了实施某种能够引起预定危害结果的犯罪行为，准备犯罪工具，制造犯罪条件的状态。

犯罪预备形态的客观特征包括两个方面：

（1）行为人已经开始实施犯罪的预备行为，即为犯罪的实行和完成创造便利条件的行为。犯罪预备不同于犯意表示。犯意表示是指以口头、文字或其他方式对犯罪意图的单纯表露。二者的区别在于：犯罪预备行为具有社会危害性，已具备特定的犯罪构成；而犯意表示，还不是行为，无论是从行为人的主观意图还是客观表现上看，都不是在为犯罪实施创造条件，不具有社会危害性，对犯意表示不能处罚。

（2）行为人尚未着手犯罪的实行行为，即犯罪活动在具体犯罪实行行为着手前停止下来。

以上两个特征说明了犯罪预备形态可能发生的时空范围，即开始实施犯罪的预备行为起直至犯罪实行行为着手之前。

犯罪预备形态的主观特征包括两个方面：

（1）行为人进行犯罪预备活动的意图和目的，是为了顺利着手实施和完成犯罪。犯罪预备行为的发动、进行与完成，都是受此种目的支配的。

（2）犯罪在实行行为尚未着手时停止下来，是由于行为人意志以外的原因所致，即是被迫而非自愿在着手实行行为前停止犯罪。这是犯罪预备与犯罪预备阶段中止的关键区别所在。

二、犯罪预备的处罚原则和认定标准

（一）犯罪预备的处罚原则

犯罪预备行为是为犯罪准备工具、制造条件的行为，犯罪预备形态则是犯罪行为由于行为人意志以外的原因而停留在预备阶段的停止形态。我国刑法理论一般认为，行为符合犯罪构成是追究行为人刑事责任的根据，犯罪预备行为也有其犯罪构成。犯罪预备行为虽然尚未直接侵害犯罪客体，但已经使犯罪客体面临即将实现的现实危险，因而同样具有社会危害性。因此，犯罪预备行为同样具有可罚性。但由于预备犯还没有着手实行犯罪，没有造成犯罪结果，对法益的侵犯通常小于既遂犯对法益的侵犯，故对于预备犯，可以比照既遂犯从轻、减轻或者免除处罚。①

（二）犯罪预备的认定标准

犯罪预备的概念和特征为认定犯罪预备提供了一般标准。但在司法实践中如何运用这些标准来认定犯罪预备仍然存在一些问题。在认定犯罪预备时，应注意下述三种区分：

1. 犯罪预备与犯罪预备阶段的区分

在认定犯罪预备时，必须把犯罪预备与犯罪的预备阶段区别开来。犯罪预备是行为人所实施的行为的一种停顿状态，而犯罪的预备阶段是行为发展的一个过程。犯罪预备是行为人应对其承担刑事责任的一种行为状态，而犯罪的预备阶段是一个时间的概念，有些犯罪分子可能经过犯罪预备阶段以后进入实行的阶段并最终完成了犯罪，这时应作为犯罪既遂负刑事责任，而不再单独对犯罪预备行为承担刑事责任。如果行为在准备过程中由于行为人意志外的原因而未能着手实行犯罪，就应当以犯罪预备论处。

2. 犯罪预备与犯意表示的区分

在认定犯罪预备时，必须把犯罪预备与犯意表示区别开来。犯意表示是在实施犯罪活动以前，把自己的犯罪意图通过口头或者书面的形式流露出来。犯意表示虽然在客观上也表现为一定的行为，但这一行为仅仅是其犯罪意图的表露，例如扬言杀人等，还不属于为犯罪制造条件的行为。因此，它和犯罪预备具有本质的区别：犯意表示不可能对社会造成实际危害，也不具有对社会的现实危害性，因此我国刑法没有规定处罚犯意表示。而犯罪预备是为着手实行犯罪而制造条件，对社会存在着实际威胁，具有社会危害性，因此刑法明文规定预备犯应负刑事责任。

3. 犯罪的预备行为与实行行为的区分

在认定犯罪预备时，还必须把犯罪的预备行为与实行行为区别开来。犯罪的实行行为主要是我国刑法分则所规定的行为。在一般情况下，预备行为与实行行为不难区分，但也有少数情况，预备行为与实行行为的区分存在一定难度。例如杀人和抢劫等暴力犯罪中的尾随行为、守候行为或寻找被害人的行为等，到底是预备行为还是实行

① 张明楷. 刑法学［M］. 北京：法律出版社，2007：282.

行为？对此，在刑法理论上存在不同观点。我们认为，这些行为的性质基本上还是为进一步实行犯罪制造条件，不能认为已经着手实行犯罪，而应视为犯罪预备行为。

第四节 犯罪未遂

一、犯罪未遂的概念与特征

犯罪未遂是指已经着手实行犯罪，由于犯罪分子意志以外的原因而未得逞的状态。犯罪未遂具有以下三个方面的特征：

（1）行为人已经着手实行犯罪，是指行为人开始实施我国刑法分则规定的作为某种具体犯罪构成要件的行为。着手不仅标志着犯罪行为进入了实行阶段，表明行为人所实施的行为是实行行为，而且是划定未遂犯的处罚时期的概念。①

从主客观统一的意义上对着手予以理解：主观上，行为人实行犯罪的意志已经通过客观的实行行为表现出来；客观上，行为人已经开始直接实施具体犯罪构成要件的行为。着手的主观和客观的统一，反映了着手行为的社会危害性程度，为认定着手实行犯罪提供了一般标准。

（2）犯罪没有得逞，是指犯罪的直接故意内容没有完全实现，即没有完成某一犯罪的全部构成要件。

结果犯，我国刑法分则明确规定以一定的物质性的犯罪结果作为其犯罪构成的客体要件，即以法定的犯罪结果是否发生作为犯罪是否得逞的标志。如故意伤害罪。

行为犯，我国刑法分则明确规定以完成一定的行为作为其犯罪构成要件，即以法定的犯罪行为是否完成作为犯罪是否得逞的标志。如强奸罪。

危险犯，我国刑法分则明确规定以造成某种危害结果的危险状态作为其犯罪构成要件的客观要件，即以是否造成了某种危险状态，作为犯罪是否得逞的标志。如放火罪。

（3）犯罪未得逞是由于行为人意志以外的原因。行为人意志以外的原因，是指行为人没有预料到或不能控制的主客观原因。犯罪分子意志以外原因的种类包括：其一，犯罪分子自身方面的原因，如能力不足、主观认识错误；其二，犯罪分子以外的原因，主要有被害人的反抗、第三者的出现、自然力的破坏、物质阻碍（如撬不开门）、时间和地点的不利影响等。

二、犯罪未遂的类型

（1）以犯罪实行行为是否已经实行终了为标准，犯罪未遂可分为实行终了的未遂与未实行终了的未遂。

未实行终了未遂，是指行为人已经着手实施具体犯罪客观方面的实行行为，但在

---

① 张明楷. 刑法学［M］. 北京：法律出版社，2007：284.

犯罪实行行为实施终了之前，由于其意志以外的原因而未能继续实施犯罪的犯罪停止形态。

实行终了未遂，是指行为人已经将具体犯罪客观方面的实行行为实施完毕，但由于其意志以外的原因未发生我国刑法规定作为既遂要件的犯罪结果的犯罪停止形态。

（2）以行为的实行客观上能否构成犯罪既遂为标准，犯罪未遂可分为能犯未遂与不能犯未遂。

能犯未遂，是指行为人已经着手实行我国刑法分则规定的某一具体犯罪构成客观方面的实行行为，并且这一行为实际上有可能完成犯罪，但由于其意志以外的原因，犯罪未能完成的犯罪未遂形态。

不能犯未遂，是指行为人已经着手实行我国刑法分则规定的某一具体犯罪构成客观方面的实行行为，但由于行为的性质以致不可能完成犯罪，因而使犯罪未能完成的犯罪未遂形态。

三、未遂犯的处罚原则

我国刑法第二十三条规定了犯罪未遂的特征与处罚原则。犯罪未遂所具有的三个构成要件或特征也是与故意犯罪的其他停止形态相区分的标志。犯罪预备与犯罪未遂都是意志以外的因素导致的犯罪未能得逞，是否已经着手实行犯罪，是犯罪预备与犯罪未遂区分的关键点。

所谓已经着手实行犯罪，是指行为人已经开始实施我国刑法分则具体犯罪构成要件中的犯罪行为。犯罪预备行为是为具体犯罪构成行为的实行和犯罪的完成创造便利条件，为其实现创造可能性；而犯罪实施行为则是要直接完成犯罪，变预备阶段实行和完成犯罪的现实可能性为直接的现实性。

对于未遂犯的处罚原则问题，应当注意两个方面：一是以既遂犯的处罚为参照；二是适当从宽处罚，即可以比照既遂犯从轻或者减轻处罚。因此可知，首先，犯罪未遂应当负刑事责任；其次，由于刑法规定的是“可以”从轻或者减轻处罚，因此要确定对犯罪未遂是否从轻或者减轻处罚；最后，在确定可以从轻或者减轻处罚的情况下，要进一步确定是从轻处罚还是减轻处罚。

第五节　犯罪中止

一、犯罪中止的概念与特征

犯罪中止，是指在犯罪过程中，自动放弃犯罪或者自动有效防止犯罪结果发生的状态。犯罪中止存在两种情况：一是在犯罪预备阶段或者在实行行为还没有实行终了的情况下，自动放弃犯罪；二是在实行行为实行终了的情况下，自动有效地防止犯罪结果的发生。

作为故意犯罪的未完成形态的犯罪中止，是指行为人已经开始实施犯罪而又中止了犯罪的状态。犯罪中止状态与犯罪中止行为本身具有密切关系：没有中止行为就不可能有犯罪中止的形态，中止行为是犯罪中止形态的决定性原因。中止之前的行为属于犯罪行为，是行为人应当负刑事责任的事实根据，中止行为本身属于刑法所鼓励的行为，是应当免除或者减轻处罚的根据。

犯罪中止的特征有以下四个方面：

（1）中止的时间性。中止必须发生在犯罪过程中，即在开始实施犯罪行为之后、犯罪呈现结局之前均可中止。中止不能发生在既遂之后，但如果对犯罪既遂缺乏合理解释，也可能人为地限制中止的成立范围。

（2）中止的自动性。成立犯罪中止，要求行为人“自动”放弃犯罪或者“自动”有效地防止犯罪结果发生。[①] 这是犯罪中止与犯罪预备、犯罪未遂在主观上的区分标志。

（3）中止的客观性。中止不只是一种内心状态的转变，还要求客观上有中止行为。[②] 第一，中止行为是停止犯罪的行为，是使正在进行的犯罪中断的行为；第二，中止行为既可以作为的形式实施，也可以不作为的形式实施；第三，中止行为以不发生犯罪结果为成立条件，但这种结果，是行为人主观追求的和行为所必然导致的结果。

（4）中止的有效性。犯罪中止必须是有效地停止了犯罪行为或者有效地避免了危害结果。

二、犯罪中止的类型

根据犯罪中止发生的时空范围，可将其分为预备中止、未实行终了的中止以及实行终了的中止。

（1）预备中止：发生在预备阶段的中止，如为杀人买刀后中止。

（2）未实行终了的中止：发生在行为尚未实行终了时的中止，如强奸行为人基于被害人的说服而停止犯罪。

（3）实行终了的中止：发生在犯罪行为实行终了的中止，如投毒杀人等。

根据行为人是否以积极的行为中止自己的犯罪行为，可分为消极中止和积极中止。

（1）消极中止，是指自动地放弃犯罪。

（2）积极中止，是指在行为已经实行终了但结果尚未发生的情况下，有效地防止结果的发生的中止。

三、中止犯的处罚原则

我国刑法第二十四条规定，对于中止犯，没有造成损害的，应当免除处罚；造成损害的，应当减轻处罚。如何正确地适用这一处罚原则，应当注意以下几点：

（1）对中止犯采取从宽处罚原则。对中止犯予以从宽处罚，是我国刑法关于中止犯的基本处罚原则。采取从宽原则是刑事政策的要求，也是符合中止犯的社会危害性

① 张明楷．刑法学［M］．北京：法律出版社，2007：304．

② 张明楷．刑法学［M］．北京：法律出版社，2007：307．

大小和主观恶性程度原则的。

（2）对中止犯采取减轻处罚或者免除处罚原则。我国刑法中的从宽处罚原则是从轻处罚、减轻处罚和免除处罚的总称。我国对犯罪预备、犯罪未遂和犯罪中止三种不同的犯罪未完成形态的处罚原则的规定上也体现了区别对待的刑事政策。

（3）对中止犯采取必减主义。我国刑法第二十四条规定，对中止犯必须予以从宽处罚，即：没有造成损害的，“应当”免除处罚；造成损害的，“应当”减轻处罚。可见，对于中止犯，审判人员必须予以从宽处罚。

（4）处罚原则的具体适用。我国刑法第二十四条规定，中止犯的处罚原则包括应当减轻处罚和应当免除处罚两种。该条还为具体适用这两种处罚原则的条件做出了明确规定，是否造成损害是适用两种不同的处罚原则的条件。

第十章 共同犯罪

第一节 共同犯罪概述

一、共同犯罪的概念

共同犯罪，简称共犯，是相对于一个人单独实施犯罪而言的，共同犯罪是犯罪的一种特殊形式，比一个人单独实施犯罪复杂。依照我国刑法第二十五条第一款的规定，共同犯罪是指两人以上共同故意犯罪。这一定义科学地概括了共同犯罪的内在属性，体现了我国刑法主客观相统一的原则，为有效地打击共同犯罪提供了法律依据。①

二、共同犯罪的成立要件

共同犯罪是一种特殊形态的故意犯罪，构成共同犯罪除了必须具备故意犯罪的一般条件外，还需要具备以下条件：

1. 共同犯罪的主体要件必须是两人以上

共同犯罪的主体，必须是两个以上达到刑事责任年龄、具备刑事责任能力的人。这里所说的人，既包括自然人，也包括单位。

（1）共同犯罪的犯罪主体的数量要求是两人以上。可以是两个以上的自然人，也可以是两个以上的单位，还可以是自然人和单位共同实施犯罪。

（2）共同犯罪的犯罪主体的资格要求必须具有刑事责任能力。如果犯罪主体是自然人，则必须都达到刑事责任年龄、具有刑事责任能力。一个具有刑事责任能力的人和一个没有刑事责任能力的人共同实施危害行为，不能构成共同犯罪。由于我国刑法第十七条规定了不同的刑事责任年龄，因此在认定行为人能否成为某一犯罪的共同犯罪主体时，应当根据相应的刑事责任年龄要求进行认定。

2. 共同犯罪的主观要件是必须有共同的犯罪故意

所谓共同犯罪故意是指各共同犯罪人通过彼此的意思沟通联络，认识到其共同的犯罪行为会发生某种危害社会的结果，并实行共同犯罪，希望或放任危害社会结果发生的心理态度。

共同犯罪故意，既可以表现为各共同犯罪人都有犯罪的直接故意，也可以表现为各共同犯罪人都有犯罪的间接故意，还可以表现为其中部分人为直接故意，另一部分

① 黄京平. 刑法学［M］. 北京：中国人民大学出版社，2015：107.

人为间接故意。

3. 共同犯罪的客观要件是必须有共同的犯罪行为

所谓共同的犯罪行为是指各共同犯罪人的行为指向同一犯罪事实、互相联系、相互配合，形成一个与犯罪结果有因果关系的有机整体。每一个犯罪人的犯罪行为，都是共同犯罪的有机组成部分。

三、共同犯罪的认定

根据司法实践，我们可以从以下三个方面对共同犯罪进行认定：

第一，两个以上具有不同身份的人可以构成共同犯罪。我国刑法中有些犯罪主体是特殊主体，如受贿罪的主体只能是国家工作人员；但就共同犯罪而言，不具备特殊身份的人可以构成特殊主体犯罪的共同犯罪主体，如非国家工作人员教唆帮助国家工作人员受贿，就可以与国家工作人员一起构成受贿罪的共同犯罪。

第二，事前有通谋的窝藏、包庇行为，构成共同犯罪。因其主观上具有共同的犯罪故意，在客观上支持和鼓励了实行犯的实行行为，通过实行行为引起危害后果的发生，因而与危害后果的发生之间存在因果关系，构成共同犯罪。所以，对于窝藏、包庇罪，我国刑法第三百一十条第二款特别规定："犯前款罪，事前通谋的，以共同犯罪论处。"

第三，仅仅参与共谋，没有参与实施犯罪行为的，也构成共同犯罪。因为共同犯罪行为不仅指共同实行行为，而且包括共同预备行为，参与共谋是共同犯罪预备行为，因此构成共同犯罪。

第二节　共同犯罪的形式

共同犯罪的形式是指两人以上共同犯罪的形成、结构或者共同犯罪人之间结合的方式。[①] 根据刑法学界的通说，从不同的角度，按照不同的标准，共同犯罪的形式有以下几种分类。

一、必要的共犯和任意的共犯

必要的共犯，是指法律规定犯罪主体必须是两人以上的犯罪。聚众性犯罪是常见的必要的共犯，如聚众哄抢罪、聚众持械劫狱罪、聚众扰乱社会秩序罪。还有一些集团性的犯罪属于必要的共犯，如组织、领导、参加恐怖组织罪，组织、领导、参加黑社会性质组织犯罪。其特点就是犯罪主体必须是两人以上，这是由法律规定的，即法律规定以采取数人共同犯罪为必要形式的犯罪，是必要共犯。而这种规定只有在我国刑法分则会有，所以必要的共犯主要是我国刑法分则条文对犯罪主体数量有特别要求的情况。或者说，以犯罪主体为"复数"，作为构成要件的情况。

---

① 黄京平．刑法学［M］．北京：中国人民大学出版社，2015：111.

所谓任意共犯，是我国刑法分则规定的一人能够单独实施的犯罪由两人以上共同故意实施。所谓“任意”，是指法律对犯罪主体的数量没有特别限制。从我国刑法来看，大部分的犯罪在主体数量上都没有限制，所以通常发生共同犯罪的都是任意的共犯，如抢劫、强奸、杀人、放火、投放危险物质、绑架、诈骗、盗窃、抢夺等罪的共同犯罪均属于任意的共犯。

二、事先共犯和事中共犯

这是根据通谋的时间，即共同犯罪故意形成的时间做的划分。这里的“事先”，是指着手实行犯罪之前。在着手实行之前就预谋共同犯罪或形成共犯故意的，属于事先通谋；在着手实行犯罪之后才形成共犯故意的，是事先无通谋的共犯。

事中共犯，又称承继共犯。先行为人已实施一部分实行行为后，后行为人以共同犯罪的意思参与实行或者提供帮助。后行为人就其参与后的行为与先行为人构成共同犯罪，对其加入前的基本犯罪行为也要承担责任，但对加入以前的加重行为不负责任。

承继的共犯成立的时间必须是在着手后既遂前，既遂后加入属于窝藏、包庇类的犯罪。但是，多环节犯罪以及继续犯例外。

三、一般共同犯罪和特殊共同犯罪

这是根据有无组织形式所做的划分。特殊共同犯罪，又称犯罪集团或有组织形式的共犯。犯罪集团通常具有以下特征：

（1）人数较多。即三人以上，两人不足以成为集团。

（2）较为固定。表现为有明显的首要分子；重要成员固定或者基本固定；集团成员以首要分子为核心结合得比较紧密；实施一次或数次犯罪后，其组织形式往往继续存在。

（3）目的明确。犯罪集团的形成是为了反复多次实施一种或者数种犯罪行为。

四、简单共犯和复杂共犯

这是根据共同犯罪人之间有无分工而划分的共同犯罪形式。①

简单共犯，是指各共同犯罪人都直接实行我国刑法分则规定的某一具体犯罪客观方面行为的共同犯罪。在分担的共同实行犯中，在实行行为内部存在着分工，如抢劫罪的共同犯罪中，一部分人实施暴力手段，另一部分人实施取得财物的行为。

复杂共犯，是指各共同犯罪人之间存在着实行行为与非实行行为分工的共同犯罪。非实行行为具体包括教唆行为、组织行为和帮助行为。具体可以表现为教唆行为和实行行为的分工、实行行为与帮助行为的分工、组织行为与实行行为的分工，也可以表现为教唆行为、实行行为、帮助行为的分工，还可以表现为教唆行为、组织行为之间的分工。

---

① 黄京平. 刑法学［M］. 北京：中国人民大学出版社，2015：113.

第三节　共同犯罪人的刑事责任

共同犯罪是两人以上共同故意犯罪，各个犯罪人在共同犯罪中的地位和作用可能是不同的，因此需要在处理时区别对待。对共同犯罪人进行正确的分类，是确定共同犯罪人刑事责任的前提。

关于共同犯罪人的分类问题，从国外立法例和司法实践看，基本存在两种方法：一种是按共同犯罪人行为的性质和活动分工的特点来分类；二是根据犯罪分子在共同犯罪中所起的作用来分类。我国刑法在上述两种分类法的基础上，总结实践经验，扬长避短，兼而采之，确定了以作用为主兼顾分工的分类原则①，即以共同犯罪人在共同犯罪中的地位和作用为主，并适当考虑共同犯罪人的分工情况，将共同犯罪人分为主犯、从犯、胁从犯和教唆犯。

一、主犯及其刑事责任

按照我国刑法第二十六条第一款规定，主犯是指组织、领导犯罪集团进行犯罪活动或者在共同犯罪中起主要作用的犯罪分子。主犯包括两类：一是组织、领导犯罪集团进行犯罪活动的犯罪分子，即犯罪集团中的首要分子；二是其他在共同犯罪中起主要作用的犯罪分子，即除犯罪集团的首要分子以外的在共同犯罪中对共同犯罪的形成、实施与完成起决定或重要作用的犯罪分子。犯罪分子是否起主要作用，应从主客观方面进行综合判断。

根据我国刑法第二十六条第三款和第四款的规定：对组织、领导犯罪集团的首要分子，按照集团所犯的全部罪行处罚，对其他主犯，应当按照其所参与的或者组织、指挥的全部犯罪处罚。

二、从犯及其刑事责任

按照我国刑法第二十七条第一款的规定，从犯是指在共同犯罪中起次要或者辅助作用的犯罪分子。从犯分为两种：一种是在共同犯罪中起次要作用的从犯，即次要的实行犯；二是在共同犯罪中起辅助作用的从犯，即帮助犯，指未直接实行犯罪而在犯罪前后或者犯罪过程中给组织犯、实行犯、教唆犯以各种帮助的犯罪人。

从犯是相对于主犯而言的。主犯是共同犯罪中的核心人物，没有主犯就不可能构成共同犯罪。在共同犯罪中，只有主犯（须两人以上）没有从犯的现象是存在的，而只有从犯没有主犯的现象则不可能存在。

根据我国刑法第二十七条第二款规定，对于从犯，应当从轻、减轻或者免除处罚。

① 黄京平. 刑法学［M］. 北京：中国人民大学出版社，2015：115.

三、胁从犯及其刑事责任

按照我国刑法第二十八条的规定，胁从犯是指被胁迫参与共同犯罪的犯罪分子，是在他人暴力威胁等精神强制下，被迫参加犯罪。但是在这种情况下，行为人没有完全丧失意志自由，因此仍应对其犯罪行为承担刑事责任。

按照我国刑法第二十八条的规定：对于胁从犯，应当按照他的犯罪情节减轻处罚或者免除处罚。

四、教唆犯及其刑事责任

按照我国刑法第二十九条第一款的规定，教唆犯是指故意唆使他人犯罪的犯罪分子。具体地说，教唆犯是以劝说、利诱、授意、怂恿、收买、威胁以及其他方法，将自己的犯罪意图灌输给本来没有犯意或者虽有犯意但不坚定的人，使其决意实施自己所劝说、授意的犯罪，以达到犯罪目的的人。教唆犯的特点是本人不亲自实行犯罪，而故意唆使他人产生犯罪意图并实行犯罪。

成立教唆犯必须具备下列条件：一是客观上具有教唆他人犯罪的行为，即用各种方法唆使他人去实行某一具体犯罪。教唆的对象是本无犯罪意图的人，或者虽有犯罪意图，但犯罪意志尚不坚决的人。教唆行为只能以作为方式构成。二是主观上具有教唆他人犯罪的故意，故意的内容包括：认识到他人尚无犯罪决意，预见到自己的教唆行为将引起被教唆者产生犯罪决意，而希望或放任教唆行为所产生的结果。因此，教唆犯的主观方面，可以是直接故意，也可以是间接故意。

按照我国刑法第二十九条第一款的规定，对于教唆犯，应当按照他在共同犯罪中所起的作用处罚，这是对教唆犯处罚的一般原则。教唆不满 18 周岁的人犯罪的，应当从重处罚。

按照我国刑法第二十九条第二款规定，如果被教唆的人没有犯被教唆的罪，对于教唆犯，可以从轻或者减轻处罚。这种情况，在刑法理论上称为“教唆未遂”。

此外，教唆不满 14 周岁的人或者精神病患者犯罪的，对教唆者应当按单独犯论处。这种情况在刑法理论上称为“间接正犯”，即间接实行犯。

第十一章 罪数

第一节 罪数判断标准

罪数，即犯罪的个数，所要解决的是行为人的行为是构成一罪还是构成数罪，并且应当如何处罚的问题。而罪数的判断标准，即根据什么标准区分一罪与数罪，这是研究罪数问题首先要解决的问题。关于罪数的判断标准，国内外刑法理论主要有以下学说：

一、行为标准说

该说认为犯罪行为既是犯罪意思的实现，也是法益侵害，行为是犯罪的首要因素。因此，行为是区分罪数的标准，区分一罪与数罪，应以行为个数作为计算标准，即一行为的是一罪，数行为的是数罪。至于如何区分行为的个数，又有不同的学说。有人认为，一个自然意义上的身体动静就是一个行为；也有人认为，应以社会的一般观念为标准区分行为的个数；还有人认为，应以法律的规定为标准区分行为的个数。

根据行为说，对于一个行为、触犯数个罪名的想象竞合犯就只按照一罪来处理，这被认为是合理的。但是，行为说也有它的缺陷。行为说虽然主张以刑法上的行为个数作为决定罪数的标准，但是行为说本身难以区分自然行为与刑法上的行为。因此，到底行为人实施了多少个刑法上的行为，单纯根据行为说还难以得出妥当的结论。

二、法益（结果）标准说

该说认为，刑法的目的在于保护法益，犯罪的本质是侵犯法益。因此，应以侵害法益的个数作为犯罪罪数的标准。原则上，侵犯一个法益的是一罪，侵犯数个法益的是数罪。关于法益个数的确定，根据法益性质的不同，可以将其分为三种：①个人专属法益，又称人格法益，如生命、身体、自由、名誉、信用等，与个人人身不可分离。侵害个人专属法益的，以法益所有人计算法益个数。②个人非专属法益，又称财产法益，是指财产的监督权。法益个数以监督权个数而不以该法益所有权个数为区别的标准。例如，窃取为一人监督的数个所有物，只成立一个盗窃罪；如果窃取数人监督的一个所有物，则成立数个盗窃罪。③国家或社会法益，即不属于个人的公共法益，如国家、政府及其权力，社会秩序，社会风尚等。凡侵害公共法益的犯罪，不问同时侵害个人法益的个数多少，只成立一罪。

法益说具有简单一致的优点，为早期的德国刑法学说及判例采纳。但是，对于想象竞合犯或结合犯之类，用法益说作为判断罪数的标准，似乎过于苛刻。

三、犯意标准说

犯意标准说亦称主观说。该说认为，犯罪的本质在于行为人的犯意，犯罪行为和结果只是犯意在客观上的表现，因此，区分罪数应以犯意的个数为标准，犯意既包括故意，也包括过失。行为人具有一个犯意的为一罪，具有数个犯意的为数罪。

但是犯意标准说强调行为人内心意思的观察，欠缺客观的判断标准，并且不符合“行为刑法”的原则。

四、构成要件说

该说认为，犯罪是构成要件事实的实现，应以刑法分则或其他刑罚法规中规定的构成要件作为区别的标准。据此标准，应当依据行为所实现的构成要件的数目作为确定罪数的标准。由于犯罪构成要件的内容，包含了主观要素和客观要素，与现代刑法学的潮流一致，因此为许多刑法学者所采纳。

目前，我国刑法界所通行的主张是犯罪构成标准说，它坚持了主观与客观相统一的原则和罪刑法定原则，也符合惩罚犯罪的实际。但应注意，在考察犯罪行为究竟符合几个犯罪构成时，一个行为只能适用一次，不能适用两次。换言之，一个行为如果在这个犯罪构成中作为客观要素被采用，就不能再在另一个犯罪构成中被采用，如一枪打死一个人，打伤一个。开枪行为如果作为杀人罪的客观要素，就不能再作为伤害罪的客观要素，否则会得出一个行为符合两个犯罪构成的错误结论。

另外，有学者提出，将犯罪构成标准作为罪数判断的唯一标准既不符合立法的规定，也与司法实践不符。因为，以一个标准对所有的罪数进行区分是相当困难的，构成要件标准对于区分单纯一罪是合适的，但不可能根据该标准说明连续犯、牵连犯、吸收犯等现象的一罪性。同时应强调指出的是，如果我国刑法已经对某种犯罪的罪数认定做了明文规定，就应依照刑法的特殊规定处理。

第二节 一罪的类型

我国刑法学通说认为，一罪的类型包括实质的一罪、法定的一罪和处断的一罪。①本书主张以通说为基础，将一罪分为四种类型，即单纯一罪、实质的一罪、法定的一罪和处断的一罪。

一、单纯一罪

单纯一罪是指自然概念与法律概念均属一致的纯粹一罪，即行为人以一犯意，为一行为，破坏一法益而构成的一罪。例如，某甲想杀害某乙，用短刀捅了某乙的心脏，

---

① 高铭暄，马克昌．刑法学［M］．北京大学出版社，2000：189.

致使某乙当场死亡，某甲的犯罪意思、犯罪行为、被侵害的某乙的法益都是一个，一次性地符合了杀人罪的构成要件，是单纯一罪。

二、实质的一罪

实质的一罪，是指形式上具有某些数罪的特征，但行为人只实施了一个行为，只符合一个犯罪构成，因而本质上是一罪的犯罪形态。此类犯罪形态共有以下三种：

（一）继续犯

所谓继续犯，是指作用于同一对象的一个犯罪行为从着手实行到行为终了，犯罪行为与犯罪状态在一定时间内处于持续状态的犯罪。例如非法拘禁罪、窝藏罪、遗弃罪、重婚罪等。

继续犯具有以下特征：

（1）继续犯只有一个犯罪行为。

（2）继续犯的犯罪行为具有持续性。这主要表现在：一是行为必须持续一定的时间才能成立；二是在犯罪成立并达到既遂后犯罪行为与不法状态往往还持续一定的时间。

（3）继续犯侵害的是同一法益。危害行为仅侵犯同一或者相同的直接客体。

（4）继续犯只有一个罪过形式。一般是故意。有多个故意的不能成立继续犯。过失犯能否成为继续犯还值得探讨，不过从我国刑事立法来看，似乎尚未发现这种情况。

（5）停止形态的特殊性。继续犯只有既遂这一种停止形态，而没有犯罪预备、未遂、中止等形态，这是继续犯不同于危险犯、结果犯等的一个重要特征。这一特征是由继续犯自身的特点所决定的。因为继续犯是以危害行为持续一定的时间作为成立条件的，如果行为人所实施的非法行为持续的时间尚未达到一定的数量，那就不能构成犯罪。

（6）继续犯的共犯成立条件不同。对于继续犯而言，即使已经达到既遂，只要行为在持续过程中他人以犯罪的意思参与进来的，可以与行为人构成共犯。

由于实质上只有一个犯罪行为，只符合一个犯罪构成，因此对继续犯的处罚原则是按照一罪处理。继续时间的长短，是量刑的重要情节。

（二）想象竞合犯

想象竞合犯，亦称想象的数罪、观念的竞合，是指行为人基于一个罪过，实施一个危害行为，同时造成数个危害结果，侵犯数个犯罪客体，触犯数个罪名的犯罪形态。例如，甲基于一个杀人的故意，实施一个开枪行为，不但打死了乙，而且打伤了丙，造成了一死一伤两个结果，触犯了杀人罪和伤害罪两个罪名。

想象竞合犯具有以下特征：

（1）危害行为的单一性。行为人只实施了一个危害行为。

（2）行为人基于一个罪过。这个罪过既可以是故意，也可以是过失。

（3）行为人之一行为必须侵害数个法益。

（4）触犯罪名的多重性。行为人的一行为必须触犯数个罪名。

对于想象竞合犯的处罚原则是从一重处断，即应当按照其触犯的数个罪名中最重的罪定罪，而不能实行数罪并罚。具体而言，法定刑较重的犯罪为重罪，法定刑较轻的犯罪为轻罪。对想象竞合犯，应当按照法定刑较重的犯罪予以定罪。至于量刑，则应根据犯罪的其他情节，决定是否从轻从重。想象竞合犯本身不是从轻或者从重的情节。

（三）结果加重犯

结果加重犯，又称为加重结果犯，是指行为人所实施的某种犯罪的危害行为，造成了重于作为该种犯罪构成要件的危害结果的结果，因而刑法规定加重刑罚的犯罪形态。

结果加重犯具有以下特征：

（1）危害行为与加重结果之间的因果性。危害行为客观地引起了加重结果的发生，因而危害行为与危害结果之间存在引起和被引起的关系。需要注意的是，行为人在其罪过的支配下仅实施了一个危害行为，危害行为能否造成危害结果以及是否造成了危害结果，都不影响结果加重犯的成立。例如，行为人出于伤害他人的故意而实施了伤害行为，但造成了他人的死亡。在这里，行为人的伤害行为虽然没有造成他人伤害的结果，但造成了他人死亡的结果，因而成立故意伤害致人死亡这种结果加重犯。

（2）加重结果的法定性。只有刑法将某种结果作为加重处罚的根据时，才存在结果加重犯。

（3）加重结果的罪过性。只有行为人对自己的行为造成的加重结果具有罪过时才可能成立结果加重犯。

由于刑法对结果加重犯都规定了相应的法定刑，所以，对于结果加重犯的处罚原则是按照刑法所规定的加重法定刑判处刑罚。

三、法定的一罪

所谓法定的一罪，是指行为人实施了数个危害行为，每个危害行为均能独立地构成犯罪，但刑法基于特别的考虑而将其规定为一个罪。法定的一罪主要有结合犯、集合犯、转化犯。

（一）结合犯

结合犯，是指刑法将数个原本独立的犯罪行为结合在一起，规定为另一个新的独立犯罪的犯罪形态。例如，行为人针对同一个被害人，先强奸，后杀害的，已分别构成强奸罪和故意杀人罪，但刑法将这两种犯罪结合起来，规定为强奸杀人罪，从而形成了强奸杀人罪这一结合犯。

结合犯具有以下特征：

（1）结合犯的原罪是两个以上独立的犯罪，而且是不同罪名的犯罪。从立法上看，结合犯中的原罪都是故意犯，即故意犯和故意犯的结合。故意犯和过失犯的结合属于例外，但不存在过失犯和过失犯的结合。

（2）结合犯独立于原来数罪，结合犯是两个原本独立的犯罪，结合为一个新罪。

结合犯的标准模式是甲罪+乙罪=丙罪。丙罪是不同于甲罪和乙罪的结合罪。

(3) 被结合的数罪之间存在客观联系。

(4) 结合犯具有法定性特征，表现为数个原罪结合为新罪必须由刑法明文规定。

因为刑法将结合犯规定为完全独立于原来数个具体犯罪的一种犯罪，并且结合犯的法定刑重于被结合的各罪的法定刑，因此，对于结合犯的处罚原则是，只按照结合犯一罪定罪处罚，而不实行数罪并罚。

(二) 集合犯

集合犯是指行为人以多次实施同一危害行为的意图反复多次实施同一种危害行为，但刑法仍将其规定为一个犯罪的情形。我国过去的刑法理论在法定的一罪中着重研究惯犯，但我国现行刑法中已经不存在惯犯这一概念，而且惯犯仅属于集合犯中的一类。因此，我们以对集合犯的研究来取代对惯犯的研究。

集合犯具有以下特征：

(1) 危害行为的犯罪性和反复性。例如，行为人一次非法行医造成了多人的病情加重，就可以认定为情节严重，构成非法行医罪；非法行医时间较长，并且多次导致病人的病情加重，当然也属于情节严重，也仅构成一个非法行医罪。

(2) 多次实施同一种危害行为的主观意图性。从主观罪过上看，集合犯的罪过形式是故意。

(3) 法定性。刑法明文规定只作为一个犯罪处理。如果没有刑法的明文规定，这种情况应按照连续犯处理。

通说认为，集合犯包括常业犯和营业犯。常业犯，是指行为人出于以实施某种危害行为作为其职业的目的，而在较长时间内反复不断地实施该种危害行为，刑法将其规定为一个犯罪的罪数形态。例如赌博罪。营业犯，是指行为人出于营利的目的，反复多次实施某种危害行为，根据刑法的规定仍成立一罪的犯罪形态。例如制造、复制、出版、贩卖、传播淫秽物品罪。

(三) 转化犯

转化犯，是指根据刑法的具体规定，行为人实施某个具体犯罪的犯罪构成要件之外的行为，使得危害行为在整体上符合另一种犯罪的构成要件，犯罪性质发生从轻到重转化的犯罪形态。理论上通常认为，比较典型的转化犯，是我国刑法第二百六十九条所规定的“转化型抢劫罪”。

对于转化犯，只需按照转化后的重罪来认定处罚即可，不需要数罪并罚，也不必因为行为人已有前罪而从重或者加重处罚。

四、处断的一罪

行为人实施数个危害行为，这些危害行为各自独立地构成犯罪，由于这些危害行为之间存在特殊关系，因此不宜将这些危害行为认定为数罪，而应该按照一个犯罪来处理。这种情形在我国刑法理论上被称为“处断的一罪”。处断的一罪包括连续犯、吸收犯和牵连犯。

(一) 连续犯

连续犯，是指行为人基于同一的或者概括的犯罪故意，连续多次实施数个性质相同的危害行为，均符合同一个犯罪的犯罪构成，从而触犯同一罪名的犯罪形态。

连续犯具有以下特征：

（1）行为人必须是基于同一的或者概括的犯罪故意。

（2）必须实施了数个性质相同的行为。如果只实施了一个行为，就不构成连续犯；如果实施了数个不相同的行为，也不构成连续犯。

（3）连续实施的数个性质相同的行为，每一个都能独立构成犯罪。

（4）连续实施的数个性质相同的行为必须具有连续性。例如，某企业从 1990 年开始从银行大额贷款后再高利转贷给另一家企业，直到 2002 年才被告发。此案虽然长达十几年，但每次犯罪间隔时间不长，且每次犯罪都是在一个总的犯罪意图的支配下进行的。因此，可以认定这仍然是一个连续犯。

（5）数次实施的犯罪行为触犯的是同一罪名。

对于连续犯的处罚原则，应当按照一罪从重处罚。连续犯罪次数多、时间长的，可以按照该罪名中“情节严重”“情节特别严重的”条款规定法定刑处罚。

(二) 吸收犯

吸收犯，是指行为人实施数个达到犯罪程度的危害行为，这些犯罪行为之间存在吸收关系，其中一个犯罪行为吸收其他犯罪行为，对行为人仅以吸收之罪来定罪处罚的犯罪形态。例如，行为人非法侵入他人住宅进行盗窃，其非法侵入住宅的行为被盗窃行为所吸收，仅以盗窃罪论处，即为吸收犯。

对于吸收犯的处罚原则，应当仅按吸收之罪论处，不实行数罪并罚。

(三) 牵连犯

牵连犯，是指以实施某种犯罪为目的，其方法行为或者结果行为又触犯其他罪名的罪数形态。在牵连犯的情况下，因为行为人实施多个性质不同的危害行为，这些危害行为能够分别构成犯罪，因此，牵连犯在实质上是数罪，只不过在处罚上作为一罪处理。例如，甲为实施杀人行为，盗窃了一支手枪，并把手枪私藏在家里，然后用私藏的手枪杀了人。甲的犯罪目的是非法剥夺他人生命，但其手段行为触犯了盗窃枪支罪，结果其行为触犯了私藏枪支罪。从形式上看是犯了三个罪，但司法实践中只按一个杀人罪论处，这便是牵连犯。

关于牵连犯的处罚原则，我国刑法学界传统的观点是实行从一重处断原则，而不实行数罪并罚。但我国刑法也有对牵连犯实行数罪并罚的立法规定。例如，刑法第一百五十七条第二款规定，以暴力、威胁方法抗拒缉私的，应以走私罪和阻碍国家机关工作人员依法执行职务罪并罚。

第三节　数罪的类型

数罪的类型是指同一人的行为因具备数个犯罪构成，而应当作为数罪处理的情况。根据不同的标准，可将数罪分为如下类型：

一、同种数罪与异种数罪

同种数罪是指行为人的数个独立的犯罪行为分别触犯相同罪名的数罪类型。异种数罪是指行为人的数个独立的犯罪行为分别触犯不同罪名的数罪类型。

二、并罚数罪与非并罚数罪

这是以对行为人已经构成的实质数罪是否实行数罪并罚为标准进行的分类。对于行为人实施的数罪应当依据法律并罚的，称为并罚数罪，否则就是非并罚数罪。

通常，异种数罪都是并罚数罪，同种数罪往往不实行数罪并罚，而是作为量刑的情节。但是少数情况下对同种数罪也实行数罪并罚。我国刑法第七十条规定："判决宣告以后，刑罚执行完毕以前，发现被判刑的犯罪分子在判决宣告以前还有其他罪没有判决的，应当对新发现的罪作出判决，把前后两个判决所判处的刑罚，依照数罪并罚的原则，决定执行的刑罚。"本条所指的"新发现的罪"就包括了同种罪。

三、判决宣告以前的数罪与刑罚执行期间的数罪

以实质数罪发生的时间为标准，可以将数罪分为判决宣告以前的数罪与刑罚执行期间的数罪。行为人在判决宣告以前实施的并被发现的数罪，是判决宣告以前的数罪。行为人因犯罪受到判决宣告和刑罚执行，在刑罚执行期间发现漏罪或再犯新罪而构成的数罪，是刑罚执行期间的数罪。这种数罪又可分为以下两种情况：一是因犯罪受刑罚，在刑罚执行期间发现漏罪而构成的数罪；二是因犯罪受刑罚，在刑罚执行期间又犯新罪而构成的数罪。此种分类便于根据不同情况确定如何并罚和应执行的刑罚，因为我国刑法对上述两类数罪所规定的并罚方法不同，并罚的结果也随之有很大的差别。

第十二章　正当防卫和紧急避险

第一节　正当防卫

一、正当防卫的概念

我国刑法第二十条规定：“为了使国家、公共利益、本人或者他人的人身、财产和其他权利免受正在进行的不法侵害，而采取的制止不法侵害的行为，对不法侵害人造成损害的，属于正当防卫，不负刑事责任。”据此，正当防卫是指为了使国家、公共利益、本人或者他人的人身、财产和其他权利免受正在进行的不法侵害，对不法侵害者实施的制止不法侵害且未明显超过必要限度的行为。

我国刑法规定的正当防卫，有利于及时有效地保障国家的、公共的、公民本人的或他人的合法权益免受正在进行的不法侵害，使国家、公共利益和公民个人的合法权益得到及时保护。它是法律规定的各种合法权益最直接、最有效的保障；正当防卫制度有利于有效震慑犯罪分子，从而有效地遏制其犯罪欲念，达到预防和减少犯罪的目的；正当防卫制度的贯彻实施，有利于社会主义精神文明建设，培养广大公民互助互爱、见义勇为的良好社会道德风尚。

二、正当防卫的条件

正当防卫是采用损害不法侵害者利益的方法实施的，法律为防止其滥用，严格规定了正当防卫的合法条件。只有符合法定条件的防卫行为，才属合法行为，才不负刑事责任。

(一) 起因条件：必须有不法侵害行为发生

（1）必须有不法侵害存在。不法侵害的客观性排除了对合法行为进行正当防卫的情形。因此，对合法行为不得实行防卫。如公民依法执行的扭送犯罪嫌疑人的行为，司法人员依法进行的搜查、逮捕以及对物品的扣押等行为，对这类依法行使权利或权力的行为不能借口防卫而实施暴力伤害或威胁。

（2）不法侵害必须是违法行为。只要是不法侵害行为即可，并不局限于犯罪行为，也并不要求它已经达到或将要达到犯罪程度，防卫人都可以依法对不法侵害人实行正当防卫。

（3）不法侵害必须是现实存在的。不法侵害的现实性要求不法侵害是现实的、可感知的，而不是行为人的假想与臆测。如果行为人假想存在正在进行的不法侵害并进行了还击，则行为人的行为属于假想防卫，而不是正当防卫。假想防卫是指客观上不存在不法侵害，但行为人误以为存在不法侵害，或者虽然不法侵害存在，行为人却将第三人误以为是不法侵害人而对之进行防卫的行为。例如，甲见有两个男青年欺负其女朋友，即上前阻止，遭到其中一个男青年殴打而被迫自卫，此时便衣民警乙经过，见状上前制止斗殴行为，甲以为乙是对方同伙来帮忙，便逃出水果刀将其刺伤。这就属于假想防卫。假想防卫不属于正当防卫，但也不属于故意犯罪。如果假想防卫人有过失的，按照刑法规定的过失犯罪处理；无过失的，按照意外事件处理。

（二）时机条件：不法侵害必须是正在进行中

正当防卫必须在侵害已经开始或尚未结束的阶段进行。只有在这一阶段，合法权益才会面临明显的、紧迫的、现实的侵害或威胁，行为人此时采取正当防卫才是必要的。如果侵害行为尚未开始，则没有必要采取防卫行为；如果侵害行为已经结束，则实施防卫行为已无意义。因此，刑法规定正当防卫必须针对正在进行的不法侵害实施。

一般而言，不法侵害已经开始可以理解为侵害人已经着手直接实施侵害行为，例如，杀人犯持刀向受害人砍杀，强奸犯对妇女施以暴力威胁，殴打他人者对受害人举拳打击，等等，不法侵害就已经开始着手。但是，实践中的具体案件需要具体情况具体分析。某些情况下，虽然不法侵害尚未着手实行，但合法权益已直接面临侵害的危险，不实行正当防卫就可能丧失防卫的时机。在这种情况下，可以进行正当防卫。例如，对身藏手枪的犯罪分子，可在其准备掏枪时，进行正当防卫。

不法侵害尚未结束，是指不法侵害行为或其导致的危害状态尚在继续中，防卫人可以用防卫手段予以制止或排除。不法侵害的尚未结束，可以是不法侵害行为本身正在进行中，例如，纵火犯正在向房屋泼汽油；也可以是行为已经结束而其导致的危险状态尚在继续中，例如，抢劫犯已打昏物主抢得某种财物，但他尚未离开现场。在上述两种情况下，防卫人的防卫行为均可有效地制止不法侵害行为，或排除不法侵害所导致的危险状态。但在有些情况下，虽然不法侵害所导致的危险状态尚在继续中，但正当防卫行为并不能将其排除，则应视为不法侵害已经结束。例如，纵火犯向目标物纵火后逃跑，已经造成了可能失火的危险状态，就无法通过杀死或伤害纵火犯的防卫手段来排除，对之采取正当防卫也就失去了适时性。

刑法理论上称不符合正当防卫的时间条件的防卫行为为防卫不适时。根据防卫不适时发生的时间，我们将其分为两种形式：

（1）事前防卫。即在不法侵害尚处于预备阶段或犯意表示阶段，对合法权益的威胁并未达到现实状态时，就对其采取损害某种权益的行为。在事前防卫的情况下，不法侵害人是否实施某种侵害还处于或然状态，因而事前防卫实际上是一种“先下手为强”的非法侵害。如果事前防卫的危害性达到犯罪程度，应当追究刑事责任。

（2）事后防卫。即在不法侵害已经结束的情况下，对侵害人的某种权益进行打击的行为。在事后防卫的情况下，不法侵害已经结束，侵害行为或其导致的危险状态已经不能通过防卫来制止或排除，已经不存在正当防卫的时机条件。从司法实践来看，不法侵害的结束一般有下列四种情况：①不法侵害者自动中止不法侵害行为；②不法侵害者已经被制服；③已经丧失侵害能力；④侵害行为已经实施完毕，危害结果已经发生，无法挽回。事后防卫实际上大多是报复性的侵害，但也不排除防卫人出于认识错误的可能性。例如，不法侵害人在杀人过程中突发恻隐之心中止犯罪，但受害人误以为对方暂时停止了犯罪，趁其不备予以反击，致其重伤。对于报复性的事后防卫，构成犯罪的应以故意犯罪论处；对于认识错误的事后防卫，则应按处理错误的原则，根据防卫人主观上是否有过失，分别按照过失犯罪或意外事件处理。

（三）主观条件：必须出于正当的防卫意图

防卫意图包括两个方面，即防卫的认识和防卫的目的。防卫的认识，是防卫人对不法侵害诸事实的认识，既包括对不法侵害行为手段、轻重缓急等的认识，也包括对不法侵害行为人的认识等，认识到自己的行为是制止不法侵害所必需的。防卫的目的，是指行为人在防卫的认识基础上，希望通过防卫行为保护合法权益的心理愿望。根据刑法规定，防卫人的目的在于保护国家、公共利益、本人或者他人的人身、财产和其他权利免受正在进行的不法侵害。防卫意图的重点在于防卫的认识，防卫的目的则不是强制性的要求。行为人认识到自己的行为是与正在进行的不法侵害相对抗时，就可以认定其是在进行正当防卫。因为在防卫者面临不法侵害而产生惊慌以及兴奋、愤怒的情况下，可能基于本能及时实施防卫行为，虽然没有明确的目的，但不能否定其正当防卫的属性。

缺乏防卫意图而与正当防卫比较类似的行为主要有偶然防卫、防卫挑拨、相互斗殴行为、对非法利益的防护等。

（1）偶然防卫。偶然防卫是指行为人基于故意或过失侵犯他人合法权益，巧遇他人正在实施不法侵害行为，其行为客观上制止了他人不法侵害的情况。例如，甲故意用枪射乙，乙刚好在持枪瞄准丙实施故意杀人行为，但甲对乙的行为一无所知。在这里，甲其实缺乏防卫意图，只是以攻击的意思实施了行为。但是，行为在客观上偶然起到了保护法益的效果。由于缺乏防卫意图，甲的行为当然不构成正当防卫。偶然防卫不是正当防卫，而是故意犯罪。

（2）防卫挑拨。防卫挑拨又称挑拨防卫，是指为了加害对方，故意引诱、挑衅对方，使其向自己进行不法侵害，然后借口正当防卫而加害对方的行为。防卫挑拨缺乏正当防卫的防卫意图，属于一种特殊方式的故意犯罪。

（3）相互斗殴行为。相互斗殴，是指双方都出于侵害对方的非法意图，在这种意图的支配下向对方实施了不法侵害的行为。在相互的非法侵害行为中，双方都有侵害对方的非法意图，都在积极地追求侵害对方的结果，没有侵害者与被侵害者的区别。相互斗殴行为根本不符合正当防卫的前提条件，因此双方都应当就自己的非法侵害行为承担法律责任。但是，相互斗殴又具有一定的过程性，如果非法侵害的一方已经放弃侵害，例如宣布不再斗殴或认输、求饶、逃跑，而非法侵害的另一方仍穷追不舍，继续加害，则已经放弃侵害的一方就具备了进行正当防卫的前提条件，他可以为制止对方的进一步加害而采取必要的反击措施。这种情形下的反击可以构成正当防卫。

（4）对非法利益的防护。行为人对非法利益进行防卫而侵害他人的，应当依法惩处。如在抢劫赌场、盗窃赃款时，以防卫手段保护其赌资、走私货物和赃款等。这类行为明显缺乏正当防卫意图，所保护的利益不属于公民的合法权益，不具备正当防卫的主观条件。因此，对这种行为应当视情况依法处理，构成犯罪的应当追究刑事责任。

（四）对象条件：正当防卫只能针对不法侵害者本人实行

正当防卫的对象是不法侵害人，正当防卫的性质决定了它只能通过对不法侵害人的人身或财产造成一定损害的方法来实现。所以，正当防卫必须针对不法侵害人，而不能加害于没有实施不法侵害的第三者。

如果在正当防卫过程中，出于不得已而对第三者的人身和财产造成了一定的损害，可以视为紧急避险。只要没有造成不应有的损害，就不负刑事责任；如果在防卫过程中因行为人精神紧张而误将第三者作为加害人，就不是紧急避险，而是假想防卫；如果在防卫过程中根本没有认识到第三者的存在，而误伤了第三者，或者属于意外事件，或者属于过失犯罪；如果在防卫过程中故意对第三者进行侵害，则构成故意犯罪。

（五）限度条件：正当防卫不得明显超过必要限度造成重大损害

正当防卫的限度条件，是指正当防卫不能明显超过必要限度且对不法侵害人造成重大损害。是否明显超过必要限度并造成重大损害，是区别防卫的合法与非法、正当与过当的标志。

防卫行为只要为制止不法侵害所必需，防卫行为的性质、手段、强度及造成的损害又不是明显超过不法侵害的性质、手段、强度或造成的损害明显超过不法侵害，但实际造成的损害并不算重大的，均属于正当防卫的范围，而不能认为防卫过当。

我国刑法第二十条规定："正当防卫明显超过必要限度造成重大损害的，应当负刑事责任，但是应当减轻或免除处罚。"

三、防卫过当及其例外

（一）防卫过当

1. 防卫过当的概念

防卫过当，是指正当防卫明显超过必要限度造成重大损害的行为。它有以下两个特征：

（1）以正当防卫为前提。防卫过当是在实行正当防卫的过程中发生的，是正当防卫明显超过了必要限度，才发生了质的变化。如果某一行为不是以正当防卫为前提，那就不是防卫行为，造成严重后果的，也不是防卫过当，而是一般犯罪。

（2）明显超过了正当防卫的必要限度，并造成了重大损害。判断是否防卫过当，首先应当衡量是否造成了重大损害，然后再衡量是否明显超过了必要限度。不能一见造成了重大损害，就认为是防卫过当。

2. 防卫过当的刑事责任

我国刑法第二十条第二款规定："正当防卫明显超过必要限度造成重大损害的，应当负刑事责任，但是应当减轻或者免除处罚。"

防卫过当不是一个独立的罪名。确定它的刑事责任，应当从以下四个方面考虑：

（1）过当程度。要看过当造成的重大危害后果与必要限度的差距。轻微过当，罪行轻微，处罚则较轻；严重过当，罪行较重，处罚则较重。

（2）防卫目的。为保护国家、公共利益、他人合法利益而防卫过当的，较之为保护自己合法利益而防卫过当的，对前者的处罚更轻。

（3）权益性质。为保护重大权益而防卫过当，较之为保护较小权益而过当，对前者的处罚更轻。

（4）罪过形式。疏忽大意的过失、过于自信的过失、间接故意，依次减轻处罚的幅度。

（二）防卫过当的例外——特殊防卫

我国刑法第二十条第三款规定：“对正在进行行凶、杀人、抢劫、强奸、绑架以及其他严重危及人身安全的暴力犯罪，采取防卫行为，造成不法侵害人伤亡的，不属于防卫过当，不负刑事责任。”

这种特殊防卫不是一种独立的防卫形式，它是正当防卫的一种特定表现形式，与普通正当防卫的区别在于：第一，防卫起因具有特殊性。即要求不法侵害具有严重暴力性，行为人面临着正在进行行凶、杀人、抢劫、强奸、绑架以及其他严重危及人身安全的暴力犯罪。第二，防卫手段和限度的特殊性。对于特殊防卫而言，不受限度条件的限制，只要符合我国刑法第二十条第三款的规定，即使造成了不法侵害人死亡的，也不属于防卫过当。

第二节　紧急避险

一、紧急避险的概念

我国刑法第二十一条规定：“为了使国家、公共利益、本人或者他人的人身、财产和其他权利免受正在发生的危险，不得已采取的紧急避险行为，造成损害的，不负刑事责任。”据此，紧急避险是指为了使国家、公共利益、本人或者他人的人身、财产和其他权利免受正在发生的危害，不得已而采取的损害另一较小合法权益的行为。

紧急避险的本质在于，当两个合法权益相冲突，又只能保全其中之一的紧急状态下，法律允许为了保全较大的权益而牺牲较小的权益。虽然造成了较小的权益的损害，但从整体上说，它是有益于社会统治秩序的行为，不仅不应承担刑事责任，而且应当受到鼓励和支持。

二、紧急避险的条件

（一）避险起因

要进行紧急避险，必须有危险的发生。只有合法权益正遭受损害的危险时，才可以实施紧急避险。危险的主要来源有几种：

（1）自然的力量。如火灾、地震、塌方、泥石流等。

（2）违法犯罪行为。

（3）人的生理、病理原因。如在面临饥饿和疾病时，在物主不在的情况下私取路边房屋中的饮食；为了抢救重伤员，强行拦阻过往汽车送往医院。前者不能算偷窃，后者不能算抢劫，都属紧急避险。

（4）动物的侵袭。如面临猛兽的袭击，牲畜的追击，毒蛇袭击等，将上述动物打死的行为不属于犯罪，而属于紧急避险。

（5）机器和机械的故障。例如，空中飞机的发动机发生故障时飞行员跳伞的，不得为飞机的坠毁承担责任。

紧急避险的危险必须是客观存在的，而不是基于假想、推测；否则属于假想避险。假想避险不符合紧急避险的起因条件，不是紧急避险。对合法权益造成严重损害的，应根据处理事实认识错误的原则，决定是否应负刑事责任。

（二）避险时间

所谓正在发生的危险，是指已经发生的危险将立即损害或正在造成损害而尚未结束。紧急避险只能在危险已经出现而又尚未结束这一时间条件下进行，否则就不是紧急避险。

避险不适时的行为主要有“提前避险”和“延迟避险”。危险尚未出现，行为人就实施“避险行为”，是提前避险；在危险到来时尚未开始避险，危险已经过去但行为人误以为仍然存在而实施的避险，是延迟避险。对于这两种避险不适时的情况，如果行为人有过错而构成犯罪的，按照相关犯罪的规定处罚。

（三）避险意图

正当避险意图，是指避险人对正在发生的危险有明确的认识，并希望以避险手段保护较大合法权益的心理状态。没有避险意识，其故意或者过失实施的侵害行为巧合紧急避险客观要件的，属于偶然避险，与偶然防卫的处理原则相同。同样，也不允许出于侵害意图，故意引起某种危险发生，然后再实施“紧急避险”侵害合法权益的行为。

（四）避险对象

由于紧急避险是为保全一个较大的合法权益，而将其面临的危险转嫁给另一个较小的合法权益。因而，紧急避险行为所指向的对象，不是危险的来源，而是第三者的合法权益。紧急避险所侵害的第三者的合法权益，既可以是公共利益，也可以是公民的合法权益，包括财产权利、人身权利等。但一般情况下，不允许用损害他人生命和健康的方法保护另一种合法权益。

（五）避险限度

所谓必要限度是指紧急避险造成的损害必须小于所避免的损害。换言之，为了保护一个合法权益而损害的另一个合法权益，不能等于更不能大于所保护的权益。例如，不能为了保护一个人的健康权利，而去损害第三者的健康甚至生命权利；也不能为了保护某人的财产利益，而去损害他人的或者国家的、公共的同等价值或者更大价值的财产利益。

(六) 避险限制

紧急避险只能在不得已的情况下才能实施，这是紧急避险的客观限制条件。即只能在迫不得已的情况下实施。换句话说，只有在行为人找不到任何其他方法排除危险的情况下，才允许选择损害第三者合法权益的方法。如果当时尚有其他方法可以避险，例如有条件逃跑、报警或者直接对抗危险、进行正当防卫等，行为人却不采取，而给无辜的第三者造成了不必要的损害，则其行为不能构成紧急避险，构成犯罪的还要追究其刑事责任。

三、避险过当及其刑事责任

我国刑法第二十一条第二款规定："紧急避险超过必要限度造成不应有的损害的，应当负刑事责任，但是应当减轻或者免除处罚。"据此，避险过当，是指避险行为超过必要限度造成不应有的损害的情况。

需要注意的是，避险过当不是独立的罪名。在追究避险过当的刑事责任时，应当根据避险过当造成人身伤亡和公私财产遭受损失的实际情况，并结合行为人的主观罪过形式及过当行为特征，按照刑法分则中的相应条款定罪量刑。例如，故意杀人罪或过失致死罪、故意伤害罪或过失重伤罪，等等。

四、紧急避险和正当防卫的关系

紧急避险与正当防卫作为正当行为，既有联系，也有区别。

(一) 紧急避险与正当防卫的相同点

(1) 紧急性。两者都属于紧急行为，即都是在紧急状态之下实施的行为。

(2) 目的正当性。两者都是为了保护国家、公共利益、本人或者他人的人身、财产和其他权利，而给他人的某种权利或者利益造成一定的损害。

(3) 合法性。两者都属于刑法明文规定的排除犯罪性行为，整体上对社会有利。

(4) 限度制约性。两者都受到相当性原则的制约，都有限度条件的限制，超过相应的限度条件，都会构成刑法上的"过当行为"。

(二) 紧急避险与正当防卫的区别

(1) 危险的来源不同。紧急避险的危险来源几乎没有什么限制，既可以是人的不法侵害，也可以是自然界力量和动物侵袭，以及人的生理、病理过程；正当防卫的起因条件只能是人的不法侵害行为。

(2) 行为作用的对象不同。紧急避险的对象，可以是任何第三者；正当防卫指向的，只能是直接的加害人。

(3) 损害的权益的性质不同。紧急避险是对合法权益的损害；正当防卫是对不法侵害者权益的损害。

(4) 行为实施的条件不同。紧急避险要求"不得已"而实施，正当防卫则无这方面的限制。公民只要面对正在进行的不法侵害就可以实施，而不论他是否有条件采取逃跑、报警、劝阻等方法制止不法侵害。

（5）紧急避险和正当防卫的相当性条件不同。紧急避险所损害的利益不能大于所保护的利益，正当防卫中所损害的不法侵害人的利益可以大于所保护的利益。

（6）行为主体范围有所不同。正当防卫，任何人在符合条件时都可以实施；但紧急避险不适用于职务上、业务上负有特殊义务的人。

（7）紧急避险会产生依法要求赔偿的问题，正当防卫不发生损害赔偿的问题。

第十三章　刑事责任

第一节　刑事责任概述

一、刑事责任的概念

刑事责任是刑事立法、刑事司法与刑法理论中的一个基本概念。刑法作为刑事实体法，主要是通过规定犯罪与刑罚，设定某种刑事责任，从而为刑事责任的追究提供实体法律根据。在一定意义上说，刑事责任是刑法的核心，刑法是围绕刑事责任而展开的。

刑事责任的定义可以表述为：刑事责任是刑事法律规定的，因实施犯罪行为而产生的，由司法机关强制犯罪者承受的刑事惩罚或单纯否定性法律评价的负担。

二、刑事责任的特征

（一）强制性

刑事责任是由犯罪行为所引起的法律效应，是一种强制犯罪人向国家承担的法律责任。它直接以国家强制力作为实现的动力，由特定的国家机关追究，且做出的追究刑事责任的判决一经生效，就必须执行。此外，刑事责任必须由司法机关依据刑事法律加以确认。

（二）严厉性

刑事责任通常具有惩罚的属性，其最基本的表现形式是刑罚，它既可以剥夺犯罪人的财产权利、政治权利，还可以有期地或无期地剥夺犯罪人的自由，甚至剥夺犯罪人的生命，严厉性自不待言。即使仅给予非刑罚处罚，给犯罪人所带来的不利影响也远比其他法律责任严重。

（三）专属性

刑事责任只能由犯罪的个人和单位承担，具有专属性，不可转嫁，不可替代。也就是说，刑事责任的承担者只能是犯罪者本人。

（四）准据性

刑事责任为确定刑罚提供根据，即刑事责任是行为人基于其犯罪行为而产生的一种法律责任。只有犯罪行为才产生刑事责任；罪重则刑事责任重，罪轻则刑事责任轻。刑事责任一经确定存在，就不允许当事人私自变更。

（五）合理性

只有刑事责任的轻重与犯罪行为的客观危害和犯罪人的人身危险程度相当，才能使犯罪人认罪服法，接受教育改造。这是惩罚与预防犯罪的基本要求。

第二节　刑事责任的根据和实现

一、刑事责任的根据

刑事责任的根据，包括两方面的内容：一是指代表国家的司法机关基于何种理由追究犯罪人的刑事责任；二是犯罪人基于何种理由承担刑事责任。国家是刑事责任的追究者，犯罪人是刑事责任的承担者，它们从不同的侧面看待刑事责任，但二者是一致的，都要求解决行为人的行为是否构成犯罪以及构成何种程度的犯罪，即行为人应负刑事责任的根据。

刑事责任的根据，主要表现为以下两个方面：

（一）刑事责任的哲学根据

辩证唯物者认为，社会物质条件决定人们的意识与意志，也决定了人的行为，包括犯罪行为。但是客观世界虽然影响、制约人的行为，却不能决定一个人只能实施此行为，而不能实施彼行为，即人具有选择行为的自由。这便是人的主观能动性的表现。追究犯罪人的刑事责任的哲学依据首先在于犯罪人是基于自己的主观能动性实施了犯罪行为。

那么，为什么当犯罪人基于主观能动性实施犯罪行为以后国家便可以追究其刑事责任呢？这是因为作为犯罪主体的犯罪人，不仅具有能动性，还具有社会性。即犯罪主体同作为其他主体的人一样，不仅是自然的存在物，而且是社会的存在物。犯罪主体的犯罪行为是在一定的社会关系下实施的，而且是危害一定的社会关系的。在我国，这种一定的社会关系，就是社会主义社会关系。国家是该种社会关系的维持者，维护社会主义社会关系，既是国家的权利，也是国家的义务。因此，国家对基于主观能动性实施危害社会主义社会关系的人，应当追究刑事责任。

（二）刑事责任的法学根据

从刑法学角度看，刑事责任的根据就是行为人的行为具备刑法所规定的犯罪构成。立法者通过设置犯罪构成，使具有一定社会危害性的犯罪行为具体化、特定化，也使抽象的社会危害性表现为刑事违法性和应受刑罚惩罚性。一个人实施具备犯罪构成的行为，就说明该人犯了罪，应当负刑事责任，国家应当追究他的刑事责任。所以，行为具备犯罪构成，是刑事责任的法学根据。

二、刑事责任的实现

刑事责任的实现是指犯罪人由承担刑事责任的应然状态变为实际承担刑事责任，

即刑事法律后果被实际强加于犯罪人。

刑事责任的实现离不开一定的方法和手段。刑事责任的实现方式必须是刑事法律明文规定可以适用于刑事责任承担主体的方式。这是刑事责任法定原则的基本要求。司法机关不能随意确定刑事责任的实现方式。在我国，刑事责任的实现方式有以下五种：

（一）基本实现方式——定罪判刑方式

定罪判刑方式就是人民法院在对实施犯罪行为的人做出定罪判决的同时，设定罪犯承担刑罚的义务，这是刑事责任最主要的方式。刑罚是最为主要的刑事责任实现方式。在我国，刑罚分为主刑和附加刑两大类。管制、拘役、有期徒刑、无期徒刑和死刑属于主刑，罚金、剥夺政治权利、没收财产和驱逐出境属于附加刑。无论是主刑还是附加刑，都明显体现出国家对犯罪行为的否定评价和对犯罪人的责难。

（二）辅助实现方式——适用非刑罚处罚

我国刑法第三十七条规定："对于犯罪情节轻微不需要判处刑罚的，可以免予刑事处罚，但是可以根据案件的不同情况，予以训诫或者责令具结悔过、赔礼道歉、赔偿损失，或者由主管部门予以行政处罚或者行政处分。"这里规定的几种非刑罚处罚方法，也是由犯罪行为所导致的刑法上的法律后果，也能实现刑事责任的双面预防目的。当然，与刑罚处罚相比，由于其适用范围相对有限，是辅助性的，故称为刑事责任的辅助实现方式。

（三）特殊实现方式——单纯宣告行为人有罪

如果犯罪情节轻微、社会危害性较小，行为人可能不仅被免除刑罚处罚，而且被免除非刑罚处罚，对其仅作单纯有罪宣告。

我国刑法第三十七条规定："对于犯罪情节轻微不需要判处刑罚的，可以免予刑事处罚，但是可以根据案件的不同情况，予以训诫或者责令具结悔过、赔礼道歉、赔偿损失，或者由主管部门予以行政处罚或者行政处分。"由此可见，在免除刑罚处罚的情形下，我国刑法第三十七条仅是规定"可以"，而不是"应当"根据案件的不同情况予以训诫等非刑罚处罚。单纯宣告有罪也是犯罪行为可能产生的法律后果。当然，单纯宣告有罪仅适用于极其轻微之罪，是比较特殊的，故属于刑事责任的特殊实现方式。

（四）消灭处理方式

刑事责任的消灭处理，是指行为人的行为已构成犯罪，应受刑罚处罚，但由于法定的阻却刑事责任事由的存在，刑事责任归于消灭，行为人不再承担刑事责任。例如犯罪已过追诉时效期限、犯罪人死亡，其刑事责任都基于一定的事实而终结。再如，依照刑法规定告诉才处理的犯罪，没有告诉或者撤回告诉，刑事责任即告消灭，也不应当追究行为人的刑事责任。

（五）转移处理方式

刑事责任的转移处理，是指行为人的刑事责任不由我国司法机关解决，而通过外交途径解决。我国刑法第十一条对此做了规定，但此种方式只对享有外交特权和豁免权的外国人适用。

第十四章 刑罚概述

第一节 刑罚的概念和目的

一、刑罚的概念和特征

刑罚是国家最高权力机关在刑法规范中制定的、用以惩罚实施犯罪行为的人，并由法院依法判处、特定机构执行的最严厉的法律制裁手段。

由以上概念可知，刑罚具有如下几个特征：

（一）刑罚是由国家最高立法机关确立的法律制裁措施

在我国，只有作为最高立法机关的全国人民代表大会才拥有确立刑罚的权力，国务院和地方各级人大、政府都没有权力制定刑罚罚则。

（二）刑罚是在刑法规范中赋予刑罚名称的法律制裁措施

刑罚这一强制方法是在刑罚法规中制定的，但是在刑法规范中规定的制裁措施并非都是刑罚，如我国刑法中规定的责令具结悔过、赔偿经济损失、没收违法所得等强制性制裁措施，都不是刑罚。因此刑法中的强制性制裁方法是否为刑罚，关键要看它是否被赋予“刑罚”的名称。

（三）刑罚是只能由法院运用的法律制裁措施

刑罚只能由人民法院依法适用。任何国家机关包括人民检察院和公安机关都不能适用刑罚，个人使用私刑，更是为法律所禁止。

（四）刑罚是对实施犯罪行为的人适用的法律制裁措施

刑罚因犯罪而产生，是对犯罪行为所做的否定评价，所以受刑罚处罚的只能是实施犯罪的自然人或法人，而不能适用于与犯罪无关的无辜者。

（五）刑罚是由特定机构执行的法律制裁措施

刑罚不但只能由人民法院适用，而且只能由特定机关执行。根据我国法律，死刑、罚金和没收财产由人民法院执行，“死缓”、无期徒刑和有期徒刑由监狱或其他劳动改造机关执行，管制、拘役和剥夺政治权利由公安机关执行。

（六）刑罚是最严厉的强制方法

它不仅可以剥夺犯罪人的政治权利和财产权利，而且可以限制或剥夺犯罪人的人身自由，甚至还可以剥夺犯罪人的生命。这种严厉性是刑罚区别于其他法律制裁方法的本质特征。

二、刑罚的目的

刑罚的目的是指国家制定、适用、执行刑罚所要达到的目的，也即国家的刑事立法采用刑罚作为对付犯罪的强制措施及其具体适用和执行所预期实现的效果。

刑罚的目的是预防犯罪，其内容包括一般预防和特殊预防两个方面。

（一）特殊预防

所谓特殊预防，是指通过对犯罪分子适用刑罚，造成犯罪人一定的人身痛苦或财产损失，以防止他们重新犯罪。可见，特殊预防的对象只能是犯罪人。特殊预防包括两方面内容：一是改造犯罪分子成为弃恶从善的新人，不再进行犯罪活动。犯罪分子在受到刑罚制裁后，认识到自己行为的错误，自觉地遵守法律，或者在受到刑罚制裁后因为害怕再次受到刑事制裁，不敢再实施犯罪。二是淘汰犯罪分子，使之不再危害社会。对犯罪分子适用死刑，使其彻底丧失危害社会的能力。

（二）一般预防

所谓一般预防，是指通过制定、适用和执行刑罚，使社会上那些不稳定、有可能犯罪的人不敢以身试法，不敢犯罪。具体而言，刑罚通过警告、威慑社会上的不稳定分子，避免其走上犯罪的歧途。由于刑罚的内容是剥夺犯罪分子的利益，给犯罪分子增加痛苦，具有一定的心理强制作用，社会上的不稳定分子慑于刑罚的威严，可能会选择不实施犯罪。

（三）特殊预防与一般预防的关系

特殊预防与一般预防既有区别，又有联系。

二者的区别是：其一，特殊预防主要是在刑罚的适用和执行阶段发挥作用，而刑罚的一般预防作用是在刑罚的制定、适用和执行阶段全面发挥作用；其二，特殊预防所针对的是犯罪者本人，而一般预防针对的是社会上的不稳定分子；其三，特殊预防是预防犯罪分子本人重新犯罪，而一般预防是预防社会上的不稳定分子实施犯罪，包括初次犯罪和重新犯罪。

特殊预防与一般预防的关系是既对立，又统一。特殊预防要求根据犯罪人的改造难易程度判处和执行刑罚。如果易于改造，就不应判处或执行重刑；如果难以改造，就应判处或执行重刑。但是，一般预防的对象主要是不稳定的社会成员，应根据社会治安状况的好坏判处和执行刑罚，如果社会治安稳定，对犯罪分子就不应该判处和执行重刑，如果社会治安状况不好，对犯罪分子就应该判处和执行重刑。可见，特殊预防是以犯罪分子的人身危险性作为决定刑罚的基础，而一般预防则是以社会治安状况的好坏作为决定刑罚的基础，由此可能产生二者的对立。解决二者冲突，只能借助于动态的平衡机制。具体而言，在刑罚制定阶段，只能以一般预防为主，兼顾特殊预防。

第二节 刑罚的体系和种类

一、刑罚体系的概念和特征

刑罚的体系，是指刑事立法者从有利于发挥刑罚的功能和实现刑罚的目的出发，选择一定的惩罚方法作为刑罚方法并加以归类，由刑法依照一定的标准对各种刑罚方法进行排列而形成的刑罚序列。

根据刑法的规定，刑罚的体系具有以下特征：

（1）刑罚体系的构成要素是具体的刑罚方法，即刑种。

（2）构成刑罚体系要素的刑种是经过立法者选择而确定的。立法者在总结长期以来我国各种刑事立法规定的刑罚种类及其运用效果的基础上选择确定的。

（3）构成刑罚体系要素的各刑种是依照一定的标准排列的。主刑和附加刑都是按照各自的严厉程度由轻到重依次排列的。

（4）刑罚体系是由刑法明文规定的。首先，构成刑罚体系要素的刑种是由刑法明文规定的，刑法没有明文规定的惩罚方法不是刑种。其次，主刑与附加刑的分类是由刑法规定的。最后，刑罚种类的先后排列是刑法规定的。

（5）刑罚体系确立的根据是有利于刑罚功能的发挥和刑罚目的的实现。

二、刑罚的种类

（一）主刑

主刑，是对犯罪适用的主要刑罚方法。主刑的特点是：只能独立适用，不能附加适用。对一个罪只能适用一种主刑，不能适用两种以上的主刑。

主刑是一类刑罚方法，具体包括管制、拘役、有期徒刑、无期徒刑和死刑五种。

1. 管制

管制是对犯罪分子不予关押，但限制其一定自由，交由公安机关执行和群众监督改造的刑罚方法。

管制的特点主要有：

（1）对犯罪分子不予关押。即不是将犯罪分子羁押在特定的场所或者设施内从而剥夺其人身自由。这是管制与拘役、有期徒刑等剥夺自由刑的重要区别。

（2）限制犯罪分子一定的自由。根据我国刑法第三十九条的规定，限制自由的具体内容是：遵守法律、行政法规，服从监督；未经执行机关批准，不得行使言论、出版、集会、结社、游行、示威的权利；按照执行机关规定报告自己的活动情况；遵守执行机关关于会客的规定；离开所居住的市、县或者迁居，应当报经执行机关批准。但对于被判处管制的犯罪分子，在劳动中应当同工同酬。

（3）对犯罪分子自由的限制具有一定的期限。管制的期限为 3 个月以上 2 年以下。数罪并罚时，管制的期限不得超过 3 年。管制的期限，从判决执行之日起计算，判决执行以前先行羁押的，羁押1日折抵刑期2日。被判处管制的犯罪分子，管制期满，执行机关应即向本人和其所在单位或者居住地的群众宣布解除管制。

(4) 由公安机关执行和群众监督改造。

2. 拘役

拘役是短期剥夺犯罪分子的自由，就近执行并实行劳动改造的刑罚方法。拘役是一种短期自由刑，是主刑中介于管制与有期徒刑之间的一种轻刑。

拘役与刑事拘留、民事拘留、行政拘留都是短期剥夺自由的强制方法，但它们之间存在明显的区别。其区别表现在：

(1) 性质不同。拘役是刑罚方法；而刑事拘留是刑事诉讼中的一种强制措施；民事拘留属于司法行政性质的处罚；行政拘留属于治安行政处罚。

(2) 适用的对象不同。拘役适用于犯罪分子；刑事拘留适用于《中华人民共和国刑事诉讼法》第六十一条规定的七种情形之一的现行犯或者重大嫌疑分子；民事拘留适用于《中华人民共和国民事诉讼法》第一百零二条规定的六种行为之一，但又不构成犯罪的民事诉讼参与人或其他人；行政拘留适用于违反治安管理法规，尚未达到犯罪程度的行为人。

(3) 适用的机关不同。拘役和民事拘留均由人民法院适用，但拘役由人民法院的刑事审判部门适用，民事拘留由人民法院的民事审判部门适用；刑事拘留、行政拘留由公安机关适用。

(4) 适用的法律依据不同。拘役依照刑法的规定适用；刑事拘留依照刑事诉讼法的规定适用；民事拘留依据民事诉讼法的规定适用；行政拘留依据治安管理处罚法的规定适用。

根据我国刑法第四十二条至第四十四条的规定，拘役具有以下特点：

(1) 剥夺犯罪分子的自由。将犯罪分子关押于特定的改造场所进行改造，使其丧失人身自由。

(2) 剥夺自由的期限较短。拘役的期限为1个月以上6个月以下。数罪并罚时，拘役刑期最长不能超过1年。拘役的刑期从判决执行之日起计算，判决执行以前先行羁押的，羁押1日折抵刑期1日。

(3) 由公安机关就近执行。一是拘役的执行机关是公安机关，其他任何机关无权执行拘役。二是就近执行，即将犯罪分子放在所在地的县、市或市辖区的公安机关设置的拘役所执行，没有建立拘役所的，放在离犯罪分子所在地较近的监狱执行，如果犯罪分子所在地附近没有监狱，可将犯罪分子放在看守所执行。

(4) 享受一定的待遇。在执行期间，被判处拘役的犯罪分子每月可以回家一至两天；参加劳动的，可以酌量发给报酬。

3. 有期徒刑

有期徒刑是剥夺犯罪分子一定期限的人身自由，强迫其劳动并接受教育和改造的刑罚方法。

有期徒刑是一种有期限地剥夺自由的刑罚方法，这点与拘役相同。但二者的区别具体表现在：

（1）执行的场所不同。拘役是在犯罪分子所在地就近的场所执行，一般在拘役所、看守所执行，而有期徒刑主要在监狱中执行。

（2）执行机关不同。拘役的执行机关是公安机关，而有期徒刑的执行机关是监狱。

（3）期限不同。有期徒刑的期限长、起点高、幅度大，拘役的期限短、起点低、幅度小。

（4）执行期间的待遇不同。被判处拘役的犯罪分子，每月可以回家一天至两天，参加劳动的，可以酌情给予报酬，而被判处有期徒刑的犯罪分子，凡有劳动能力的一律实行无偿的强制劳动，也没有每月可以回家一天至两天的待遇。

（5）法律后果不同。被判处有期徒刑的犯罪分子，在刑罚执行完毕或者赦免以后5年之内再犯应当被判处有期徒刑以上刑罚之罪的，可以构成累犯，而被判处拘役的犯罪分子，刑罚执行完毕或者赦免以后再犯罪的，不构成累犯。

根据我国刑法第四十五条至第四十七条的规定，有期徒刑具有以下特点：

（1）剥夺犯罪分子的自由。

（2）具有一定期限。有期徒刑的刑期为6个月以上15年以下。数罪并罚时，有期徒刑总和刑期不满35年的，最高不能超过20年，总和刑期在35年以上的，最高不能超过25年。有期徒刑的刑期，从判决执行之日起计算，判决执行以前先行羁押的，羁押1日折抵1日。

（3）在监狱或者其他执行场所执行。监狱是执行有期徒刑的场所，并且是主要场所。监狱以外的专门用来执行有期徒刑和无期徒刑的机关，主要是少年犯管教所。少年犯管教所是以少年犯为对象的执行机关，关押14周岁以上不满18周岁的犯罪分子。另外，根据《中华人民共和国刑事诉讼法》第二百一十三条的规定，对于被判处有期徒刑的罪犯，在被交付执行刑罚前，剩余刑期在1年以下的，由看守所代为执行。

（4）强迫参加劳动，接受教育和改造。这意味着：第一，凡有劳动能力的犯罪分子，都必须参加劳动，不以犯罪分子的主观意愿为转移。第二，除法律另有规定的特殊情况外，罪犯对劳动的场所、种类、形式和时间，必须无条件地服从执行机关的安排，而不得自由选择。第三，犯罪分子的劳动在严格的武装警戒下进行，劳动表现作为罪犯认罪悔罪与否的指标，是法定的奖惩考核的内容。

4. 无期徒刑

无期徒刑是剥夺犯罪分子的终身自由，强制其参加劳动并接受教育和改造的刑罚方法。

无期徒刑是剥夺自由刑中最严厉的刑罚方法，在所有的刑罚方法中，其严厉程度仅次于死刑。由于无期徒刑的严厉性，它的适用对象是罪行严重但不必判处死刑而又需要与社会永久隔离的犯罪分子。

根据我国刑法第四十六条的规定，无期徒刑具有以下特点：

（1）剥夺犯罪分子的自由。

（2）剥夺自由是没有期限的，即剥夺犯罪分子的终身自由。需要指出的是，被判处无期徒刑的犯罪分子，在服刑期间的表现符合法定条件的，可以适用减刑或假释。此外，在国家发布特赦令的情况下，符合特赦条件的无期徒刑罪犯，可以被特赦释放。

（3）强迫参加劳动，接受教育和改造。

（4）羁押时间不能折抵刑期。由于无期徒刑无期限可言，因此判决执行之前先行羁押的时间不存在折抵刑期的问题。

（5）必须附加剥夺政治权利终身。

5. 死刑

死刑是剥夺犯罪分子生命的刑罚方法，包括死刑立即执行和死刑缓期 2 年执行两种情况。因为死刑以剥夺犯罪分子的生命为内容，因此又称之为生命刑。

（1）死刑的适用

我国刑法第四十八条明文规定："死刑只适用于罪行极其严重的犯罪分子。"总则中还规定了死刑缓期执行制度，意味着在"罪行极其严重"的情况下，也不是都一律处死，而是对其中符合死刑缓期执行条件的，应适用死刑缓期执行。这就进一步限制了死刑立即执行的适用。

（2）死刑的适用对象

我国刑法第四十九条规定："犯罪的时候不满 18 周岁的人和审判的时候怀孕的妇女，不适用死刑。"既不适用死刑立即执行，也不适用死刑缓期 2 年执行。这一规定充分体现了我国刑法对未成年的犯罪人重在教育的政策和社会主义的人道主义精神。需要指出的是，"审判的时候怀孕"既包括人民法院审理案件的时候被告人正在怀孕，也包括案件起诉到人民法院之前被告人怀孕但作了人工流产的情况。

（3）死刑的适用程序

首先，从案件的管辖上进行限制。根据《中华人民共和国刑事诉讼法》第二十条的规定，死刑案件只能由中级以上人民法院进行一审，基层人民法院无权审理死刑案件，当然也就无权适用死刑。其次，根据刑法第四十八条以及《中华人民共和国刑事诉讼法》第二百条至第二百零二条的规定，死刑除依法由最高人民法院判决的以外，都应当报请最高人民法院核准。其中由中级人民法院判处死刑的第一审案件，被告人不上诉的，应当由高级人民法院复核后，报请最高人民法院核准；高级人民法院判处死刑的第一审案件被告人不上诉的，以及判处死刑的第二审案件，也应当报请最高人民法院核准。最后，死刑缓期执行的，可以由高级人民法院判决或者核准。

另外，需要注意的是，死缓不是独立的刑种，而是死刑的一种执行制度。死缓的适用需要具备以下条件：

第一，适用的对象必须是应当判处死刑的犯罪分子。这是适用死缓的前提。

第二，不是必须立即执行。根据刑事审判经验，应当判处死刑但具有下列情形之一的，可以视为"不是必须立即执行的"犯罪分子：犯罪后自首、立功或者有其他法定从轻情节的；在共同犯罪中罪行不是最严重的或者其他在同一或同类犯罪案件中罪行不是最严重的；被害人的过错导致犯罪人激愤犯罪的；犯罪人有令人怜悯之情形的；有其他应当留有余地情况的；等等。

由于死缓不是独立的刑种，而是暂缓执行死刑的一种制度，因此，被适用死刑的犯罪分子因其在缓期 2 年执行期间的表现不同而有三种不同的结果：

第一，在死刑缓期执行期间，如果没有故意犯罪，2 年期满后，减为无期徒刑。

第二，在死刑缓期执行期间，如果确有重大立功表现，2 年期满以后，减为 15 年以上 20 年以下有期徒刑。

第三，在死刑缓期执行期间，如果故意犯罪，查证属实的，由最高人民法院核准，执行死刑。

（二）附加刑

附加刑，又称从刑，是补充主刑适用的刑罚方法。附加刑的特点是既可以附加主刑适用，也可以独立适用。在附加适用时，可以同时适用两个以上的附加刑。附加刑是相对于主刑的另一类刑罚方法。根据我国刑法第三十四条的规定，附加刑包括罚金、剥夺政治权利、没收财产和驱逐出境四种。

1. 罚金

（1）罚金的概念

罚金是人民法院判处犯罪分子向国家缴纳一定数额金钱的刑罚方法。

罚金不同于行政罚款。二者的区别表现在：

第一，性质不同。罚金是刑罚方法，罚款是行政处罚。

第二，适用对象不同。罚金适用于犯罪分子，罚款适用于一般违法分子。

第三，适用机关不同。适用罚金的机关是人民法院，适用罚款的机关则是公安、海关、税务、工商等行政机关。

第四，适用的法律根据不同。适用罚金的法律根据是刑法，适用罚款的法律根据是治安管理、海关、税务、工商等行政法律、法规。

（2）罚金的适用对象与适用方式

罚金主要适用于贪图财利或者与财产有关的犯罪，同时也适用于少数妨害社会管理秩序的犯罪。

关于罚金的适用方式，我国刑法分则规定了四种方式：

①选处罚金，由人民法院根据犯罪的具体情况选择适用。此种情况下的罚金与主刑并列，只能独立适用而不能附加适用。如我国刑法第二百七十五条规定：故意毁坏公私财物，数额较大或者有其他严重情节的，处 3 年以下有期徒刑、拘役或者罚金。

②单处罚金，即对犯罪分子只能判处罚金，而不能判处其他刑罚。单处罚金只对犯罪的单位适用。我国刑法分则凡是规定处罚犯罪单位的，都是规定对单位判处罚金。

③并处罚金，即在对犯罪分子判处主刑的同时附加适用罚金，并且是必须附加适用。例如，我国刑法第三百二十八条规定，盗掘古文化遗址、古墓葬，情节较轻的，处 3 年以下有期徒刑、拘役或者管制，并处罚金。

④并处或单处罚金，即罚金既可以附加主刑适用，也可以作为一种与有关主刑并列的刑种供选择适用。例如，我国刑法第一百四十条规定：生产者、销售者在产品中掺杂、掺假，以假充真，以次充好或者以不合格产品冒充合格产品，销售金额 5 万元以上不满 20 万元的，处 2 年以下有期徒刑或者拘役，并处或者单处销售金额 50%以上 2 倍以下罚金。这里的罚金既可以附加有期徒刑或者拘役适用，也可以与有期徒刑、拘役并列供选择适用。

(3) 罚金的执行

根据我国刑法第五十三条的规定，罚金的缴纳方式有以下四种：

①一次或者分期缴纳。即犯罪分子按照判决确定的数额和指定的期限，一次缴纳完毕或分几次缴纳完毕。一般情况下，罚金数额不多或者虽然较多但缴纳不困难的，应限期一次缴纳；罚金数额较多，一次缴纳有困难的，限定时间分几次缴纳。

②强制缴纳。即在判决指定的期限届满后，犯罪分子有缴纳能力而不缴纳，法院采取查封、拍卖财产、冻结存款、扣留收入等措施，强制其缴纳。

③随时缴纳。即对于不能全部缴纳罚金的，法院在任何时候发现被执行人有可以执行的财产，随时都可以追缴。不能全部缴纳罚金，是指通过分期缴纳或强制缴纳的方式，在缴纳期满后，仍无法使被执行人缴纳全部罚金。不能全部缴纳的原因，往往是由于被执行人转移、隐匿财产，造成不能全部缴纳的表象，使得人民法院无法对其采取强制缴纳的执行方式。所谓“追缴”，是指人民法院对被执行人可以执行的财产追回上缴国库。

④减少或者免除缴纳。即犯罪人由于遭遇不能抗拒的灾祸，缴纳判决所确定的罚金数额确实有困难，由犯罪分子提出申请，人民法院经查证属实，可以根据其遭受灾祸的轻重情况，裁定减少罚金数额或免除缴纳全部罚金。

2. 剥夺政治权利

(1) 剥夺政治权利的概念和内容

剥夺政治权利是剥夺犯罪分子参加国家管理和政治活动的权利的刑罚方法。

剥夺政治权利的内容，根据我国刑法第五十四条的规定，是剥夺犯罪分子以下权利：①选举权和被选举权；②言论、出版、集会、结社、游行、示威自由的权利；③担任国家机关职务的权利；④担任国有公司、企业、事业单位和人民团体领导职务的权利。

(2) 剥夺政治权利的适用对象

剥夺政治权利适用的对象比较广泛，既可以适用于严重的犯罪，也可以适用于较轻的犯罪，既可以适用于危害国家安全的犯罪，也可以适用于普通刑事犯罪。

(3) 剥夺政治权利的适用方式

根据刑法总则和分则的规定，剥夺政治权利的适用方式有以下几种：

①应当附加适用。即人民法院没有选择裁量的余地，只能严格依法在适用主刑的同时附加适用剥夺政治权利。根据我国刑法第五十六条、第五十七条的规定，对危害国家安全的犯罪分子和被判处死刑、无期徒刑的犯罪分子应当附加剥夺政治权利。

②可以附加适用。即人民法院可以根据案件的具体情况确定是否适用附加剥夺政治权利。例如，对于故意杀人、强奸、放火、爆炸、投毒、抢劫等严重破坏社会秩序的犯罪分子可以附加剥夺政治权利。对故意伤害、盗窃等其他严重破坏社会秩序的犯罪，犯罪分子主观恶性较深、犯罪情节恶劣、罪行严重的，也可以附加剥夺政治权利。

③独立适用。即剥夺政治权利与有关主刑相并列供选择适用，一旦选择适用剥夺政治权利，就不能再适用主刑。例如，煽动分裂国家、破坏国家统一的，处5年以下有期徒刑、拘役、管制或者剥夺政治权利。在这里，剥夺政治权利是与有期徒刑、拘

役、管制三种主刑相并列的供选择的刑罚方法，对其只能独立适用。

（4）剥夺政治权利的期限与执行

剥夺政治权利的期限分为以下四种情况：

①被判处死刑、无期徒刑的犯罪分子，应当剥夺政治权利终身。

②在死刑缓期执行减为有期徒刑或者无期徒刑减为有期徒刑的时候，应当将附加剥夺政治权利的期限改为3年以上10年以下。

③独立适用或者判处有期徒刑、拘役附加剥夺政治权利的期限为1年以上5年以下。

④判处管制附加剥夺政治权利的期限与管制的期限相同。

剥夺政治权利的期限计算分为以下四种情况：

①判处管制附加剥夺政治权利的，剥夺政治权利的期限与管制的期限同时起算，同时执行。

②被判处有期徒刑、拘役附加剥夺政治权利的，剥夺政治权利的期限，从主刑执行完毕之日或者假释之日起计算。剥夺政治权利的效力当然及于主刑执行期间。

③死刑缓期执行减为有期徒刑或者无期徒刑减为有期徒刑，附加剥夺政治权利的期限改为3年以上10年以下，其刑期应当从减刑后的有期徒刑执行完毕之日或者假释之日起计算。犯罪分子在执行有期徒刑期间，当然也不享有政治权利。

④独立适用剥夺政治权利的期限的起算，应从判决执行之日起计算。

3. 没收财产

（1）没收财产的概念

没收财产是将犯罪分子个人所有财产的一部或者全部强制无偿地收归国有的刑罚方法。

没收财产与追缴犯罪所得的财物、没收违禁品和供犯罪使用的物品不同。我国刑法第六十四条规定：“犯罪分子违法所得的一切财物，应当予以追缴或者责令退赔；对被害人的合法财产，应当及时返还；违禁品和供犯罪所用的本人财物，应当予以没收。”犯罪分子犯罪所得财物，本来属于国家或者他人所有，理应予以追缴或者责令退赔，这是使受损失的公私财物恢复原状。犯罪所涉及的违禁品，是国家法律禁止个人非法所有的物品，当然应予没收，这是一种行政性强制措施。供犯罪使用的财物，具有诉讼证据的作用，没收这些财物是刑事诉讼的需要。而没收财产是一种刑罚方法，适用对象只能是犯罪人合法所有的财产。

（2）没收财产的适用对象

没收财产的适用对象包括两类罪犯：一类是危害国家安全的犯罪分子，另一类是经济犯罪和贪利性犯罪。

（3）没收财产的范围

没收财产是没收犯罪分子个人所有财产的一部分或全部。没收全部财产的，应当对犯罪分子个人及其扶养的家属保留必需的生活费用。在没收财产的时候，不得没收属于犯罪分子家属所有或者应有的财产。

（4）没收财产的债务偿还

以没收的财产偿还债务的，必须具备三个条件：第一，必须是犯罪人在没收财产以前所负的债务，没收财产以后所负的债务，不能以没收的财产偿还；第二，必须是犯罪人所负的正当债务；第三，必须由债权人提出偿还的请求。

当然，如果犯罪分子的财产被没收后还有其他财产可偿还债务的，就不能以没收的财产偿还。

（5）没收财产的执行

没收财产一般由人民法院执行，在必要的时候可以会同公安机关执行。应说明的是，即使没收财产已经执行完毕，如果发现没收的财产中有被犯罪分子非法占有的公民个人的财产，经权利人请求，应当返还给所有人或合法占有人。

4. 驱逐出境

驱逐出境包括刑法上的驱逐出境和行政法上的驱逐出境；前者是刑罚方法，后者是行政制裁。刑法上的驱除出境是指将犯罪的外国人强制驱除出中国境内的一种刑罚方法。驱逐出境适用于犯罪的外国人和无国籍人。驱逐出境既可以独立适用，也可以附加适用。附加适用时，应当将主刑已经执行完毕的外国人或无国籍人驱逐出中国国境。

第十五章　刑罚裁量与刑罚裁量制度

第一节　刑罚裁量概述

一、刑罚裁量的概念

刑罚裁量简称量刑，是指人民法院根据犯罪分子所犯罪行和责任的轻重，依法决定对犯罪分子是否判处刑罚、判处何种刑罚、刑度或所判刑罚是否立即执行的审判活动。量刑的前提是定罪，量刑与定罪一起构成刑事审判活动的两个环节。

量刑具有以下特征：

（1）量刑的主体是人民法院。刑事审判权专属于人民法院，其他任何机关、团体或个人都没有量刑权。同时，基层人民法院只能裁量除无期徒刑和死刑以外的刑罚，无期徒刑和死刑只能由中级以上人民法院予以裁量。

（2）量刑的性质是刑事审判活动。

（3）量刑的基础是定罪。

（4）量刑的内容是确定与刑罚相关的问题。量刑的内容就是确定是否判处刑罚、判处何种刑罚、判处多重的刑罚以及所判的刑罚是立即执行还是缓期执行等问题。

二、裁量刑罚的原则

我国刑法第六十一条确定了量刑原则的内容。该条规定：“对于犯罪分子决定刑罚的时候，应当根据犯罪的事实、犯罪的性质、情节和对于社会的危害程度，依照本法的有关规定判处。”根据上述规定，可以将量刑的原则概括为以犯罪事实为根据、以刑法规定为准绳。

三、刑罚量刑情节

（一）量刑情节的概念

刑罚裁量情节也叫量刑情节，是审判机关在对犯罪人决定刑罚适用和刑罚轻重时必须考虑的各种情节。

（二）量刑情节的分类

1. 法定情节与酌定情节

法定情节，是指刑法明文规定在量刑时应当予以考虑的情节。我国刑法规定的法定量刑情节包括从重、从轻、减轻和免除处罚的情节。比如，刑法第六十七条、六十八条规定，对于自首和立功的，可以从轻或者减轻处罚。

酌定量刑情节，是指刑法未作明文规定，仅仅是根据刑事立法精神和有关刑事政策，由人民法院从审判经验中总结出来的，在刑罚裁量时应当灵活掌握、酌情适用的情节。比如，对于盗窃犯积极退赃的，虽然刑法没有明文规定要从宽处罚，但审判实践一般都认为这是酌定从宽的量刑情节，相比无法退赃和不退赃的，积极退赃在量刑时往往从宽。

2. 从宽情节与从严情节

以情节是否对行为人量刑有利，可以将量刑情节分为从宽情节与从严情节。

从宽情节，是指对犯罪人的量刑结果具有从宽作用或者会使犯罪人受到从宽处罚的情节。从严情节只对犯罪人的量刑结果具有从严作用或者会使犯罪人受到从严处罚的情节。

根据我国刑法的规定，从宽情节包括从轻处罚、减轻处罚和免除处罚情节；从严情节则只有从重处罚情节。

第二节 累犯

一、累犯的概念

累犯，是指因犯罪而受过一定的刑罚处罚，刑罚执行完毕或者赦免以后，在法定期限内又犯一定之罪的犯罪人。

二、累犯的分类与成立条件

（一）一般累犯的概念与成立条件

一般累犯，是指因故意犯罪被判处有期徒刑以上刑罚并在刑罚执行完毕或者赦免以后5年内又犯应当判处有期徒刑以上刑罚之故意犯罪的犯罪人。

一般累犯的成立条件是：

（1）前罪与后罪都必须是故意犯罪。如果行为人实施的前后罪均为过失犯罪，或者前后罪其中之一是过失犯罪，则不能构成一般累犯。

（2）前罪被判处有期徒刑以上刑罚，后罪应当被判处有期徒刑以上刑罚。如果前罪所判处的刑罚和后罪应当判处的刑罚均低于有期徒刑，或者其中之一低于有期徒刑，则不构成累犯。

（3）后罪发生在前罪的刑罚执行完毕或者赦免以后5年之内。这是构成累犯的时间条件。所谓刑罚执行完毕，是指主刑执行完毕5年内又犯新罪，即使附加刑仍未执行完毕，也不影响刑罚执行完毕的成立。假释是有条件地提前将犯罪人释放。在假释考验期内又犯新罪，不构成累犯，而应在撤销假释之后，适用数罪并罚。被假释的犯罪人在假释考验期满5年以内又实施新的故意犯罪的，则构成累犯。被判处有期徒刑宣告缓刑的犯罪人，如果在缓刑考验期满后又犯罪，不构成累犯。因为缓刑是附条件的不执行刑罚，考验期满原判的刑罚不再执行，而不是刑罚已经执行完毕，不符合累犯的构成条件。被判处有期徒刑宣告缓刑的犯罪人在缓刑考验期内又实施新的故意犯罪，也不构成累犯，因为前罪不存在执行刑罚的问题。对这种情况应当在撤销缓刑之后，适用数罪并罚。

（二）特别累犯的概念与成立条件

特别累犯，是指因犯危害国家安全罪而受过刑罚处罚，在刑罚执行完毕或者赦免以后，在任何时候再犯危害国家安全罪的犯罪人。

特别累犯的成立条件是：

（1）前罪与后罪均为危害国家安全罪。

（2）前罪被判处的刑罚和后罪应判处的刑罚的种类及其轻重不受限制。即使前后两罪或者其中之一被判处或者应当被判处管制、拘役或者单处某种附加刑，也不影响特别累犯的构成。

（3）前罪的刑罚执行完毕或者赦免以后，任何时候再犯危害国家安全罪，都构成特别累犯。

三、累犯的刑事责任

根据我国刑法第六十五条第一款的规定，对累犯应当从重处罚。在具体适用时应注意如下几个问题：第一，对于累犯必须从重处罚；第二，对于累犯应当比照不构成累犯的初犯或其他犯罪人从重处罚；第三，对于累犯从重处罚，必须根据其所实施的犯罪行为的性质、情节和社会危害程度，确定具体应判处的刑罚，不要毫无事实根据地对累犯一律判处法定最高刑。

第三节　自首和立功

一、自首

（一）自首的概念

自首是指犯罪分子犯罪以后自动投案，如实供述自己的罪行的行为，或者被采取强制措施的犯罪嫌疑人、被告人和正在服刑的罪犯，如实供述司法机关还未掌握的本人其他罪行的行为。

（二）自首的种类

自首分为一般自首和特别自首两种。

1. 一般自首的概念和成立条件

一般自首，又称普通自首，是指犯罪分子犯罪以后自动投案，如实供述自己罪行的行为。其成立条件如下：

（1）自动投案。自动投案，是指犯罪分子在犯罪之后，在未受到讯问、未被施以强制措施之前，出于本人的意志而向有关机关或个人承认自己实施了犯罪，并自愿置于有关机关或个人的控制之下，等待进一步交代犯罪事实的行为。

（2）如实供述自己的罪行。如实供述自己的罪行，是指犯罪嫌疑人自动投案后，如实交代自己的主要犯罪事实。投案人供述的必须是自己的犯罪事实，即由自己实施，并由自己承担刑事责任的罪行，而不是他人的罪行。供述他人罪行的，按照立功处理。

犯罪分子供述了主要或基本的犯罪事实的，即视为如实供述自己的罪行。共同犯罪中的犯罪分子，除了供述自己的罪行，还应当供述所知道的同案犯，主犯应当供述所知其他同案犯的共同犯罪事实，否则就不能认定为自首。

一人犯数罪时，如果犯罪分子只供述了一部分罪行，则仅这一罪具有自首情节。

犯罪嫌疑人自动投案并如实供述自己的罪行后又翻供的，不能认定为自首；但在一审判决前又能如实供述的，应当认定为自首。犯罪嫌疑人自动投案、如实交代罪行后为自己进行无罪或者罪轻辩解的，不影响自首的成立。

2. 特别自首的概念和成立条件

特别自首，又称准自首，根据我国刑法第六十七条第二款的规定，是指被采取强制措施的犯罪嫌疑人、被告人或者正在服刑的罪犯，如实供述司法机关还未掌握的本人其他罪行的行为。其成立条件如下：

（1）主体是被采取强制措施的犯罪嫌疑人、被告人或者正在执行刑罚的罪犯。

（2）如实地供述司法机关尚未掌握的本人的其他罪行。

（三）自首和坦白的关系

坦白是指犯罪分子被动归案之后，自己如实交代被指控的犯罪事实的行为。

自首与坦白的相同之处是：

（1）两者均以自己实施了犯罪行为为前提。

（2）两者都是犯罪人犯罪之后对自己所犯罪行的主观心理态度的外在表现形式。

（3）两者都是在归案之后如实交代自己的犯罪事实。

（4）两者都是从宽处罚的情节。

自首和坦白的区别主要有：

（1）自首是犯罪人自动投案，坦白则是犯罪人被动归案。

（2）自首所交代的既可以是已被发觉的罪行，也可以是尚未被发觉的罪行。如果是犯罪嫌疑人、被告人和正在服刑的罪犯的自首，则交代的必须是被指控的罪行以外的罪行；而坦白所交代的则只限于已被发觉、被指控的罪行。

（3）自首的犯罪分子供述自己罪行时的态度是主动的，而坦白的犯罪分子供述自己的罪行时的态度是被动的。

（4）自首的人身危险性相对较轻，坦白的人身危险性相对较重。

（5）自首是法定的从宽处罚情节，而坦白只是酌定的从宽处罚情节，并且在一般情况下，自首比坦白的从宽处罚幅度要大。

（四）自首的法律后果

对于自首的犯罪人应根据不同情况分别给予不同的处罚：

（1）犯罪以后自首的，不论罪行轻重，都可以从轻或者减轻处罚。这是我国刑法对犯罪以后自首的犯罪人从宽处罚的原则性规定。

（2）犯罪较轻而自首的，可以免除处罚。刑法理论上一般认为，应以处3年以下有期徒刑的刑罚作为犯罪较轻的标准。

（3）犯罪后自首又有重大立功表现的，应当减轻或者免除处罚。

二、立功

（一）立功的概念和成立条件

立功，是指犯罪分子揭发他人犯罪行为，查证属实，或者提供重要线索，从而得以侦破其他案件，以及其他对国家和社会有突出贡献的行为。

立功成立应具备以下条件：

（1）主体必须是实施了犯罪的人。

（2）立功的时间为犯罪后刑罚执行完毕前。

（3）立功的内容真实有效。

立功分为一般立功和重大立功两种。一般立功与重大立功的直接法律后果是依法受到的从宽处罚程度有所不同。

（二）立功的法律后果

对犯罪后具有立功表现的犯罪分子，根据不同情况予以不同的从宽处罚：

（1）犯罪分子有一般立功表现的，可以从轻或者减轻处罚。

（2）犯罪分子有重大立功表现的，可以减轻或者免除处罚。

（3）犯罪分子自首并且有重大立功表现的，应当减轻或者免除处罚。

第四节　数罪并罚

一、数罪并罚的概念和特征

数罪并罚，是指人民法院对一人所犯数罪分别定罪量刑，并根据法律规定的原则和方法，决定应当执行的刑罚。据此，数罪并罚具有以下特征：

（1）一人犯数罪。

（2）所犯数罪发生在法定的时间界限内。具体的时间分为三种情形：一是判决宣告前一人犯数罪；二是判决宣告以后，刑罚执行完毕以前，发现被判刑的犯罪分子还有其他罪没有判决的；三是判决宣告后，刑罚执行完毕以前，被判刑的犯罪分子又犯有新的罪行，以及被宣告缓刑或者假释的犯罪分子在缓刑或者假释考验期内又犯有新罪或发现漏罪。

（3）在对数罪分别定罪量刑后，依照法定的并罚原则和方法，决定应当执行的刑罚。

二、数罪并罚的原则

（一）数罪并罚原则概览

（1）并科原则，亦称相加原则，是指将一人所犯数罪分别宣告的刑期简单相加、合并执行，或者对所判处的不同刑种分别执行的处罚原则。

（2）吸收原则，是指对一人所犯数罪采用重罪之刑吸收轻罪之刑的合并处罚原则。即由最重的宣告刑吸收其他较轻的宣告刑，仅以最重的宣告刑作为执行刑罚，其余较轻的刑罚因被吸收而不再执行的合并处罚原则。

（3）限制加重原则，是指对一人所犯数罪分别定罪量刑，然后以数罪中的最高刑为基础，再加重一定的刑罚作为执行的刑罚，或者在数刑的最高刑期以上，数刑的合并刑期以下，依法酌情决定执行的刑罚。

（4）折中原则，亦称混合原则，即根据不同情况以某一并罚原则为主，兼采用其他原则。

目前除极少数国家单纯采用某一种原则外，世界上绝大多数国家均采用折中的原则。

（二）我国刑法中数罪并罚原则的适用

我国刑法第六十九条规定：“判决宣告以前一人犯数罪的，除判处死刑和无期徒刑的以外，应当在总和刑期以下、数刑中最高刑期以上，酌情决定执行的刑期，但是，管制最高不能超过3年，拘役最高不能超过1年，有期徒刑总和刑期不满35年的，最高不能超过20年，总和刑期在35五年以上的，最高不能超过25年。如果数罪中有判处附加刑的，附加刑仍须执行。”据此，我国刑法采取的是混合原则，即以限制加重为主，兼采吸收原则和并科原则。

三、数罪并罚的适用

（一）判决宣告以前一人犯数罪的并罚

判决宣告以前一人犯数罪，并且数罪均已被发现时，根据我国刑法第六十九条规定的上述数罪并罚原则予以并罚。

（二）判决宣告以后，刑罚执行完毕以前，发现漏罪的并罚

我国刑法第七十条规定：“判决宣告以后，刑罚执行完毕以前，发现被判刑的犯罪分子在判决宣告以前还有其他罪没有判决的，应当对新发现的罪作出判决，把前后两个判决所判处的刑罚，依照本法第六十九条的规定，决定执行的刑罚。已经执行的刑期，应当计算在新判决决定的刑期以内。”

这种数罪并罚的条件是：其一，一人所犯数罪均发生在原判决宣告以前；其二，原判决只对其中部分犯罪作了判决，对另一部分犯罪没有判决；其三，不管漏罪即新发现的罪与原判决的罪犯罪性质是否相同，均应并罚。

这种数罪并罚的方法是：将新发现的漏罪定罪量刑，依照我国刑法第六十九条规定的原则与原判决的刑罚实行并罚。在计算刑期时，应当将已经执行的刑期，计算在

新判决决定的刑期之内。即前一判决已经执行的刑期，应当从前后两个判决所判处的刑罚合并而决定执行的刑期中扣除。这种刑期计算方法，称为“先并后减”。

(三) 刑罚执行完毕以前又犯新罪的并罚

我国刑法第七十一条规定：“判决宣告以后，刑罚执行完毕以前，被判刑的犯罪分子又犯罪的，应当对新犯的罪作出判决，把前罪没有执行的刑罚和后罪所判处的刑罚，依照本法第六十九条的规定，决定执行的刑罚。”

此种数罪并罚定罪量刑的方法是：对所犯的新罪不管其罪数如何，也不管新罪是否与原判之罪属于同种性质的犯罪，都应单独定罪量刑。对新犯的罪作出判决，把前罪没有执行的刑罚和后罪所判处的刑罚，依照我国刑法第六十九条的规定进行并罚。

换句话说，首先应从前罪判决决定执行的刑罚中减去已经执行的刑罚，然后将前罪未执行的刑罚与后罪所判处的刑罚并罚。这种刑期计算方法称为“先减后并”。

第五节 缓刑

一、缓刑的概念和类型

缓刑，即暂缓执行刑罚，是对原判刑罚附条件不予执行或者对原判犯罪不以犯罪论处的制度。我国刑法中的缓刑分为一般缓刑和战时缓刑两种。

一般缓刑，是指对于被判处拘役、3 年以下有期徒刑的犯罪分子，根据其犯罪情节和悔罪表现，认为暂缓执行原判刑罚，确实不致再危害社会的，规定一定的考验期，暂缓其刑罚的执行，如果被判缓刑的犯罪分子在考验期内没有发生法律规定应当撤销缓刑的事由，原判刑罚就不再执行的制度。

战时缓刑，是指在战时，对被判处 3 年以下有期徒刑没有现实危险的犯罪军人，暂缓其刑罚执行，允许其戴罪立功，确有立功表现时，可以撤销原判刑罚，不以犯罪论处的制度。

二、缓刑的适用

(一) 缓刑的适用条件

根据我国刑法第七十二条、第七十四条的规定，缓刑的适用须具备以下条件：

(1) 适用的对象是被判处拘役或者 3 年以下有期徒刑刑罚的犯罪分子。

(2) 犯罪分子必须不是累犯。即使累犯被判处拘役或者 3 年以下有期徒刑，也不能适用缓刑。

(3) 根据犯罪分子的犯罪情节和悔罪表现，认为适用缓刑确实不致再危害社会。

(二) 缓刑考验期

根据我国刑法第七十三条的规定，拘役的缓刑考验期为原判刑期以上 1 年以下，但是不能少于 2 个月。有期徒刑的缓刑考验期为原判刑期以上 5 年以下，但是不能少于1年。缓刑考验期从判决确定之日起计算。判决确定之日，是指判决发生法律效力之日。一审判决后，被告人未上诉，检察机关也未提出抗诉的，从判决之日起经过10日生效。对于上诉或者抗诉的案件，二审宣告之日即为判决确定之日。

（三）缓刑考验期内的考察内容

根据我国刑法第七十五条的规定，被宣告缓刑的犯罪分子应当遵守下列内容：其一，遵守法律、行政法规，服从监督；其二，按照考察机关的规定报告自己的活动情况；其三，遵守考察机关关于会客的规定；其四，离开所居住的市、县或者迁居，应当报经考察机关批准。

在缓刑考验期限内，由公安机关考察，所在单位或者基层组织予以配合。

三、缓刑的法律后果

根据我国刑法第七十六条和第七十七条的规定，缓刑的法律后果有以下三种：

（1）被宣告缓刑的犯罪分子，在缓刑考验期限内不具有我国刑法第七十七条规定的情形，缓刑考验期满，原判的刑罚就不再执行。

（2）被宣告缓刑的犯罪分子，在缓刑考验期限内犯新罪或者发现判决宣告以前还有其他罪没有判决的，应当撤销缓刑，对新犯的罪或者发现的漏罪作出判决，把前罪和后罪所判处的刑罚，依照我国刑法第六十九条的规定，决定执行的刑罚。

（3）被宣告缓刑的犯罪分子，在缓刑考验期限内，违反法律、行政法规或者国务院公安部门有关缓刑的监督管理规定，情节严重的，应当撤销缓刑，执行原判刑罚。

此外，缓刑的效力不及于附加刑。即附加刑仍须执行。

第十六章　刑罚执行制度

第一节　刑罚执行概述

一、刑罚执行的概念

刑罚执行，是指具有行刑权的国家机关将生效的刑事裁判所确定的刑罚付诸实施的刑事司法活动。① 刑罚执行具有以下四个基本特征：

（一）刑罚执行的主体是具有行刑权的国家机关

所谓具有行刑权的国家机关，是指法律所授权的执行刑罚的国家机关。在我国，公安机关、人民法院、监狱都是法律规定的刑罚执行机关。其中，公安机关负责管制、拘役、剥夺政治权利的执行；人民法院负责死刑立即执行、罚金、没收财产的执行；监狱负责有期徒刑、无期徒刑、死刑缓期 2 年执行的执行。另外，1 年以下或者余刑在 1 年以下不便送往监狱执行的有期徒刑、人民法院没有条件执行的死刑立即执行，也可以由公安机关执行。而对于没收财产，人民法院在必要时可以会同公安机关执行。

（二）刑罚执行的对象是生效的刑事裁判所确定的犯罪人

首先，受刑人应当是犯罪人，即实施了符合刑法分则所规定的某一具体犯罪构成要件的行为，而不属于定罪免刑等情形。其次，对受刑人定罪判刑的裁判已经生效。

（三）刑罚执行的依据是人民法院作出的生效的刑事裁判

依据刑事诉讼法等有关法律，其具体包括以下三种情况：①已过上诉期限没有上诉、抗诉的刑事判决和裁定；②终审的判决和裁定，包括中级人民法院和高级人民法院二审作出的刑事判决和裁定，以及最高人民法院一审作出的刑事判决和裁定；③最高人民法院核准的死刑判决和高级人民法院核准的死刑缓刑 2 年执行的判决。

（四）刑罚执行的内容是将生效的刑事裁判所确定刑罚付诸实施

任何刑罚方法都有特定的内容，法院的判决与裁定进一步将具有特定内容的刑罚具体化。而刑罚执行就是将生效的刑事判决和裁定所确定的刑罚种类及其期限、数量具体付诸实施。

---

① 李洁．刑法学［M］．2 版．北京：中国人民大学出版社，2014：246.

二、刑罚执行的原则

刑罚执行的原则，是指刑罚执行主体在执行刑罚的过程中应当遵循的基本准则。依据我国的刑罚目的和司法实践，我们认为，刑罚执行应当遵循以下原则：合法性原则、教育性原则、人道主义原则和区别对待原则。

（一）合法性原则

所谓合法性原则，是指刑罚执行的依据应当依法进行。首先，刑罚执行的主体应当是法律所规定的刑罚执行机关；其次，刑罚执行的依据应当是生效的刑事裁判；再次，刑事执行的内容应当是生效的裁判所确定的刑罚；最后，刑罚执行的程序应当符合刑事诉讼法及相关司法解释的规定。

（二）教育性原则

所谓教育性原则，是指刑罚执行应以实现刑罚的目的为根本出发点，采取积极劝导而非强制压迫的方式对犯罪人及社会公众进行教育。其主要包括以下两方面要求：首先，正确使用刑罚。刑罚执行机关只有依法正确地执行刑罚，才能使受刑人认罪服法、积极改造，才能对社会公众产生威慑与教育作用，从而实现刑罚之一般预防的目的。其次，贯彻刑罚与改造相结合、教育与劳动相结合的原则。目前，依据监狱法的规定，监狱应当根据罪犯的需要，组织罪犯从事生产劳动，对罪犯进行思想教育、文化教育和技术教育；罪犯必须严格遵守法律、法规和监狱纪律，服从管理，接受教育，参加劳动。①

（三）人道主义原则

所谓人道主义原则，是指执行刑罚时应尊重罪犯的人格，关心罪犯的实际困难，禁止使用任何残忍的、不人道的或者有辱人格的刑罚执行方法。在我国，依据现行法律规定，罪犯的人格不受侮辱；罪犯居住的地方应当坚固、通风、透光、清洁、保暖；监狱应当建立医疗机构和生活、卫生设施；罪犯每天的劳动时间不超过 8 小时；罪犯的人身安全、合法财产和辩护、申诉、控告、检举等权利不受侵犯；对受刑人进行殴打或者体罚虐待，情节严重的依法构成虐待被监管人员罪。

（四）区别对待原则

所谓区别对待原则，是指在刑罚执行过程中，应当根据罪犯的犯罪性质及程度、人身危险性、刑法种类、刑法期限、性别、年龄等情况，对罪犯实行分别关押，采取不同的教育方式。

---

① 李洁. 刑法学［M］. 2 版. 北京：中国人民大学出版社，2014：247.

第二节 减刑

一、减刑的概念

减刑，是指人民法院对于被判处管制、拘役、有期徒刑、无期徒刑的犯罪分子，因其在刑罚执行期间确有悔改表现或者立功表现，而适当减轻其原判刑罚的制度。其包含两方面含义：一是刑种的减轻，即将较重的刑种减为较轻的刑种，如将原判无期徒刑减为有期徒刑；二是刑度的减轻，即将较长的刑期减为较短的刑期，如将原判有期徒刑 5 年减为有期徒刑 3 年。

减刑不同于减轻处罚。减轻处罚属于刑罚裁量阶段问题，适用对象为判决确定前的未决犯。而减刑属于刑罚执行阶段的问题，适用对象为判决确定以后的已决犯。减刑是在判决确定以后的刑罚执行期间，对于正在服刑的罪犯，依法对其原判刑罚予以适当减轻。[①]

二、减刑的适用条件

（一）对象条件

减刑适用于被判处管制、拘役、有期徒刑、无期徒刑的罪犯。其适用范围比缓刑、假释要广，且只有刑罚种类的限制，而没有犯罪性质、罪过形式和刑期长短的限制。

（二）实质条件

根据我国刑法第七十八条的规定，减刑分为可以减刑和应当减刑两种。前者是指罪犯在服刑期间认真遵守监规，接受教育改造，确有悔改表现的；或者罪犯在服刑期间有立功表现的。后者是指罪犯在服刑期间有重大立功表现的。由此可见，减刑的实质条件包括以下三种情况：

（1）悔改表现。所谓悔改表现，是指同时具备以下四方面情形：认罪服法；认真遵守监规，接受教育改造；积极参加政治、文化、技术学习；积极参加劳动，完成生产任务。

（2）立功表现。所谓立功表现是指具有下列情形之一的：检举、揭发监狱内外犯罪活动，或者提供重要破案线索，经查证属实的；阻止他人犯罪活动的；在生产、科研中进行技术革新，成绩突出的；在抢险救灾或者排除重大事件中表现积极的；有其他有利于国家和社会的突出事迹的。

（3）重大立功表现。所谓重大立功表现，是指具有下列情形之一的：阻止他人重大犯罪活动的；检举监狱内外重大犯罪活动，经查证属实的；有发明创造或者重大技术革新的；在日常生产、生活中舍己救人的；在抗御自然灾害或者排除重大事故中有突出表现的；对国家和社会有其他重大贡献的。

---

① 李洁．刑法学［M］．2 版．北京：中国人民大学出版社，2014：251.

(三) 限度条件

我国刑法第七十八条对不同罪犯实际执行的刑罚作了不同的限制：

(1) 判处管制、拘役、有期徒刑的，不能少于原判期刑的1/2；对于判决前先行羁押的，由于法律规定羁押日期应当折抵刑期，所以这类犯罪分子判决执行前的被羁押时间应当计入实际服刑的刑期之内。

(2) 被判处无期徒刑的罪犯，确有悔改表现或者有立功表现的，一般可以减为18年以上20年以下有期徒刑；有重大立功表现的，可以减为13~18年有期徒刑。但经过一次或者几次减刑，实际执行期不得少于13年，此期限应当自无期徒刑判决确定之日起算起，判决前先行羁押的，羁押期限不能与刑期折抵。

(3) 对于被判处死缓的累犯以及因故意杀人、强奸、抢劫、绑架、放火、爆炸、投放危险物质或者有组织的暴力性犯罪被判处死缓的罪犯，缓期执行期满后依法减为无期徒刑的，不能少于25年；缓期执行期满后依法减为有期徒刑的，不能少于20年。

(四) 时间条件

这里的时间条件是指减刑适用的起始和间隔时间，即何时可以减刑，可以减刑多少次，每次减少多长时间。对此，有关司法解释作了如下规定：

(1) 被判处无期徒刑的犯罪分子，在刑罚执行期间，如果确有悔改之意或者有立功表现的，服刑2年之后可以减刑。

(2) 被判处无期徒刑的犯罪分子在刑罚执行期间又犯罪，应被判处有期徒刑以下刑罚的，自新罪判决确定之日一般在2年之内不予减刑；对新罪判处无期徒刑的，减刑的起始时间要适当延长。

(3) 被判处有期徒刑的犯罪分子，在刑罚执行期间，如果确有悔改表现或者有立功表现的，一般一次减刑不超过1年；如果确有悔改并有重大立功表现的，一次减刑不超过2年。被判处10年以上有期徒刑的罪犯，在刑罚执行期间，有立功表现的，一次减刑不超过2年；有重大立功表现的，一次减刑不超过3年。

(4) 犯罪分子被判处有期徒刑不满5年的，可以比照上述规定，适当缩短起始时间和间隔。确实有重大立功表现的，不受上述起始时间和间隔时间的限制。

三、减刑的适用程序

根据刑法第七十九条的规定，对犯罪分子适用减刑时，应由执行机关向中级以上人民法院提出减刑建议书，人民法院应当组成合议庭进行审理，对于确有悔改表现或者立功表现的，应当裁定予以减刑。具体说来：

(1) 对于被判处无期徒刑的罪犯的减刑，应当由犯罪分子所在监狱、未成年犯管教所提出书面意见，经省、自治区、直辖市的司法厅监狱管理机关审核同意后，报请当地高级人民法院审核裁定。

(2) 对于被判处有期徒刑的罪犯的减刑，应当由监狱、未成年犯管教所提出书面意见，报请当地中级人民法院审核裁定。

(3) 对于被判处1年以下有期徒刑或者交付执行时剩余刑期在1年以下有期徒刑

的罪犯的减刑，由看守所提出书面意见，经当地县级以上公安机关审查同意后，分别报请当地中级人民法院或基层人民法院审核裁定。

（4）对于被判处拘役的犯罪分子的减刑，由拘役所提出书面意见，经当地县级公安机关审查同意后，报请当地基层人民法院审核裁定。

（5）对于被判处管制的犯罪分子的减刑，由执行管制的公安派出所提出书面意见，经当地县级公安机关审查同意后，报请当地基层人民法院审核裁定。

第三节 假释

一、假释的概念

假释，是指对于被判处有期徒刑、无期徒刑的罪犯，在刑罚执行一定期限之后，因其认真遵守监规，接受教育改造，确有悔改表现，不致再危害社会，而附条件地予以提前释放的一种刑罚执行制度。

假释虽然也是释放的一种情形，但不同于一般的释放。假释是附条件地提前释放，被假释的仍有可能收监执行剩余刑期。而一般的释放都是无条件的，无论是宣告无罪的释放，还是刑罚执行完毕而释放，或者因特赦而释放，都不存在再执行刑罚的问题。

假释不同于缓刑。缓刑是附条件地不执行原判刑罚的全部刑期，适用对象是被判处 3 年以下有期徒刑或者拘役的罪犯，判决的时候同时宣告。而假释是附条件地不执行原判刑罚的剩余刑期，不能适用于被判处拘役的罪犯，在执行期间根据一定程序确定。

假释也不同于减刑。首先，二者的适用对象不同。假释只适用于被判处有期徒刑、无期徒刑的罪犯，而减刑的适用对象还包括被判处管制或者拘役的罪犯。其次，二者的适用条件不同。假释的适用要求罪犯确有悔改表现，不致再危害社会，而减刑对于有悔改表现或者立功表现的罪犯均可适用。最后，二者的适用限制不同。假释只能宣告一次，且有考验期。而减刑一般没有次数的限制，也没有考验期。①

二、假释的适用条件

（一）对象条件

假释的适用对象只能是被判处有期徒刑、无期徒刑的罪犯，但对于累犯以及因故意杀人、强奸、抢劫、绑架、放火、爆炸、投放危险物品或者有组织的暴力犯罪被判处 10 年以上有期徒刑、无期徒刑的罪犯，不得适用假释。对于被判处死缓的罪犯，减为无期徒刑或有期徒刑后，也可适用假释。

（二）实质条件

依据我国刑法第八十一条的规定，适用假释的罪犯在刑罚执行期间必须认真遵守

① 李洁. 刑法学［M］. 2 版. 北京：中国人民大学出版社，2014：254.

监规，接受教育改造，确有悔改表现，提前释放不致再危害社会。这里的“确有悔改表现”与减刑中的“确有悔改表现”的要求一致。“不致再危害社会”的判定主要依据以下两种情况：一是罪犯在刑罚执行期间必须认真遵守监规，接受教育改造，确有悔改表现，足以判断对其假释后不致再危害社会；二是罪犯属于老弱病残，并丧失犯罪能力的，但不包括自伤致残的情形。未成年犯的假释，在掌握标准上可比照成年罪犯适度放宽，只要他们能认罪服法，遵守监规，积极参加学习、劳动，可视为确有悔改表现。

（三）限度条件

适用假释的罪犯必须已经执行了一部分刑罚。具体来说，被判处有期徒刑的罪犯，应当执行原判刑期的1/2以上；起始时间，应当从判决执行之日起计算，此前先行羁押的，羁押1日折抵刑期1日。而对于判处无期徒刑的罪犯的假释，不存在折抵问题，实际执行13年的时间，从判决执行之日起开始计算，判决前先行羁押的日期不能折抵已经执行的刑期。

三、假释的考验和撤销

（一）假释的考验

假释是对犯罪分子予以有条件地提前释放，并在一定期限内仍然保持对其继续执行尚未执行的刑罚的可能性，因此，必须有一个恰当的考验期限，以便对犯罪分子进行监督改造。根据刑法的规定，对于被判处有期徒刑而适用假释的罪犯的考验期限为其没有执行完毕的刑期，对于被判处无期徒刑而适用假释的罪犯的考验期限为10年，考验期限从假释之日起计算。被宣告假释的罪犯，在假释考验期限内，应做到以下几点：①遵守法律、行政法规，服从监督；②按照监督机关的规定报告自己的活动情况；③遵守监督机关关于会客的规定；④离开所居住的市、县或者迁居，应当报经监督机关批准。被假释的罪犯，在假释考验期限内，由公安机关予以监督。如果没有法定的应当撤销假释的情形，假释考验期满，就认为原判刑罚已经执行完毕，并公开予以宣告，剩余刑罚不再执行。

（二）假释的撤销

根据我国刑法第八十六条的规定，存在下列三种情况之一即应当撤销假释：

第一，被假释的罪犯，在假释考验期限内又犯新罪的，只要所犯新罪未超过追诉时效，应当撤销假释。

第二，被假释的罪犯，在假释考验期限内被发现漏罪的，只要漏罪没超过追诉时效，也应当撤销假释。

第三，被假释的罪犯，在假释考验期限内有违反法律、行政法规或者国务院公安部门有关假释的监督管理规定的行为，尚未构成新的犯罪的，应当依照法定程序撤销假释，收监执行未执行完毕的刑罚。

四、假释的适用程序

根据我国刑法第八十二条的规定，对罪犯适用假释时，应由执行机关向中级以上人民法院提出假释建议书，人民法院应当组成合议庭进行审理，对于确有悔改表现，提前释放不致危害社会的，应当裁定予以假释。同时监狱法和刑事诉讼法对假释程序也作出了规定：人民法院在收到执行机关的假释建议书后，应当自收到之日起 1 个月内作出裁定，特殊情况可以延长 1 个月，人民检察院认为人民法院假释的裁定不当，应当在收到裁定书副本后 20 日以内，向人民法院提出书面纠正意见，人民法院应当在收到纠正意见后一个月以内重新组成合议庭进行审理，作出最终裁定。

第十七章　刑罚消灭制度

第一节　刑罚消灭概述

一、刑罚消灭的概念与特征

刑罚消灭是指由于法定的或事实的原因，致使国家刑事司法机关对犯罪人的刑罚权归于消灭。其具有以下三方面的特征：

第一，刑罚消灭的前提是行为人的行为构成犯罪，对行为人应当适用或执行刑罚或者正在执行刑罚。换言之，刑罚消灭存在于这样的情况下，即对犯罪人应当适用刑罚，或者司法机关已经对犯罪人判处刑罚而尚未执行，但依法应当执行，或者犯罪人正处于被执行刑罚的过程中。

第二，刑罚消灭昭示着国家及其司法机关丧失了对犯罪人行使具体的刑罚权。可以说，刑罚的消灭往往意味着部分刑罚权的消灭。完整的刑罚权包括制刑权、求刑权、量刑权和行刑权。例如，对犯罪人应适用刑罚但已过追诉时效时，刑罚消灭意味着求刑权的消灭；在行使过求刑权而犯罪人死亡的情况下，刑罚消灭意味着量刑权的消灭；在对犯罪人适用刑罚的过程中国家宣告特赦时，刑罚消灭意味着行刑权的消灭。①

第三，刑罚的消灭是由法定的或事实的原因引起的。引起刑罚消灭的原因可以分为两个方面：一是法定的原因，即法律规定的引起刑罚权部分消灭的事由，如超过追诉时效；二是事实原因，即某种特定事实的出现自然导致刑罚权的消灭，如正在执行刑罚的犯罪人死亡，使行刑的对象不存在，自然导致刑罚权消灭。

二、刑罚消灭的原因

根据我国法律规定，刑罚消灭的主要法定事由包括以下四个方面：一是超过追诉时效的；二是经特赦免除刑罚的；三是告诉才处理的犯罪，没有告诉或者撤回告诉的；四是被判处罚金的犯罪人由于遭遇不能抗拒的灾祸确有困难的，可以酌情减少或者免除。

下面两节分别论述时效和赦免这两种法定刑罚消灭事由。

① 李洁. 刑法学［M］. 2版. 北京：中国人民大学出版社，2014：260.

第二节　时效

一、时效的概念和定义

刑罚中的时效，是指经过一定的期限，对刑事犯罪不得追诉或者对所判刑罚不得执行的一项法律制度。时效分为追诉时效和行刑时效两种。

所谓追诉时效，是指依法对犯罪分子追究刑事责任的有效期限。超过这个期限，除法定最高刑为无期徒刑、死刑的，经最高人民法院特别核准必须追诉的以外，都不得再追究犯罪分子的刑事责任；已追究的应当撤销案件，或者不起诉，或者终止审理。在追诉时效内，司法机关有权追究犯罪人的刑事责任；超过追诉时效，司法机关就无权追究其刑事责任了。

所谓行刑时效，是指法律规定对被判处刑罚的犯罪分子执行刑罚的有效期限。判处刑罚而未执行，超过法定执行期限的，刑罚就不得再执行。在行刑时效内，行刑机关有权执行刑罚；超过行刑时效，行刑机关就无权执行该刑罚了。

我国刑法中只有追诉时效的规定，而无行刑时效的规定。

二、追诉时效

我国刑法中的追诉时效期限的长短是与犯罪行为的社会危害性的大小、刑罚的轻重相适应的。社会危害性越大、法定刑越重的犯罪，追诉期限越长；反之，社会危害性越小、法定刑越轻的犯罪，追诉期限越短。根据我国刑法第八十七条规定，犯罪经过下列期限不再上诉：

（1）法定最高刑为不满5年有期徒刑的，经过5年。

（2）法定最高刑为5年以上不满10年的有期徒刑的，经过10年。

（3）法定最高刑为10年以上有期徒刑的，经过15年。

（4）法定最高刑为无期徒刑、死刑的，经过20年。如果20年以后认为必须追诉的，须报给最高人民检察院核准。

三、追诉期限的计算

我国刑法第八十九条第一款规定：“追诉期限从犯罪之日起计算；犯罪行为有连续或者继续状态的，从犯罪行为终了之日起计算。”所谓“犯罪之日”，应理解成犯罪成立之日，即行为符合犯罪构成之日。由于刑法对各种犯罪构成要件规定不同，因而认定“犯罪成立之日”的标准也不同：对行为犯罪应从犯罪行为实施之日起计算；对结果犯应从犯罪结果发生之日起计算；对结果加重犯应从严重结果发生之日起计算；对牵连犯应从重罪形成之日起计算；对预备犯、未遂犯、中止犯，应分别从预备犯罪、犯罪未遂、犯罪中止之日起计算。所谓“犯罪行为有连续或者继续状态的”，是指连续犯和继续犯，其追诉期限应从犯罪行为终了之日起计算。

为了防止某些不思悔改的犯罪分子利用追诉时效制度逃避法律制裁，我国刑法规定了时效中断和时效延长。

所谓追诉时效中断，是指在追诉期限内，因发生法律规定的事由，而使以前经过的时效期间归于无效，法定事由消失后，重新计算追诉期限的制度。我国刑法第八十九条第二款规定：“在追诉期限以内又犯罪的，前罪追诉的期限从犯后罪之日起计算。”根据这一规定，只要犯罪分子在追诉期限以内又犯罪，不论新罪的性质和刑罚轻重如何，前罪所经过的时效期间均归于无效，即前罪的时效中断，其追诉期限从犯新罪之日起重新计算。

所谓追诉时效延长，是指在追诉期限内，因发生法律规定的事由，而使对犯罪分子刑事责任的追究，不受追诉期限限制的制度。我国刑法第八十八条规定：“在人民检察院、公安机关、国家安全机关立案侦查或者在人民法院受理案件以后，逃避侦查或者审判的，不受追诉期限的限制。”“被害人在追诉期限内提出控告，人民法院、人民检察院、公安机关应当立案而不予立案的，不受追诉期限的限制。”

第三节　赦免

一、赦免的概念

赦免，是指国家对于犯罪分子宣告免予追诉或者免除执行刑罚的全部或者一部分的法律制度。赦免分为大赦和特赦两种。

所谓大赦，是指国家对不特定多数的罪犯的赦免。这种赦免的效力及于罪与刑两个方面，即对于被宣布大赦的犯罪，不再认为是犯罪；对于实施这类犯罪行为的人，不再认为是罪犯，因而不再追究其刑事责任；已受罪刑宣告的，宣告归于无效；已受追诉而未受罪刑宣告的，追诉归于无效。大赦的适用对象既可能是国家某一时期的各种犯罪人，也可能是国家某一时期犯有特定罪行的罪犯，也可能是某一地区的全体犯罪人，还可能是参与某一事件的所有罪犯。大赦既可以赦免其罪，也可以赦免其刑。

所谓特赦，是指国家对特定的犯罪分子的赦免，即对于受罪刑宣告的特定罪犯免除其刑罚的全部或部分的执行。这种赦免只赦其刑，不赦其罪。

我国 1954 年宪法对大赦和特赦均作出了规定，并将大赦的决定权赋予全国人民代表大会，将特赦的决定权赋予全国人民代表大会常务委员会，大赦令和特赦令均由国家主席发布。但后来的宪法包括现行的宪法均只规定了特赦，而没有规定大赦。

二、我国的特赦制度

我国刑法第六十五条、第六十六条提及的赦免均指特赦减免。根据现行宪法，特赦由全国人民代表大会常务委员会决定，由中华人民共和国主席发布特赦令实行。

我国的特赦具有以下特点：

（1）特赦以一类或几类犯罪分子为对象，而不是适用于个别的犯罪分子。除 1959

年第一次特赦是对战争罪犯、反革命罪犯和普通刑事罪犯适用外，其余6次都是对战争罪犯适用。[①]

（2）特赦对于经过一定时期的关押改造，确已改恶从善的犯罪分子适用。对于未经关押改造或者怙恶不悛的罪犯不适用特赦。

（3）特赦是根据罪犯的罪行轻重和悔改表现，区别对待，或者免除其刑罚中尚未执行的部分，予以释放，或者减轻其原判的刑罚，而不是免除其全部刑罚。这表明，虽然执行了一定的刑期但没有改恶从善表现的，不在特赦之列。

（4）特赦是由全国人民代表大会常务委员会决定，由中华人民共和国主席发布特赦令，再由最高人民法院和高级人民法院执行，而不是由罪犯本人及其家属或者其他公民提出申请而实行。

（5）特赦的效力只是免除执行剩余的刑罚或者减轻原判刑罚，而不是宣布其罪归于消灭。

① 李洁. 刑法学［M］. 2版. 北京：中国人民大学出版社，2014：265.

第十八章　刑法各论概述

第一节　刑法各论与刑法总论的关系

刑法的体系由总则和分则两大部分组成。刑法总则对犯罪、刑事责任和刑罚作出一般性规定，刑法分则对各类、各种犯罪的刑事责任和刑罚作出具体规定。与刑法总则和分则相适应，刑法学体系由刑法总论和刑法各论两大部分组成。刑法各论与刑法总论之间的关系，概言之，是一种密切联系、缺一不可、互相作用的关系。

一、刑法各论对刑法总论的意义

（1）贯彻与体现刑法总论。刑法总论阐述的是与犯罪、刑事责任和刑罚有关共性的一般原理、原则，较为抽象、概括。这些抽象的原理、原则只是通过刑法各论对具体犯罪的论述，才能得到实际的贯彻和体现。刑法各论的具体犯罪构成，是刑法总论关于犯罪构成一般规定的体现，正是通过刑法各论，才能充分发挥出刑法总论指导定罪量刑的作用。

（2）促进刑法总论发挥实践效应。刑法总论在司法实践中面对的是具体犯罪的认定和处罚问题。如果这种一般原理、原则不与具体分论相结合，则刑法总论的抽象性，将决定它无法发挥相应作用。①

（3）丰富刑法总则。刑法总论阐述的是抽象的原理、原则，由于其抽象性，往往给人以空洞的感觉。刑法各论通过对具体犯罪问题的研究，使总论的原理、原则有了深刻的内涵与广博的外在表现，内容更加丰富。同时，通过刑法各论对具体犯罪问题的研究、探讨，也往往会发现刑法总论原理、原则的不足，从而有助于刑法总论的发展与完善。

二、刑法总论对刑法各论的意义

（1）对刑法各论的概括。刑法总论可以对刑法各论阐述的各种各样的具体犯罪问题进行科学的抽象和概括，提炼出有关的原理、原则和共性知识，从而使我们对具体的犯罪问题获得更高层面的认识。

（2）对刑法各论的指导。刑法总论关于犯罪、刑事责任和刑罚的一般原理、原则，抽象、概括于刑法各论关于具体犯罪的理论，因而，也就具有了对罪刑各论各种具体

---

① 郑高键. 刑法学［M］. 北京：科学出版社，2009：184.

犯罪问题研究的指导作用。

(3) 对刑法各论的制约。刑法总论对刑法各论的研究也具有一定的规范和约束作用，即刑法各论的研究不能违背总论中得到公认的原理、原则。①

三、研究刑法各论的意义

首先，对刑法各论的学习和研究有助于丰富和加深对刑法总论的理解和把握，能够深入理解和正确贯彻刑法总则规定的原理、原则；其次，通过学习和研究刑法各论，可以掌握各种具体犯罪的定罪量刑标准，有助于在司法实践中正确适用刑法；最后，通过刑法各论的学习和研究，可以发现刑事立法关于具体犯罪规定中的缺陷和不足，并提出修改和完善建议，从而有助于刑事立法的改革与健全。

第二节　刑法分则的体系

刑法分则体系，是指刑法分则根据一定的标准和规则，对所规定的各类犯罪及其所包含的各种具体犯罪，按照一定次序排列而形成的有机体。

一、犯罪的分类排列及其依据

我国刑法分则对犯罪采用的是简明的分类方法，将犯罪共分为10类，其分别是：危害国家安全罪；危害公共安全罪；破坏社会主义市场经济秩序罪；侵犯公民人身权利、民主权利罪；侵犯财产罪；妨害社会管理秩序罪；危害国防利益罪；贪污贿赂罪；渎职罪；军人违反职责罪。

我国刑法分则对犯罪进行分类的标准是犯罪的同类客体；对各类犯罪以及各种具体犯罪的排列标准主要是各类各种犯罪的社会危害程度。

1. 以同类客体为标准对犯罪进行分类

同类客体揭示的是同一类型犯罪在客体方面的共同本质，即一类犯罪不同于其他类型犯罪的危害性质，并在相当程度上反映出各类犯罪不同的危害程度。

2. 以犯罪的危害程度为标准对各类、各种犯罪进行排列

我国刑法分则对各类、各种犯罪，一般主要根据犯罪的危害程度，采取由重到轻的顺序依次排列，并使之与犯罪分类法相结合，构建分则体系。首先，类罪的排列一般主要是以社会危害程度的大小进行。刑法分则包括的10类犯罪，就是主要根据个人犯罪的社会危害性的大小，由重到轻依次排列的；其次，各类罪中的具体犯罪也大体上是根据社会危害程度的大小，并适当考虑犯罪与犯罪之间性质是否具有近似性，基本上由重到轻依次进行排列的。②

---

① 郑高键. 刑法学［M］. 北京：科学出版社，2009：184.

② 郑高键. 刑法学［M］. 北京：科学出版社，2009：185.

二、犯罪分类的意义

从刑法立法上讲，有助于建立比较科学的刑法分则体系，表明立法者对各种犯罪的归纳、认识水平，并为立法实践奠定了基础，同时犯罪的分类和排列也表明立法者对各类和各种具体社会关系进行刑事保护的价值取向，体现了刑法打击犯罪的重点所在。

从刑事司法上讲，有利于司法人员较为准确地认识各类犯罪的一般特征和各种犯罪的具体特征，把握各类及各种犯罪的危害程度，正确区分具体犯罪之间的界限，从而对犯罪人能够准确适用刑罚。①

从刑法理论研究上讲，有助于从理论上阐释和探讨各种各类犯罪的立法意图、构成特征和社会危害程度，从而正确地解决各类各种犯罪的定罪量刑问题，同时也有利于对类罪和个罪进行深入的专题研究，有助于提高刑法理论的研究水平，为司法实践正确的定罪量刑提供理论上的指导。

第三节　刑法分则条文的结构

刑法分则条文的基本表现形式是规定具体的犯罪和刑罚，因而，具体条文一般由罪状和法定刑两部分组成，同时，由于罪状与罪名密切相关，因此，对罪状、罪名以及法定刑的研究，是刑法各论的重要内容。

一、罪状

罪状是指刑法分则条文对具体犯罪的基本构成特征的描述。在刑法理论上通常根据条文对罪状的描述方式的不同，将罪状分为 4 种：叙明罪状、简单罪状、引证罪状和空白罪状。根据条文对罪状描述方式的多寡，可以将罪状分为单一罪状和混合罪状。

1. 叙明罪状、简单罪状、引证罪状和空白罪状

（1）叙明罪状，指条文对具体犯罪的基本构成特征作了详细的描述。例如，我国刑法第一百八十二条操纵证券、期货交易价格罪第一款规定：有下列情形之一，操纵证券、期货交易价格，获取不正当利益或者转嫁风险，情节严重的，处 5 年以下有期徒刑或者拘役，并处或者单处违法所得 1 倍以上 5 倍以下罚金：①单独或者合谋，集中资金优势、持股优势或者利用信息优势联合或者连续买卖或操纵证券、期货交易价格的；②与他人串通，以事先约定的时间、价格和方式相互进行证券、期货交易或者相互买卖并不持有的证券，影响证券、期货交易价格或者证券期货交易量的；③以自己为交易对象，进行不转移证券所有权的自买自卖或以自己为交易对象、自买自卖期货合约，影响证券、期货交易价格或者证券、期货交易量的；④以其他方式操纵证券、期货交易价格的。对操纵证券、期货交易价格罪的主观方面和客观方面的构成作了详

① 郑高键. 刑法学［M］. 北京：科学出版社，2009：185.

细的描述，该罪状即为叙明罪状。

（2）简单罪状，指条文只简单地规定罪名或者简单描述犯罪的基本构成特征。如我国刑法第二百三十二条规定：“故意杀人的，处死刑、无期徒刑或者10年以上有期徒刑，情节较轻的，处3年以上10年以下有期徒刑。”这里只描述了故意杀人罪的主观方面和客观方面特征，因而该罪状是简单罪状。

（3）引证罪状，指引用同一法律中的其他条款来说明和确定某一犯罪构成的特征。例如我国刑法第一百二十四条第一款规定了破坏广播电视设施、公用电信设施罪的罪状和法定刑，其第二款规定：“过失犯前款罪的，处3年以上7年以下有期徒刑；情节较轻的，处3年以下有期徒刑或者拘役。”该款罪的特征就是要引用第一款规定的罪状，来说明和确定过失损毁广播电视设施、公用电信设施罪的罪状。采用引证罪状，是为了避免条款之间文字上的重复。

（4）空白罪状，指条文不直接具体规定某一犯罪的构成特征，但指明了确定该罪构成特征时需要参照的其他法律、法规。例如，我国刑法第三百四十条规定：“违反保护水产资源法规，在禁渔区、禁渔期或者使用禁用的工具、方法捕捞水产品，情节严重的，处3年以下有期徒刑、拘役、管制或者罚金。”采用空白罪状，是因为有关法律、法规的规定往往内容较多，而刑法条文上又难以对其特征作出具体表述。

2. 单一罪状和混合罪状

（1）单一罪状，指条文同时采用简单罪状、叙明罪状、引证罪状、空白罪状中的一种方式对犯罪的基本构成特征进行描述。分则条文中的绝大多数罪状，属于简单罪状。

（2）混合罪状，指条文同时采用简单罪状、叙明罪状、引证罪状、空白罪状其中的两种方式对犯罪的基本构成特征进行描述。例如，我国刑法第三百三十八条规定：“违反国家规定，向土地、水体、大气排放、倾倒或者处置有放射性的废物、含传染病病原体的废物、有毒物质或者其他危险废物，造成重大环境污染事故，致使公私财产遭受重大损失或者人身伤亡的严重后果的，处3年以下有期徒刑或者拘役，并处或者单处罚金；后果特别严重的，处3年以上7年以下有期徒刑，并处罚金。”在该罪状中“违反国家规定”属于空白罪状，指出确定重大环境污染事故罪的构成需要参照国家规定的有关法规，后半段的规定则属于叙明罪状，详细描述了构成重大环境污染事故罪的特定环境、对象、行为方式以及后果的要件。采用混合罪状方式是由某些犯罪的特殊性决定的。刑法分则条文中的混合罪状不多。[①]

二、罪名

罪名，有广义和狭义之分。广义的罪名包括类罪名，狭义的罪名仅指具体罪名。这里讲的是狭义的罪名。

（一）罪名的概念

罪名，是对犯罪本质特征或者主要特征的高度概括。正确规定和使用罪名，对于

① 郑高键. 刑法学［M］. 北京：科学出版社，2009：187.

准确区分罪与非罪、此罪与彼罪的界限，正确地定罪和量刑，都具有重要的意义。

（二）罪名的分类

根据不同的标准，可以将罪名划分为以下一些种类：

1. 根据罪名是否具有法律效应，可将罪名分为立法罪名、司法罪名、学理罪名

（1）立法罪名，是指立法机关在刑法分则条文中明确规定的罪名。立法罪名具有普遍的法律效力，司法实践不能对有关犯罪使用与立法罪名不同的罪名。

（2）司法罪名，是指最高司法机关通过司法解释所确定的罪名，如最高人民法院于 1997 年 12 月 9 日发布的《关于执行〈中华人民共和国刑法〉确定罪名的规定》所规定的罪名即为司法罪名。司法罪名对司法机关办理刑事案件具有法律约束力。

（3）学理罪名，是指理论上根据刑法分则条文规定的内容，对犯罪所概括出的罪名。学理罪名没有法律效力，但对司法实践具有指导和参考作用。

2. 根据条文罪名包含构成内容数量上的单复，可将罪名分为单一罪名和选择罪名

（1）单一罪名，是指罪状包含的犯罪构成的具体内容单一的罪名，如故意杀人罪、故意伤害罪等。

（2）选择罪名，是指因罪状所包含的犯罪构成的具体内容比较复杂，罪名形式上表现为并列特点的罪名。选择罪名可以统一使用，也可以根据具体的犯罪行为分解使用，如我国刑法第二百九十四条规定的组织、领导、参加黑社会组织罪等。

3. 以罪名在刑法中是否确定不变为标准，可将罪名分为确定罪名与不确定罪名

（1）确定罪名，是指在任何情况下都不能改变的罪名。如刑法规定的故意杀人罪、故意伤害罪等，无论案件的具体情况如何，都必须使用该罪名。

（2）不确定罪名，是指可以根据案件的具体情况使用不同名称的罪名，我国现行刑法中没有不确定罪名。

三、法定刑

法定刑，是指刑法分则条文对具体犯罪所确定的适用刑罚的种类和刑罚幅度，刑罚的种类通常称为刑种，刑罚幅度通常称为刑度。法定刑是刑法分则条文重要的组成部分，是审判机关对犯罪人适用刑法的依据。对犯罪人判处刑罚时，除其具备法定的减轻情节外，必须在法定刑的范围内进行。因此，研究法定刑问题对正确的量刑具有重要的意义。①

法定刑不同于宣告刑。法定刑是立法机关针对具体犯罪的性质和危害程度所制定的量刑标准，它着眼于该罪的共性；宣告刑是法定刑的实际应用，是审判机关对具体犯罪案件中的犯罪人依法判处并宣告的应当实际执行的刑罚，它着眼于具体犯罪案件及犯罪人的特殊性。

根据立法实践，在刑法理论上通常根据法定刑的刑种、刑度是否确定为标准，将法定刑分为三种形式：绝对确定的法定刑、绝对不确定的法定刑和相对确定的法定刑。

① 郑高键. 刑法学［M］. 北京：科学出版社，2009：188.

（1）绝对确定的法定刑，是指在条文中对某种犯罪或某种犯罪的某种情形只规定单一、固定、无量刑幅度的刑种和刑度的法定刑。绝对确定的法定刑虽然单一，便于操作，但是使法官不能根据具体情况对犯罪人判处轻重适当的刑法，不利于收到良好的刑罚效果。

（2）绝对不确定的法定刑，是指在条文中对某种犯罪不规定具体的刑种和刑度，具体如何处罚完全由法官掌握。绝对不确定的法定刑，由于没有统一的量刑标准，不能使罪责刑相适应原则得到贯彻。

（3）相对确定的法定刑，是指分则条文对某种犯罪规定了相对具体的刑种和刑度，即既有刑法的限度，也有一定的自由裁量余地。该种形式的法定刑克服了前两种形式的法定刑的弊端，便于法官在保证司法统一的基础上，根据具体案情和犯罪人的具体情况，在法定刑的刑度内选择适当的刑种和刑期，有利于刑法目的的实现，因而这种法定刑被世界各国刑法广泛采用。

我国现行刑法分则中没有绝对不确定的法定刑，但存在着少量的绝对确定的法定刑。例如，我国刑法第二百三十九条第一款后半段规定“致使被绑架人死亡或者杀害被绑架的人，处死刑，并处没收财产”。这就是绝对确定的法定刑，但这类法定刑在我国刑法中比较少。

第十九章　危害国家安全罪

第一节　危害国家安全罪概述

一、危害国家安全罪的概念和特征

危害国家安全罪是指故意危害中华人民共和国的主权、领土完整与安全，颠覆国家政权，推翻社会主义制度，依法应受刑罚处罚的行为。本类犯罪具有如下构成特征：

（1）本类犯罪侵犯的客体是国家的安全。所谓国家的安全，是指我国主权、领土完整和安全以及人民民主专政的政权和社会主义制度的安全。

（2）本类犯罪在客观方面表现为危害国家安全的行为，具体指危害我国主权、领土完整与安全以及人民民主专政的政权和社会主义制度的行为。本类犯罪在行为方式上既可是作为，也可是不作为。

（3）本类犯罪的主体多数为一般主体，无论是中国公民、外国公民或无国籍人，无论是有特定身份者还是无特定身份者，均可构成。但少数犯罪要求是特殊主体。如背叛国家罪、投敌叛变罪的主体只限于中国公民；叛逃罪必须由国家机关工作人员和掌管秘密的其他国家工作人员构成。

（4）本类犯罪的主观方面是故意，且绝大多数是直接故意，即明知自己的行为会发生危害中华人民共和国国家安全的后果，并且希望这种结果发生。少数犯罪既可以直接故意，也可以是间接故意。

二、危害国家安全罪的共性问题

（1）犯危害国家安全罪必须被附加剥夺政治权利。如单独判处剥夺政治权利的，则不再附加。

（2）犯危害国家安全罪，可以并处没收财产。

（3）煽动分裂国家罪、煽动颠覆国家政权罪是煽动型犯罪，其作用相当于教唆，但法律明文规定为独立的犯罪，不作为共同犯罪处理。

（4）资助危害国家安全犯罪活动罪是对危害国家安全犯罪活动的帮助，但也作为单独犯罪处理。[①]

---

① 郑高键．刑法学［M］．北京：科学出版社，2009：191．

三、危害国家安全罪的种类

根据我国刑法分则第一章的规定，危害国家安全罪共有 12 种罪名。本章所说的犯罪具体可以分为三类：危害国家、颠覆政权的犯罪；叛变、叛逃的犯罪；间谍、资敌的犯罪。

第二节 重点罪名论述

一、危害国家、颠覆政权的犯罪

(一) 背叛国家罪

背叛国家罪，是指勾结外国或者境外机构、组织、个人，危害国家主权、领土完整和安全，依法应受刑罚处罚的行为。本罪侵犯的客体是国家的主权、领土完整和安全；本罪的客观方面表现为勾结外国或者境外机构、组织、个人，危害国家主权、领土完整和安全。“勾结”和“危害”两个方面必须同时具备，才能构成本罪；本罪的主体只能是中国公民，而且一般是位居党政军较高职位，握有实权或在社会上有一定政治影响力的人；本罪的主观方面是故意，并且具有危害中华人民共和国主权、领土完整和安全的目的。

根据我国刑法第一百零二条、第一百零三条第一款规定，犯本罪的，处无期徒刑或者 10 年以上有期徒刑；对国家和人民危害特别严重，情节特别恶劣的，可以判处死刑。根据我国刑法第五十六条、第一百一十三条第二款的规定，犯本罪的，应当附加剥夺政治权利，可以并处没收财产。

(二) 分裂国家罪

分裂国家罪，是指组织、策划、实施分裂国家、破坏国家统一，依法应受刑罚处罚的行为。本罪是行为犯，只要行为人实施了组织、策划、实施分裂国家、破坏国家统一的行为，就可以构成本罪的既遂，而不要求发生实际的危害结果。本罪的主体是一般主体，凡已满 16 周岁且具有刑事责任能力的人均能构成本罪的主体，包括我国公民、具有外国国籍的人和无国籍人。本罪的主观方面是故意，且只能是直接故意。其故意的内容可以表述为明知自己的行为会发生分裂国家、破坏国家统一的结果，并且希望这种结果发生。

根据我国刑法第一百零三条第一款、第一百零六条、第一百一十三条第一款规定，犯本罪的，对首要分子或者罪行重大者，处无期徒刑或者 10 年以上有期徒刑；对国家和人民危害特别严重、情节特别恶劣的，可以判处死刑。对积极参加者，处 3 年以上 10 年以下有期徒刑；对其他参加者，处 3 年以下有期徒刑、拘役、管制或者剥夺政治权利。与境外机构、组织、个人相勾结实施本罪的，从重处罚。根据我国刑法第五十六条、第一百一十三条第二款的规定，犯本罪的，应当附加剥夺政治权利，可以并处没收财产。

（三）颠覆国家政权罪

颠覆国家政权罪，是指组织、策划、实施颠覆国家政权、推翻社会主义制度的行为。

根据我国刑法第一百零五条第一款规定，犯颠覆国家政权罪的，对首要分子或者罪行重大的处无期徒刑或者10年以上有期徒刑；对积极参加的，处3年以上10年以下有期徒刑；对其他参加者，处3年以下有期徒刑、拘役、管制或者剥夺政治权利。根据我国刑法第一百零六条的规定，与境外机构、组织、个人相勾结，实施颠覆国家政权罪的，从重处罚。根据我国刑法第一百一十三条的规定，犯颠覆国家政权罪的，可以并处没收财产。

二、叛变、叛逃的犯罪

（一）投敌叛变罪

投敌叛变罪，是指中国公民投奔敌人营垒，或者被捕、被俘后投降敌人危害国家安全，依法应受刑罚处罚的行为。本罪客观方面表现为投敌叛变的行为。本罪的主观方面是故意，其具有危害国家安全的目的。如果行为人员虽然实际上投奔了敌占区，但并没有危害国家安全的故意，也没有危害国家安全的行为，就不能构成投敌叛变罪。

根据我国刑法第一百零八条规定，犯本罪的，处3年以上10年以下有期徒刑；情节严重或者带领武装部队人员、人民警察、民兵投敌叛变的，处10年以上有期徒刑或者无期徒刑。根据我国刑法第一百一十三条的规定，犯本罪的，可以并处没收财产。

（二）叛逃罪

叛逃罪指国家机关工作人员在履行公务期间，擅离岗位，叛逃境外或者在境外叛逃，危害中华人民共和国国家安全的行为。本罪具有如下构成要件：

（1）本罪侵犯的客体是中华人民共和国国家安全。

（2）本罪的客观方面表现为行为人在履行公务期间擅离岗位，叛逃境外或者在境外叛逃，危害中华人民共和国国家安全。其具体包括三个方面的内容：①行为发生在履行公务期间。所谓履行公务期间，是指在职国家机关工作人员执行公务期间或者执行某项工作任务期间。②行为人的具体表现形式有两种：一是擅离岗位，叛逃境外；二是擅离岗位，在境外叛逃。擅离岗位，叛逃境外，是指行为人在境内执行公务期间，擅自离开工作岗位，叛变逃往境外；擅离岗位，在境外叛逃，是指行为人在境外旅行公职或者执行某项具体任务时，擅自离开工作岗位叛变逃走。例如，在中国驻外机构工作的人员，擅离岗位，投奔外国势力；中国访问外国代表团成员，擅离代表团，投奔外国等。③危害中华人民共和国国家安全。上述三方面的内容必须同时具备，才能构成叛逃罪。[①]

（3）本罪的主体是特殊主体，即只能是国家机关工作人员和掌握国家秘密的国家机关工作人员以外的国家工作人员。

---

① 郑高键. 刑法学［M］. 北京：科学出版社，2009：194.

（4）本罪的主观方面是故意，且只能是直接故意。

根据我国刑法第一百零九条规定，犯本罪的，处5年以下有期徒刑、拘役、管制或者剥夺政治权利；情节严重的，处5年以上10年以下有期徒刑；掌握国家秘密的国家工作人员犯本罪的，从重处罚。根据我国刑法第五十六条、第一百一十三条第二款的规定，犯本罪的，除单处剥夺政治权利的外，应当附加剥夺政治权利，可以并处没收财产。

三、间谍罪

间谍罪，是指参加间谍组织或者接受间谍组织及其代理人的任务，或者为敌人指示轰击目标的行为。本罪具有如下构成特征：

（1）本罪侵犯的客体是中华人民共和国国家安全。

（2）本罪在客观方面表现为，行为人参加间谍组织或者接受间谍组织及其代理人的任务，或者为敌人指示轰击目标的行为。一是参加间谍组织，充当间谍；二是接受间谍组织及其代理人的任务；三是为敌人指示轰击目标。行为人只要实施上述行为之一，就可构成间谍罪。①

（3）本罪的主体为一般主体，即任何达到负刑事责任年龄并具有刑事责任能力的自然人。

（4）本罪在主观方面只能是故意，且明知是间谍组织还参加，或明知是间谍组织及其代理人还接受其任务，或明知是敌人还有意为其指示轰击目标。

根据我国刑法第一百一十条、第一百一十三条、第五十六条规定，犯间谍罪的，处10年以上有期徒刑或者无期徒刑；情节较轻的，处3年以上10年以下有期徒刑；对国家和人民危害特别严重、情节特别恶劣的，可以判处死刑。对犯本罪的，可以并处没收财产；应当附加剥夺政治权利。

① 郑高键. 刑法学［M］. 北京：科学出版社，2009：195.

第二十章　危害公共安全罪

第一节　危害公共安全罪概述

一、危害公共安全罪的概念和特征

（一）危害公共安全罪的概念

危害公共安全罪，是指故意或者过失实施危害不特定多数人的生命、健康、重大公共财产安全以及其他公共利益安全，依法应受刑罚处罚的行为。

（二）危害公共安全罪的构成特征

本类犯罪具有如下构成特征：

（1）本类犯罪侵犯的客体是公共安全。所谓公共安全，是指不特定多数人的生命、健康和重大公共财产安全以及其他公共利益安全。如果犯罪行为指向特定的人身或者财产，而不直接危及不特定多数人的生命、健康和重大公司财产的安全，则不构成危害公共安全罪，而应当分别属于侵犯人身权利或者侵犯财产权利的犯罪。

（2）本类犯罪在客观方面表现为实施了危害公共安全的行为。此类行为可以是作为，也可以是不作为。[①] 例如放火罪，即可以用直接点燃的作为方式实施；也可以是在有发生火灾危险时，有责任并有能力防止而不防止，故意使火灾发生的不作为方式构成。本类犯罪的故意犯罪均为危险犯，只要足以造成危害公共安全的危险状态，就构成犯罪既遂；过失犯罪的，必须造成严重后果才能构成犯罪既遂。

（3）本类犯罪的主体多数是一般主体，但也有少数是特殊主体。这里的特殊主体，包括国家工作人员以及其他业务上、职务上的特定人员。例如重大飞行事故罪，其主体只能是航空人员。本章所规定的某些犯罪的主体可以是已满 14 周岁不满 16 周岁的未成年人，如放火、爆炸、投毒罪等。

（4）本类犯罪在主观方面可能是故意，也可能是过失。

二、危害公共安全罪的种类

根据我国刑法分则第二章的规定，危害公共安全罪共有 43 个罪名，具体可以划分为以下五类：

---

① 郑高键. 刑法学［M］. 北京：科学出版社，2009：200.

（1）以危险方法危害公共安全的犯罪；
（2）破坏公共设备、设施危害公共安全的犯罪；
（3）实施恐怖活动危害公共安全的犯罪；
（4）违反枪支、弹药、爆炸物及危险物质管理危害公共安全的犯罪；
（5）造成重大责任事故危害公共安全的犯罪。

第二节　重点罪名论述

一、以危险方法危害公共安全的犯罪

（一）放火罪

放火罪，是指故意放火焚烧公私财物，危害公共完全，依法应受刑罚处罚的行为。本罪具有如下构成特征：

（1）本罪侵犯的客体是公共安全，对象是体现着公共安全的公私财物。对于放火烧毁自己的财物是否定放火罪要作具体分析。如果放火行为不足以危害公共安全的，不应认为是放火罪；如果放火行为足以危害公共安全的，应以放火罪论处。

（2）本罪在客观方面表现为行为人实施了危害公共安全的放火行为。所谓放火，是指故意使用引火物或其他方法使财物燃烧的行为。放火的方式，既可以是作为的方式，如利用各种引火物直接把焚烧对象点燃的行为；也可以是不作为的方式，如负有防火义务的油区安全员，发现油区有着火的危险，能够采取措施防止而不防止，导致火灾发生的行为。[①] 由于放火的社会危害性很大，所以只要实施了放火行为，使公共安全处于危险状态，即使没有造成实际的损害结果，也构成放火罪。

（3）本罪的主体是一般主体，即任何已满14岁并具有刑事责任能力的自然人。

（4）本罪主观方面是故意，即行为人明知道自己的放火行为会危害社会公共安全，并且希望或者放任这种结果的发生。动机如何不影响本罪的构成，但是可能影响量刑。

根据我国刑法第一百一十四条、第一百一十五条第一款规定，犯放火罪，尚未造成严重后果的，处3年以上10年以下有期徒刑；致人重伤、死亡或者使公私财产遭受重大损失的，处10年以上有期徒刑、无期徒刑或者死刑。

（二）爆炸罪

爆炸罪，是指故意引发爆炸物，危害公共安全，依法应受刑罚处罚的行为。本罪具有如下构成特征：

（1）本罪客观方面表现为，引发爆炸物危害公共安全的行为，即对公私财物或者人身实施爆炸，危害公共安全。引发爆炸物可以是作为，也可以是不作为。使用何种爆炸物、以何种方式引发爆炸物，不影响本罪的成立。实施爆炸的地点，主要是在人群集中或者财产集中的公共场所、交通路线、财物堆放处等处实施爆炸，如将爆炸物

① 郑高键. 刑法学［M］. 北京：科学出版社，2009：201.

放在船只、飞机、汽车、火车上定时爆炸，在商场、车站、影剧院、街道、群众集会地制造爆炸。

(2) 本罪的主体为已满14周岁、具有刑事责任能力的自然人。

(3) 本罪主观方面是故意。动机不影响本罪成立。

根据我国刑法第一百一十四条、第一百一十五条第一款规定，犯本罪尚未造成严重后果的，处3年以上10年以下有期徒刑；致人重伤、死亡或者使公私财物遭受重大损失的，处10年以上有期徒刑、无期徒刑或者死刑。

二、破坏公共设备、设施危害公共安全的犯罪

(一) 破坏交通工具罪

破坏交通工具罪，是指故意破坏火车、汽车、电车、船只、航空器，足以使之发生倾覆、毁坏危险，依法应受刑罚处罚的行为。本罪具有如下构成特征：

(1) 本罪侵犯的客体是交通运输安全。本罪的对象是正在使用中的火车、汽车、电车、船只、航空器五种大型交通运输工具。所谓“正在使用中的交通工具”，包括正在运行中的交通工具，也包括虽处于停放状态但已经交付使用，随时都可开动从事交通运输的交通工具。作为本罪犯罪对象的交通工具应当具有以下特点：其一，该工具的使用目的必须是为了交通运输。其二，针对该工具的破坏行为会危及公共安全。如破坏自行车的行为，虽然也可能对骑车人的人身安全乃至财产造成侵害，但对公共安全尚不能形成危险，因而不能视为本罪中的交通工具。其三，破坏交通工具罪中的“交通工具”具有法定性，只限于我国刑法第一百一十六条中规定的五种交通工具，即火车、汽车、电车、船只、航空器。①

(2) 本罪在客观方面表现为破坏正在使用的火车、汽车、电车、船只、航空器，足以使其发生倾覆、毁坏危险的行为。所谓倾覆，是指汽车、电车翻车，火车脱轨，船只翻沉，飞机坠落等。所谓毁坏，是指烧毁、炸毁、坠毁，或者造成其他无法修复的严重破坏，它不是指任何局部的损坏，而是指使交通工具完全毁坏，或者是严重毁坏而不能安全行驶。

(3) 本罪的主体为一般主体，即任何达到刑事责任年龄并具有刑事责任能力的自然人。

(4) 本罪主观方面为故意。犯罪的动机并不影响定罪，只可能影响量刑。

根据我国刑法第一百一十六条和第一百一十九条规定，犯破坏交通工具罪，处3年以上10年以下有期徒刑；已经造成严重后果的，处10年以上有期徒刑、无期徒刑或者死刑。

(二) 破坏交通设施罪

破坏交通设施罪，是指故意破坏轨道、桥梁、隧道、公路、机场、航道、灯塔、标志等交通设施，足以造成或已经造成交通工具倾覆、毁坏等严重后果，危害公共安

① 郑高键. 刑法学 [M]. 北京：科学出版社，2009：206.

全的行为。

根据我国刑法第一百一十七条、第一百一十九条规定，犯本罪，尚未造成严重后果的，处3年以上10年以下有期徒刑；造成严重后果的，处10年以上有期徒刑、无期徒刑或者死刑。

（三）破坏电力设备罪

破坏电力设备罪，是指故意破坏电力设备，足以造成或已经造成严重后果，危害公共安全，依法应受刑罚处罚的行为。客体是公共供电中的公共安全。对象为正在使用的电力设备。

根据我国刑法第一百一十八条、第一百一十九条规定，犯本罪，尚未造成严重后果的，处3年以上10年以下有期徒刑；造成严重后果的，处10年以上有期徒刑、无期徒刑或者死刑。

三、实施恐怖活动危害公共安全的犯罪

（一）组织、领导、参加恐怖组织罪

组织、领导、参加恐怖组织罪，是指组织、领导、积极参加或者参加恐怖活动组织，依法应受刑罚处罚的行为。本罪为选择性罪名。本罪具有如下构成要件：

（1）本罪侵犯的客体为社会的公共安全。由于组织、领导和参加恐怖活动组织是以实施恐怖犯罪活动为目的，因此，是直接威胁到不特定或多人的生命、健康及财产安全，即社会的公共安全。

（2）本罪的客观方面，表现为组织、领导、参加恐怖活动组织的行为。所谓恐怖活动，是指引起社会、民众的恐惧，专以从事杀人、伤害、投毒、绑架等有组织的犯罪活动。所谓恐怖组织，是指3人以上，以实施恐怖活动为目的，为长期有计划地进行恐怖活动而建立的，严重危害社会安全的犯罪组织。首先，组织、领导、参加必须是恐怖组织；其次，必须实施组织、领导、参加的行为。所谓“组织”，是指召集多人为首发起或者实施招募、雇佣、拉拢、鼓动多人成立恐怖组织的行为；所谓“领导”是指对恐怖组织成立以及恐怖活动实施策划、指挥和布置的行为；所谓“参加”，是指明知恐怖组织的性质，仍加入的行为。只要行为人实施组织、领导、参加行为之一，即可构成本罪。

（3）本罪的主体，是一般主体，为年满16周岁且具有刑事责任能力的自然人。

（4）本罪的主观方面是故意，应具有恐怖活动的目的，即明知是恐怖活动组织仍组织、领导、参加。

根据我国刑法第一百二十条规定，组织、领导恐怖活动组织的，处10年以上有期徒刑或者无期徒刑；积极参加的，处3年以上10年以下有期徒刑；其他参加的，处3年以下有期徒刑、拘役、管制或者剥夺政治权利。根据我国刑法第一百二十条第二款的规定，犯组织、领导和参加恐怖组织罪并施以杀人、爆炸、绑架等犯罪的，依据数罪并罚的规定处罚。

（二）劫持航空器罪

劫持航空器罪，是指以暴力、胁迫或者其他方法劫持航空器，危害公共安全，依法应受刑罚处罚的行为。本罪具有如下构成特征：

（1）本罪侵犯的客体是航空器飞行安全。本罪的犯罪对象只限于航空器，且只能是正在使用中的航空器。所谓“正在使用中”，通常认为包括三种情况：航空器装载完毕、机舱外部各门均已关闭时开始，直至打开任何一个机舱门以便卸载时为止的任何时间；如果航空器是被迫降落，在主管当局接管该机及所载人员和财产责任以前的任何时间；待飞状态的航空器。① 只要是可载人的航空器，不管是民用航空器，还是使用于公务活动、警察、海关、军用的国家航空器，都可以成为本罪的对象。

（2）本罪在客观方面表现为以暴力、胁迫或者其他方法劫持航空器的行为。

（3）本罪的主体为一般主体，既包括中国人，也包括外国人或者无国籍的人。依照我国刑法第九条关于普通管辖权的规定，外国人劫持飞机后进入中国境内的，中国刑法具有管辖权。

（4）本罪主观方面只能是故意，而且只能是直接故意。

根据我国刑法第一百二十一条规定，犯劫持航空器罪，处10年以上有期徒刑或无期徒刑；致人重伤、死亡或者使航空器遭受严重破坏的，处死刑。

四、违反枪支、弹药、爆炸物及危险物质管理危害公共安全的犯罪

（一）非法制造、买卖、运输、邮寄、储存枪支、弹药、爆炸物罪

非法制造、买卖、运输、邮寄、储存枪支、弹药、爆炸物罪，是指违反国家枪支、弹药、爆炸物管理法规，制造、买卖、运输、邮寄、储存枪支、弹药、爆炸物，依法应受刑罚处罚的行为。本罪具有如下构成特征：

（1）本罪侵犯的客体是社会的公共安全和国家对枪支、弹药、爆炸物的管理秩序。枪支、弹药、爆炸物，是本罪法定的犯罪对象。所谓“枪支”是指《中华人民共和国枪支管理法》所规定的，以火药或者压缩气体为动力，利用管状器具发射金属弹丸或者其他物质，足以致人伤亡或者丧失知觉的各种枪支，包括军用枪支、民用枪支和仿真枪支；所谓“弹药”，是指通过各种军用、民用枪支或者仿真枪支发射的、本身无引爆装置的各种弹药。枪榴弹、手榴弹、炮弹等不属于“弹药”，而属于“爆炸物”；所谓“爆炸物”，是指各种能够爆裂，以及具有爆裂性和较大杀伤力、破坏性，能够对公共安全构成威胁和危害的物品。从种类上看，爆炸物大致可以分为军用爆炸物、民用爆炸物和其他利用爆裂原料配制成的炸药与爆炸装置三类。②

（2）本罪在客观方面表现为行为人实施了非法制造、买卖、运输、邮寄、储存枪支、弹药、爆炸物的行为。所谓“非法”，是指行为人制造、买卖、运输、邮寄、储存枪支、弹药、爆炸物的行为违反了国家有关枪支、弹药、爆炸物管理的法律规定。所谓“制造”，应作广义理解，即不仅包括以各种材料进行原始制作，还包括组装、修

① 郑高键. 刑法学［M］. 北京：科学出版社，2009：210.
② 郑高键. 刑法学［M］. 北京：科学出版社，2009：213.

理、改装和拼装。所谓“买卖”，是指以金钱或实物作价，购买或销售枪支、弹药、爆炸物的行为。所谓“运输”，是指将枪支、弹药、爆炸物由一地运往另一地的行为。所谓“邮寄”，是指通过邮政系统以邮件形式寄运或者在邮件中夹带枪支、弹药、爆炸物，从空间范围看，邮寄也仅限于国内运输。所谓“储存”，是指储藏、存放枪支、弹药、爆炸物的行为。

（3）本罪的主体是一般主体，包括自然人和单位。

（4）本罪在主观方面只能是直接故意。如果行为人由于某种原因，的确不知其所制造、买卖、运输、邮寄、储存的是枪支、弹药、爆炸物，不构成犯罪。

根据我国刑法第一百二十五条第一、第三款规定，犯非法制造、买卖、运输、邮寄、储存枪支、弹药、爆炸物罪，处3年以上10以下有期徒刑；情节严重的，处10年以上有期徒刑、无期徒刑或者死刑。单位犯本罪的，对单位判处罚金，并对直接负责的主管人员和其他直接责任人员，处3年以上10年以下有期徒刑；情节严重的，处10年以上有期徒刑、无期徒刑或死刑。

（二）非法持有、私藏枪支、弹药罪

非法持有、私藏枪支、弹药罪，是指违反枪支管理规定，非法持有、私藏枪支、弹药，依法应受刑罚处罚的行为。认定本罪的“非法持有”和“私藏”，应该是根据证据尚不能认定为是非法制造、买卖、运输、盗窃、抢夺、抢劫的枪支、弹药而“持有”和“私藏”，否则，以相应的犯罪论处，不构成本罪。

根据我国刑法第一百二十八条第一款规定，犯本罪的，处3年以下有期徒刑、拘役或者管制；情节严重的，处3年以上7年以下有期徒刑。

五、造成重大责任事故危害公共安全的犯罪

（一）交通肇事罪

交通肇事罪，是指违反交通管理法规，因而发生重大交通事故，致人重伤、死亡或者使公私财产遭受重大损失，依法应受刑罚处罚的行为。本罪具有如下构成特征：

（1）本罪侵犯的客体是交通运输安全。

（2）本罪在客观方面表现为行为人实施了违反《中华人民共和国交通运输管理法》，因而发生重大事故，致人重伤、死亡或者使公私财产遭受重大损失的行为。

最高人民法院于2000年11月15日通过的《关于审理交通肇事刑事案件具体应用法律若干问题的解释》对构成本罪的结果有特别的规定。根据该解释第二条的规定，构成本罪，在重伤结果方面的要求是具备下列两种情况之一：一是重伤3人以上并负事故全部或者主要责任的。二是重伤1人以上并负事故全部或者主要责任且具有以下6种情形之一的：酒后、吸食毒品后驾驶机动车辆的；无驾驶资格驾驶机动车辆的；明知是安全装置不全或者安全机件失灵的机动车辆而驾驶的；明知是无牌证或者已报废的机动车辆而驾驶的；严重超载驾驶的；为逃避法律追究逃离事故现场的。构成本罪在死亡结果方面的要求是具备下列两种情况之一：一是死亡1人，负事故全部或者主要责任的。二是死亡3人以上负事故同等责任的。构成本罪在财产损失结果方面的要

求是：造成公共财产或者他人财产直接损失，负事故全部或者主要责任，无能力赔偿数额在 30 万元以上；严重后果必须是行为人违反交通运输管理法规的行为引起的，两者之间存在刑法上的因果关系。

（3）本罪主体为一般主体，即任何达到刑事责任年龄并具有刑事责任能力的自然人，既可以是从事交通运输的人员，也可以是其他人。所谓“从事交通运输的人员”，是指一切从事交通运输业务、同保障交通运输安全有直接关系的人员。其具体包括：直接操纵各种交通工具的驾驶人员或者协助驾驶人员，如汽车驾驶员以及轮船上的大副、二副、三副和水手；直接操纵各种交通设施的业务人员，如信号员、吊桥操纵人员；直接领导、指挥交通运输活动的领导、指挥人员，如船长、交警；负责交通运输安全工作的管理人员，如道口管理人员。[①]

（4）本罪在主观方面只能是过失，即行为人对自己违反交通运输管理法规行为可能导致人员重大伤亡或者公私财产重大损失的后果应当预见，由于疏忽大意而未预见，或者虽然已经预见，但轻信能够避免。

根据我国刑法第一百三十三条规定，犯交通肇事罪的，处 3 年以下有期徒刑或者拘役；交通运输肇事后逃逸或者有其他特别恶劣情节的，处 3 年以上 7 年以下有期徒刑；因逃逸致人死亡的，处七年以上有期徒刑。

（二）重大责任事故罪

重大责任事故罪，是指在生产作业中违反有关安全管理的规定，因而发生重大伤亡事故或者造成其他严重后果，依法应受刑罚处罚的行为。

本罪与失火罪、过失爆炸罪的区别在于：本罪限于在生产、作业活动中违反有关安全管理的规定，因而发生重大伤亡事故或者造成其他严重后果。失火罪、过失爆炸罪则是在日常生活中因忽视安全而发生事故。

根据我国刑法第一百三十四条第二款规定，犯本罪的，处 5 年以下有期徒刑或者拘役；情节特别恶劣的，处 5 年以上有期徒刑。

---

① 郑高键. 刑法学［M］. 北京：科学出版社，2009：218.

第二十一章 破坏社会主义市场经济秩序罪

第一节 破坏社会主义市场经济秩序罪概述

一、破坏社会主义市场经济秩序罪的概念与构成要件

破坏社会主义市场经济秩序罪，是指违反国家经济管理法规，破坏国家经济管理活动，使社会主义市场遭受严重损害，依法应受刑罚处罚的行为。本类犯罪具有如下构成特征：

（1）本类犯罪的客体是社会主义市场经济秩序。本类犯罪中相当多数的犯罪属复杂客体犯罪，如生产、销售伪劣商品犯罪，不仅破坏国家产品质量管理制度，也危害公民的生命、健康与安全。

（2）本类犯罪的客观方面表现为实施破坏国家对市场经济秩序管理的行为。由于此类犯罪大都涉及财产性利益，因而罪犯涉案数额常常成为罪与非罪的重要界限。①

（3）本类犯罪的主体包括自然人和单位，且在性质上具有复合性，包括一般主体和特殊主体，如国家工作人员、公司、企业人员、中介组织的工作人员、国有公司、企事业单位的负责人员、纳税义务人、扣缴义务人、投保人、被保险人、受益人、公司的发起人、股东等。

（4）本类犯罪的主观方面多为故意，且具有牟取经济利益或者占有公私财物的目的。但非法牟利或占有目的一般不是犯罪构成的要件，只有部分犯罪以具有特定目的为犯罪成立的要件。

二、破坏社会主义市场经济秩序罪的种类

我国刑法分则第三章将破坏社会主义市场经济秩序罪共分为8类，共规定罪名102个。其具体包括：生产、销售伪劣商品罪；走私罪；妨害对公司、企业的管理秩序罪；破坏金融管理秩序罪；金融诈骗罪；危害税收征管罪；侵犯知识产权罪；扰乱市场秩序罪。

---

① 孙国祥. 刑法学［M］. 北京：科学出版社，2008：344.

第二节　重点罪名论述

一、生产销售伪劣商品罪

(一) 生产销售伪劣产品罪

生产销售伪劣产品罪，是指生产者、销售者故意在产品中掺杂、掺假，以假充真、以次充好或者以不合格产品冒充合格产品，销售金额5万元以上，依法应受刑罚处罚的行为。本罪具有如下构成特征：

(1) 本罪侵犯的客体是国家对产品质量的监督管理制度。

(2) 本罪在客观方面表现为四种行为方式。根据2001年4月9日最高人民法院、最高人民检察院公布的《关于办理生产、销售伪劣商品刑事案件具体应用法律若干问题的解释》第一条的规定：本罪的四种行为方式为在产品中掺杂掺假、以假充真、以次充好、以不合格产品冒充合格产品。①

(3) 所谓"销售金额"，根据《关于办理生产、销售伪劣商品刑事案件具体应用法律若干问题的解释》第二条的规定，指生产者、销售者出售伪劣产品后所得和应得的全部违法收入。多次实施生产、销售伪劣产品行为，未经处理的，伪劣产品的销售金额或者货币金额累计计算。

(4) 构成本罪的主体可以是自然人，也可以是单位。本罪的主观方面是故意，且一般具有营利的目的。

根据我国刑法第一百四十条的规定，生产、销售伪劣产品，销售金额5万元以上不满20万元的，处2年以下有期徒刑或者拘役，并处或者单处销售金额50%以上2倍以下罚金；销售金额20万元以上不满50万元的，处2年以上7年以下有期徒刑，并处销售金额50%以上2倍以下罚金；销售金额50万元以上不满200万元的，处7年以上有期徒刑，并处销售金额50%以上2倍以下罚金；销售金额在200万元以上的，处15年有期徒刑或者无期徒刑，并处销售金额50%以上2倍以下罚金或者没收财产。根据我国刑法第一百五十条的规定，单位犯生产、销售伪劣产品罪的，对单位判处罚金，并对其直接负责的主管人员和其他直接责任人员，依照我国刑法第一百四十条规定处罚。《关于办理生产、销售伪劣商品刑事案件具体应用法律若干问题的解释》第十二条规定，国家工作人员参与生产销售伪劣商品犯罪的，从重处罚。

(二) 生产销售假药罪

生产、销售假药罪，是指违反国家药品管理法规，生产销售假药，足以危害人体健康的行为。其构成特征为：犯罪客体是国家对药品的管理制度和不特定多数人的生命健康、生命安全。犯罪对象只限于假药。客观方面表现为违反国家药品管理法规，

① 于阜民. 刑法学［M］. 北京：科学出版社，2008：249.

生产、销售假药，足以严重危害人体健康的行为。由此可见本罪是危险犯。① 主体是一般主体，自然人和单位都可以成为本罪主体。主观方面只能是故意。

根据我国刑法第一百四十一条和第一百五十条的规定，犯本罪的，处3年以下有期徒刑或者拘役，并处或者单处销售金额50%以上2倍以下罚金；对人体健康造成严重危害的，处3年以上10年以下有期徒刑，并处销售金额50%以上2倍以下罚金；致人死亡或者对人体健康造成特别严重危害的，处10年以上有期徒刑、无期徒刑或者死刑，并处销售金额50%以上2倍以下罚金或者没收财产。单位犯本罪的，单位判处罚金，并对其直接负责的主管人员和其他责任人员依照上述规定处罚。

（三）生产、销售有毒、有害食品罪

生产、销售有毒、有害食品罪，是指在生产、销售的食品中掺入有毒、有害的非食品原料，或者销售明知掺有有毒、有害的非食品原料的食品的行为。

本罪侵犯的客体是国家食品卫生管理制度和公民健康、生命权。

本罪在客观方面表现为在生产销售的食品中掺入有毒、有害的非食品原料或者销售明知掺有有毒、有害的非食品原料的食品的行为。其具体为：其一，掺入了有毒、有害物质，即对人体有生理毒性，食用后会引起不良反应，损害机体健康的物质。所谓有毒的物质，是指进入人体后能与人体内的一些物质发生化学变化，从而对人体的组织和生理机能造成破坏的物质。所谓有害的物质，是指被摄入人体后，对人体的组织、机能产生影响、损害之物质。其二，掺入的有毒、有害物质是非食品原料，即这些物质是根本不能食用的原料。如在牛奶中掺入石灰水等。其三，掺入的对象应为所生产、销售的食品。虽有掺入有毒、有害的非食品原料的行为，但是不是在自己所生产或销售的食品中，如在他人食用的食品中掺入有毒、有害的非食品原料，不构成本罪，构成犯罪的，应以其他犯罪论处。②

本罪为行为犯，只要行为人出于故意实施了在所生产、销售的食品中掺入有毒、有害的非食品原料之行为，无论是否出现了危害结果，均可构成本罪。

本罪的主体是一般主体，即只要达到刑事责任年龄且具有刑事责任能力的自然人都可以构成本罪。依我国刑法第一百五十条之规定，单位也可以成为本罪主体。单位犯本罪的，实行双罚制。

本罪在主观方面是故意犯罪。行为人明知是有毒、有害的非食品原料而故意掺入或明知是掺入有毒有害的非食品原料的食品而故意销售。至于行为人对生产、销售有毒有害食品可能会造成的严重后果，则是采取放任的心理态度。其动机一般是节省原料，降低成本，牟取暴利。

根据我国刑法第一百四十四条的规定，犯本罪的，处5年以下有期徒刑或者拘役，并处或者单处销售金额50%以上2倍以下罚金；造成严重食物中毒事故或其他严重食源性疾患，对人体健康造成严重危害的，处5年以上10以下有期徒刑，并处销售金额50%以上2倍以下罚金；致人死亡或对人体健康构成特别严重危害的，依

① 于阜民. 刑法学［M］. 北京：科学出版社，2008：253.

② 于阜民. 刑法学［M］. 北京：科学出版社，2008：255.

照本法第一百四十一条规定处罚。

二、走私罪

（一）走私假币罪

走私假币罪，是指违反海关法规和国家禁止假币进出境的规定，逃避海关监管，非法运输、携带或者邮寄进出境的行为。

所谓假币，根据我国刑法第一百七十、一百七十三条的规定，主要有两种表现形式：一是伪造的货币，即仿照真货币的形状、图案、色彩、防伪技术等特征，冒充真货币的假币；二是变造的货币，即对真币采用挖补、剪贴、揭层、拼凑、涂改等方法进行加工处理，改变货币的真实形状、图案、面值或张数，增大票面面额或者票张数量而制成的假币。

根据我国刑法第一百五十一条第一款、第四款规定，犯本罪的，处7年以上有期徒刑，并处罚金或者没收财产；情节较轻的，处3年以上7年以下有期徒刑，并处罚金；情节特别严重的，处无期徒刑或者死刑，并处没收财产。单位犯本罪的，对单位判处罚金，并对其直接负责的主管人员和其他直接责任人员，依照本条第一款、第四款的规定即按自然人犯本罪处罚。

（二）走私文物罪

走私文物罪，是指行为人违反海关法规和国家有关文物保护的法律法规，逃避海关监管，非法运输、携带、邮寄国家禁止出口的文物出境的行为。本罪的行为方式，只限于出口，不包括进口，因为进口文物对我国不具有社会危害性。[①] 根据《中华人民共和国文物保护法》，所谓文物是指：①具有历史、艺术、科学价值的文化遗址、古墓葬、古建筑、石窟寺和石刻；②与重大历史事件、革命运动、著名人物有关的、具有纪念意义、教育意义和史料价值的建筑物、遗址、纪念物；③历史上各时代的珍贵艺术品、工艺品、美术品；④反映历史上各个时代的、各民族社会制度、生产、生活的代表性实物；⑤具有科学价值的古脊椎动物和古人类化石。

根据我国刑法第一百五十一条第二款、第四款、第五款的规定，犯本罪的，处5年以上有期徒刑，并处罚金；情节较轻的，处5年以下有期徒刑，并处罚金；情节特别严重的，处无期徒刑或者死刑，并处没收财产；单位犯走私文物罪，处罚金，并对直接负责的主管人员和其他直接责任人员依照上述规定处罚。

（三）走私普通货物、物品罪

走私普通货物、物品罪是指违反海关法规，非法运输、携带、邮寄普通货物、物品进出国（边）境，偷逃应缴税额较大的行为；以及未经海关许可并且未补缴应缴税额，擅自将保税货物、特定减免税货物在境内销售牟利，数额较大、情节严重，依法应受刑罚处罚的行为。本罪具有如下构成特征：

（1）本罪侵犯的客体是国家对外贸易管制，其犯罪对象是除武器、弹药、伪造的

---

① 于阜民. 刑法学［M］. 北京：科学出版社，2008：259.

货币，国家禁止出口的文物、黄金、白银和其他贵重金属，国家禁止进出口的珍贵动物及其制品、珍稀植物及其制品、淫秽物品、毒品、固体废物以外的一切货物与物品。对于普通物品，国家并不禁止或限制进出口，但根据国民经济发展和社会发展的需要，又必须通过征收关税对其需求进行适当的调节。①

（2）本罪客观方面表现为违反海关法规，逃避海关监管，运输、携带、邮寄普通货物、物品进出国（边）境，偷逃应缴税额较大的行为。

（3）本罪的主体要件为一般主体，即达到刑事责任年龄且具有刑事责任能力的自然人均能构成本罪，单位也可以成为本罪主体。

（4）本罪的主观方面只能由故意构成，过失不构成本罪，并且本罪在犯罪目的上是牟利。

根据我国刑法规定，走私货物、物品偷逃应缴税额在50万元以上的，处10年以上有期徒刑或者无期徒刑，并处偷逃应缴税额1倍以上5倍以下罚金或者没收财产；情节特别严重的，处无期徒刑或者死刑，并处没收财产；走私货物、物品偷逃应缴税额在15万元以上不满50万元的，处3年以上10年以下有期徒刑，并处偷逃应缴税1倍以上5倍以下的罚金；情节特别严重的，处10年以上有期徒刑或者无期徒刑，并处偷逃应缴税额1倍以上5倍以下罚金或者没收财产；走私货物、物品偷逃应缴税额在5万元以上不满15万元的，处3年以下有期徒刑，并处偷逃应缴税额1倍以上5倍以下罚金；对多次走私未经处理的，按照累计走私货物、物品的偷逃应缴税额处罚。在累计应缴税额时，应根据各次走私的货物、物品的完税价格和走私行为发生时的税率分别计算然后相加；单位犯本罪的，判处罚金，并对直接负责的主管人员和其他直接责任人员，处3年以下有期徒刑或者拘役；情节严重的，处3年以上10年以下有期徒刑；情节特别严重的，处10年以上有期徒刑。

三、妨害对公司、企业的管理秩序罪

（一）虚报注册资本罪

虚报注册资本罪，是指申请公司登记的个人或者单位，使用虚假证明文件或者采取其他欺诈手段，虚报注册资本，欺骗公司登记主管部门，取得公司登记，虚报注册资本数额巨大、后果严重或者有其他严重情节，依法应受刑罚处罚的行为。本罪可以由任何公司或者申请公司登记的个人构成。

根据我国刑法第一百五十八条的规定，犯本罪的，处3年以下有期徒刑或者拘役，并处或者单处虚报注册资本金额1%以上5%以下罚金；单位犯本罪的，对单位判处罚金，并对其直接负责的主管人员和其他直接责任人员，处3年以下有期徒刑或者拘役。

（二）非国家工作人员受贿罪

非国家工作人员受贿罪，是指公司、企业或其他单位的工作人员利用职务上的便利，索取他人财物或者非法收受他人财物，为他人牟取利益，数额较大，依法应受刑

① 于阜民. 刑法学［M］. 北京：科学出版社，2008：261.

罚处罚的行为。本罪具有如下构成特征：

（1）本罪侵犯的客体是公司、企业的正常管理活动，也侵犯社会经济的正常秩序。

（2）本罪在客观上表现为利用职务上的便利，索取或者收受贿赂的行为，为他人谋取利益数额较大的行为。① 其具体为：索取贿赂或收受贿赂的行为人利用了职务上的便利，否则，虽有索取或收受他人财物或财产性利益的行为，但没有利用职务上的便利，也不能构成本罪；索贿的形式，则可以多种多样，既可以采取口头形式，也可以采取书面形式；既可以当面索取，也可能通过第三者转告索要。此外，根据我国刑法规定，公司、企业或其他单位的工作人员在经济往来中，违反国家规定，收受各种名义的回扣手续费，归个人所有的，以本罪论处。

（3）“为他人谋取利益”是本罪客观要件的重要内容之一，即指行为人利用职务之便，为他人或允诺为他人实现某种利益，既包括非法利益，也包括合法利益。利益是否实际谋取到，不是本罪的构成要件。

（4）数额较大，根据 2001 年 4 月 18 日最高人民检察院、公安部发布的《关于经济犯罪案件追诉标准的规定》第八条规定，公司、企业人员受贿罪之数额较大的具体标准是 5 000 元以上。

本罪是特殊主体，包括公司、企业的工作人员或者其他单位的工作人员。本罪的主观方面必须为故意，过失不能构成本罪。

犯本罪的，处 5 年以下有期徒刑或者拘役；数额巨大的，处 5 年以上有期徒刑，可以并处没收财产。

四、破坏金融管理秩序罪

（一）伪造货币罪

伪造货币罪，是指擅自仿照真货币的外观和质料特征，使用各种工艺方法或技术手段，制造假货币、冒充真货币，依法应受刑罚处罚的行为。本罪具有如下构成特征：

（1）本罪侵犯的客体是国家的货币管理制度和货币的公共信誉。犯罪对象是指可在国内流通或者兑换的人民币和境外货币。在实践中，伪造下列货币不属于本罪犯罪对象中的货币范畴：

①伪造古钱和其他已经废止的货币的。但是对于国家宣布废止的通货，在一定兑换期间仍可在市场上流通、使用的，在此期间，加以伪造的仍可构成伪造货币罪。②

②伪造根本不可以在我国国内流通的外国现行有效货币的，因为这种外币不在国内流通，也不会冲击我国货币的流通秩序。③

③制作行为人自行杜撰出的与现行流行真货币不对应的所谓“货币”的，如面值 300 元的人民币。

④临摹货币不是为了冒充真币进入流通领域，而是作为艺术品供个人和亲友欣赏，

---

① 于阜民. 刑法学［M］. 北京：科学出版社，2008：266.

② 王作富. 刑法分则实务研究（上）［M］. 北京：中国方正出版社，2003：469.

③ 于阜民. 刑法学［M］. 北京：科学出版社，2008：274.

不能认为是伪造货币。[①]

（2）本罪客观要件为擅自仿照真货币的外观和质料特征，使用各种工艺方法或技术手段，制造货币、冒充真货币的行为。当前大量的伪造货币更多的是在高科技条件下实施的，手工伪造的日渐稀少。行为人制造假币版样或者与他人通谋，为他人伪造假币提供版样的行为，以本罪论处。

（3）本罪主体只能是自然人。

（4）本罪主观要件是出于故意。实践中通常是为了获取非法利益，但出于其他目的的或者动机的不影响本罪的成立。

根据我国刑法第一百七十条规定，犯本罪的，处3年以上10年以下有期徒刑，并处5万元以上50万元以下罚金；有下列情形之一的，处10年以上有期徒刑、无期徒刑或者死刑，并处5万元以上50万元以下罚金或者没收财产：①伪造货币集团的首要分子；②伪造货币数额特别巨大的；③有其他特别严重情节的。

（二）非法吸收公众存款罪

非法吸收公众存款罪，是指非法吸收公众存款或者变相吸收公众存款，扰乱金融秩序，依法应受刑罚处罚的行为。本罪具有如下构成特征：

（1）本罪侵犯的客体是国家的金融管理秩序。

（2）本罪客观要件为非法吸收公众存款或者变相吸收公众存款，扰乱金融秩序的行为。所谓非法吸收公众存款，是指违反国家法律规定或者未经国家有关管理部门的批准，擅自以到期还本付息的存款形式面向社会公众吸纳资金，主要包括两种情形：一是不具备吸收存款的犯罪主体资格违反国家法律规定，擅自面向社会吸收公众存款；二是依法设立的商业银行或其他金融机构违反国家规定吸收社会公众存款。对于在本单位内部职工范围内的集资入股或者借贷关系，不属于吸收公众存款行为。[②]

（3）本罪主体既可以是自然人，也可以是单位。

（4）本罪主观要件是出于故意。

根据我国刑法第一百七十六条的规定，犯本罪的，处3年以下有期徒刑或者拘役，并处或者单处2万元以上20万元以下罚金；数额巨大或者有其他严重情节的，处3年以上10年以下有期徒刑，并处5万元以上50万元以下罚金。单位犯本罪的，对单位判处罚金，并对其直接负责的主管人员和其他直接责任人员，依照上述规定处罚。

（三）洗钱罪

洗钱罪，是指明知是毒品犯罪、黑社会性质的组织犯罪、恐怖活动犯罪、走私犯罪、贪污贿赂犯罪、破坏金融管理秩序犯罪、金融诈骗犯罪的所得及其产生的收益，而实施的掩饰、隐瞒其来源和性质，依法应受刑罚处罚的行为。本罪具有如下构成特征：

（1）犯罪客体是国家金融管理制度和国家正常司法活动秩序。

---

① 李文燕，杨忠民. 刑法学［M］. 北京：中国人民公安大学出版社，2005：340.

② 于阜民. 刑法学［M］. 北京：科学出版社，2008：278.

（2）犯罪客观要件为对毒品犯罪、黑社会性质的组织犯罪、恐怖活动犯罪、走私犯罪、贪污贿赂犯罪、破坏金融管理秩序犯罪、金融诈骗犯罪的所得及其产生的收益实施的掩饰其来源和性质的行为。我国刑法规定的具体洗钱手段主要有以下几种：①提供资金账户；②协助将财产转换为现金、金融票据、有价证券；③通过转账或者其他结算方式协助资金转移；④协助将资金汇往境外；⑤以其他方法掩饰、隐瞒犯罪所得及其收益的来源和性质。[①]

（3）犯罪主体是一般犯罪主体，包括自然人和单位。

（4）犯罪主观要件是出于故意。

根据我国刑法第一百九十一条规定，犯本罪的，处5年以下有期徒刑或者拘役，并处或者单处洗钱数额的5%以上20%以下罚金；情节严重的，处5年以上10年以下有期徒刑，并处洗钱数额5%以上20%以下罚金。单位犯本罪的，对单位判处罚金，并对其直接负责的主管人员和其他直接责任人员，处5年以下有期徒刑或者拘役；情节严重的，处5年以上10年以下有期徒刑。

五、金融诈骗罪

（一）集资诈骗罪

集资诈骗罪，是指以非法占有为目的，以诈骗方法，非法向社会公开募集资金，数额较大，依法应受刑罚处罚的行为。本罪具有如下构成特征：

（1）犯罪客体是国家金融管理制度和公私财产权。

（2）犯罪客体要件为以诈骗方法非法集资，数额较大的行为。[②] 非法集资，是指公司、企业或者其他组织、个人未经国家有关机关批准，违反法律、法规，通过各种渠道或者方法向社会公众或者单位、组织等募集资金的行为。实践中，非法集资的方式通常表现为：违反国家有关规定，擅自发行股票、债券，或者变相发行股票、债券进行非法集资；用虚构事实、编造谎言的欺骗手段向社会公众非法集资，如非法设立所谓"互助会"；利用高利息、高回报引诱社会公众参与投资、入股或者借贷关系进行非法集资。这里的"数额较大"，是指个人集资诈骗数额在10万元以上，或者单位集资诈骗数额在50万元以上。

（3）犯罪主体是自然人或者单位。

（4）犯罪主观要件是故意，并且要求具有非法占有的目的。在实践中，对于行为人通过诈骗的方法非法获取资金，造成数额较大资金不能归还，并具有下列情形之一的，可以认定为具有非法占有的目的：①明知没有归还能力而大量骗取资金；②非法取得资金后逃跑的；③肆意挥霍骗取资金的；④使用骗取的资金进行违法犯罪活动的；⑤抽逃、转移资金、隐匿财产，以逃避返还资金的；⑥隐匿、销毁账目，或者搞假破产、假倒闭，以逃避返还资金的；⑦其他非法占有资金、拒不返还的行为。如果在集资过程中虽然在某些方面夸大了集资回报条件，但主观上并无非法占有他人财物的目

---

① 于阜民. 刑法学［M］. 北京：科学出版社，2008：285.

② 于阜民. 刑法学［M］. 北京：科学出版社，2008：286.

的，只是客观原因或者经营不善导致无力或者不能及时偿还集资款及利息的，不构成犯罪。①

根据我国刑法第一百九十二条、第一百九十九条、第二百条的规定，犯本罪的，处5年以下有期徒刑或者拘役，并处2万元以上20万元以下罚金；数额巨大或者有其他严重情节的，处5年以上10年以下有期徒刑，并处5万元以上50万元以下罚金；数额特别巨大或者有其他特别严重情节的，处10年以上有期徒刑或者无期徒刑，并处5万元以上50万元以下罚金或者没收财产；数额特别巨大并且给国家和人民利益造成特别重大损失的，处无期徒刑或者死刑，并处没收财产。单位犯本罪的，对单位判处罚金，并对其直接负责的主管人员和其他直接责任人员处5年以下有期徒刑或者拘役；数额巨大或者有其他严重情节的，处5年以上10年以下有期徒刑；数额特别巨大或者有其他特别严重情节的，处10年以上有期徒刑或者无期徒刑。

（二）信用卡诈骗罪

信用卡诈骗罪，是指使用伪造、作废、骗取的信用卡，或者冒用他人的信用卡，或者利用信用卡恶意透支进行诈骗活动，数额较大，依法应受刑罚处罚的行为。本罪具有如下构成特征：

（1）本罪侵犯的客体是国家金融管理制度和公私财产权。

（2）本罪侵犯的客体要件为使用信用卡进行诈骗活动的行为。其具体表现为以下几种情形：使用伪造的信用卡，或者使用以虚假的身份证明骗取的信用卡；使用作废的信用卡；冒用他人的信用卡；恶意透支。本罪的“数额较大”，是指进行信用卡诈骗活动，数额在5 000元以上。

（3）本罪主体只能是自然人，单位不能构成本罪的犯罪主体。

（4）本罪主观要件是出于故意。

根据我国刑法第一百九十六条的规定，犯本罪的，处5年以下有期徒刑或者拘役，并处2万元以上10万元以下罚金；数额巨大或者有其他严重情节的，处5年以上10年以下有期徒刑，并处5万元以上50万元以下罚金；数额特别巨大或者有其他特别严重情节的，处10年以上有期徒刑或者无期徒刑，并处5万元以上50万元以下罚金或者没收财产。

六、危害税收征管罪

（一）偷税罪

偷税罪，是指纳税人、扣缴义务人违反国家税收征管法规，采取伪造、变造、隐匿、擅自销毁账簿、记账凭证，在账簿上多列支出或者不列、少列收入，经税务机关通知申报而拒不申报或者进行虚假的纳税申报等手段，不缴或者少缴应纳税款，数额较大或者有其他严重情节，依法应受刑罚处罚的行为。本罪具有如下构成特征：

（1）犯罪客体是国家的税收征管制度。

---

① 于阜民. 刑法学［M］. 北京：科学出版社，2008：287.

（2）犯罪客观要件为采取伪造、变造、隐匿、擅自销毁账簿、记账凭证，在账簿上多列支出或者不列、少列收入，经税务机关通知申报而拒不申报或者进行虚假的纳税申报等手段，不缴或者少缴应纳税款，数额较大或者有其他严重情节的行为。

（3）犯罪主体是特殊主体，即具有纳税和扣缴义务的自然人或者单位。犯罪主观要件是出于故意。

根据我国刑法第二百零一条、第二百一十一条的规定，犯本罪的，处3年以下有期徒刑或者拘役，并处偷税额1倍以上5倍以下罚金；偷税数额占应纳税额的30%以上并且偷税数额在10万元以上的，处3年以上7年以下有期徒刑，并处偷税数额1倍以上5倍以下罚金。单位犯本罪的，对单位判处罚金，并对其直接负责的主管人员和其他直接责任人员，依照以上规定处罚。

（二）骗取出口退税罪

骗取出口退税罪，是指以假报出口或者其他骗取手段，骗取出口退税款，数额较大，依法应受刑罚处罚的行为。本罪具有如下构成特征：

（1）犯罪客观要件是国家税收征管制度和国家财产所有权。犯罪对象是出口退税款。

（2）犯罪客观要件为以假报出口或者其他欺骗手段，骗取出口退税款，数额较大的行为。

（3）犯罪主体是自然人或者单位。

（4）犯罪主观要件是出于故意。

根据我国刑法第二百零四条、第二百一十一条的规定，犯本罪的，处5年以下有期徒刑或者拘役，并处骗取税款1倍以上5倍以下罚金；数额巨大或者有其他严重情节的，处5年以上10年以下有期徒刑，并处骗取税款1倍以上5倍以下罚金；数额特别巨大或者有其他严重情节的，处10年以上有期徒刑或者无期徒刑，并处骗取税款1倍以上5倍以下罚金或者没收财产。单位犯本罪的，对单位判处罚金，并对其直接负责的主管人员和其他直接责任人员，依照上述规定处罚。

七、侵犯知识产权罪

（一）假冒注册商标罪

假冒注册商标罪，是指违反商标管理法规，未经注册商标所有人许可，在同一种商品上使用与其注册商标相同的商标，情节严重，依法应受刑罚处罚的行为。本罪具有如下构成特征：

（1）本罪侵犯的客体既包括国家对商标的管理秩序，又包括注册商标所有人的注册商标专用权。

（2）本罪的客观方面表现为违反商标管理法规，未经注册商标所有人许可，在同一种商品上使用与其注册商标相同的商标，情节严重的行为。根据“两个司法解释”①，所谓“相同的商标”是指与被假冒的注册商标完全相同，或者与被假冒的注册商标在视觉上基本无差别、足以对公众产生误导的商标。“使用”是指将注册商标或者假冒的注册商标用于商品、商品包装或者容器以及产品说明书、商品交易文书，或者将注册商标、假冒的注册商标用于广告宣传、展览以及其他商业活动等行为。所谓“情节严重”是指：非法经营数额在5万元以上或者违法所得数额在3万元以上的；或者假冒两种以上注册商标，非法经营数额在3万元以上或者违法所得数额在2万元以上的；或者有其他情节严重的情形。所谓“情节特别严重”是指：非法经营数额在25万元以上或者违法所得数额在15万元以上的；或者假冒两种以上注册商标，非法经营数额在15万元以上或者违法所得数额在10万元以上的；或者有其他情节特别严重的情形。

（3）本罪的主体可以是自然人，也可以是单位。

（4）本罪的主观方面是故意。

根据我国刑法第二百一十三条规定：“未经注册商标所有人许可，在同一种商品上使用与其注册商标相同的商标，情节严重的，处3年以下有期徒刑或者拘役，并处或者单处罚金；情节特别严重的，处3年以上7年以下有期徒刑，并处罚金。”又根据第二百二十条规定，单位犯本罪的，实行双罚制，即对单位判处罚金，并对其直接负责的主管人员和其他直接责任人员，按照第二百一十三条规定处罚。

（二）假冒专利罪

假冒专利罪，是指违反专利管理法规，未经专利权人许可，假冒他人专利，情节严重，依法应受刑罚处罚的行为。本罪具有如下构成特征：

（1）本罪侵犯的客体既包括国家对专利的管理秩序，又包括专利权人的专利权。

（2）本罪的客观方面是“假冒他人专利”行为。其具体包括：未经许可，在其制造或者销售的产品、产品的包装上标注他人专利号的；未经许可，在广告或者其他宣传材料中使用他人的专利号，使人将所涉及的技术误认为是他人专利技术的；未经许可，在合同中使用他人的专利号，使人将合同涉及的技术误认为是他人专利技术的；伪造或者变造他人的专利证书、专利文件或者专利申请文件的。

（3）本罪的主体可以是自然人，也可以是单位。

（4）本罪的主观方面是故意。

根据我国刑法第二百一十六条规定：“假冒他人专利，情节严重的，处3年以下有期徒刑或者拘役，并处或者单处罚金。”又根据第二百二十条规定，单位犯本罪的，实行双罚制，即对单位判处罚金，并对其直接负责的主管人员和其他直接责任人员，按照第二百一十六条规定处罚。

（三）侵犯著作权罪

侵犯著作权罪，是指以营利为目的，违反著作权管理法规，未经著作权人许可，

① 本节中称最高人民法院、最高人民检察院2004年12月公布施行的《关于办理侵犯知识产权刑事案件具体应用法律若干问题的解释》和2007年4月公布施行的《关于办理侵犯知识产权刑事案件具体应用法律若干问题的解释（二）》为“两个司法解释”。

侵犯他人的著作权，违法所得数额较大或者有其他严重情节，依法应受刑罚处罚的行为。本罪具有如下构成特征：

（1）本罪侵犯的客体既包括国家对文化市场的管理秩序，又包括著作权人对其作品依法享有的著作权，还包括著作邻接权人对其传播作品依法享有的权利。所谓“著作邻接权人”是指作品传播者，如图书、报刊、录音、录像制品出版者以及艺术表演者等。

（2）本罪客观方面表现为我国刑法第二百一十七条规定的四种情形之一。

（3）本罪的主体可以是自然人，也可以是单位。

（4）本罪的主观方面是故意。

根据我国刑法第二百一十七条规定：“以违法所得数额较大或者有其他严重情节的，处3年以下有期徒刑或者拘役，并处或者单处罚金；违法所得数额巨大或者有其他特别严重情节的，处3年以上7年以下有期徒刑，并处罚金。”又根据第二百二十条规定，单位犯本罪的，实行双罚制，即对单位判处罚金，并对其直接负责的主管人员和其他直接责任人员，按照第二百一十七条规定处罚。

（四）侵犯商业秘密罪

侵犯商业秘密罪，是指采取不正当手段，获取、使用、披露或者允许他人使用权利人的商业秘密，给商业秘密的权利人造成重大损失，依法应受刑罚处罚的行为。本罪具有如下构成特征：

（1）本罪侵犯的客体既包括国家对商业秘密的管理制度，又包括商业秘密的权利人享有的合法权利。

（2）本罪在客观方面表现为我国刑法第二百一十九条第一款规定的三种情形。根据“两个司法解释”，所谓“给商业秘密的权利人造成重大损失”是指给商业秘密的权利人造成的损失数额在50万元以上。“造成特别严重后果”是指给商业秘密的权利人造成的损失数额在250万元以上。

（3）本罪的主体可以是自然人，也可以是单位。

（4）本罪的主观方面通常是故意。但是，我们认为：据我国刑法第二百一十九条第二款，“应知”的主观心理态度可以构成本罪，即本罪的主观方面不仅可以是故意，在特定情况下也可以是过失。

根据我国刑法第二百一十九条第一款规定：“给商业秘密的权利人造成重大损失的，处3年以下有期徒刑或者拘役，并处或者单处罚金；造成特别严重后果的，处3年以上7年以下有期徒刑，并处罚金。”又根据第二百二十条规定，单位犯本罪的，实行双罚制，即对单位判处罚金，并对其直接负责的主管人员和其他直接责任人员，按照第二百一十九条规定处罚。

八、扰乱市场秩序罪

（一）虚假广告罪

虚假广告罪，是指广告主、广告经营者、广告发布者违反国家规定，利用广告对商品或者服务作虚假宣传，情节严重，依法应受刑罚处罚的行为。本罪具有如下构成特征：

（1）本罪侵犯的客体是国家对广告的管理制度和消费者的合法权益。这里的广告，是指我国广告法和反不正当竞争法中所指的商业广告。

（2）本罪在客观方面表现为违反国家规定，利用广告对商品或者服务作虚假宣传，情节严重的行为。首先，虚假广告行为必须违反了国家法律规定，即违反我国广告法、反不正当竞争法、消费者权益保护法以及国家有关广告管理的行政法规中关于广告应当真实、合法、符合社会主义精神文明建设的要求、不得含有虚假的内容、不得欺骗和误导消费者等相关规定；其次，行为人实施了利用虚假广告对其商品、经营和服务进行宣传的行为，即通过报刊、电台、电视台、招贴、电影、幻灯、橱窗布置、商品陈列和表演等形式，向社会公众对商品、经营或服务内容等进行虚假的介绍。如果行为人发布的不是虚假广告，或者虽然制作了虚假广告而没有向社会公众发布，不能以本罪论处。①

（3）本罪的主体是特殊主体，即必须是广告主、广告经营者、广告发布者；既可能是单位，也可能是个人。

（4）本罪在主观方面表现为故意，但因主体的不同身份故意的内容有所不同。广告主作为本罪的主体时，其主观要件表现为直接故意，即明知利用广告对自己生产和经营的商品或者提供的服务作虚假宣传的行为违反国家规定，会破坏广告管理秩序、误导消费者，但是为了牟取非法利益而希望这样的结果发生。广告经营者、广告发布者既可以表现为直接故意，也可以是间接故意，即明知自己的行为可能或必然会发生危害社会的结果，并希望或者放任该结果发生。但是，如果对广告的虚假内容不是明知，即使有过失，也不能以本罪论处。

根据我国刑法第二百二十二条和第二百三十一条的规定，个人犯本罪的，处 2 年以下有期徒刑或者拘役，并处或者单处罚金；单位犯本罪的，对单位判处罚金，并对其直接负责的主管人员和其他直接负责人员，依照上述规定处罚。

（二）合同诈骗罪

合同诈骗罪，是指以非法占有为目的，在签订、履行合同过程中采取各种虚构事实的方法，骗取对方当事人财物，数额较大，依法应受刑罚处罚的行为。本罪具有如下构成特征：

（1）本罪的犯罪客体是复杂客体，包括市场交易秩序和他人的财产权利。

（2）本罪在客观方面表现为以欺骗手段与他人签订合同，在接受对方货物、货款、预付款、保证金以后，根本不履行合同或者通过履行部分合同骗取财物，数额较大的行为。本罪在客观方面的具体行为主要包括：以虚构的单位或冒用他人名义签订合同的；以伪造、变造、作废的票据或者其他虚假的产权证明作担保的；没有实际履行能力，以先履行小额合同或部分履行合同的方法，诱骗对方当事人继续签订和履行合同

① 李洁. 刑法学［M］. 2 版. 北京：中国人民大学出版社，2014：394.

的；收受对方当事人给付的货物、货款、预付款或者担保财产后逃匿的；以其他方法骗取对方当事人财物的。这里所说的“其他方法”，是指前述4种合同诈骗行为外，其他利用合同骗取对方当事人财产的行为。①

（3）本罪的犯罪主体是一般主体，自然人和单位均可构成。

（4）本罪的主观方面只能是故意，并且具有非法占有公私财物的目的。利用合同进行诈骗的犯罪，行为人诈骗的故意既可以产生在签订合同之前，也可以产生在签订合同之后。

根据我国刑法第二百二十四条和第二百三十一条的规定，个人犯本罪的，处3年以下有期徒刑或者拘役，并处或者单处罚金；数额巨大或者有其他严重情节的，处3年以上10年以下有期徒刑，并处罚金；数额特别巨大或者有其他特别严重情节的，处10年以上有期徒刑或无期徒刑，并处罚金或者没收财产。单位犯本罪的，对单位判处罚金，并对其直接负责的主管人员和其他直接负责人员，依照上述规定处罚。

（三）非法经营罪

非法经营罪，是指违反国家规定，实施非法经营活动，扰乱市场秩序，情节严重，依法应受刑罚处罚的行为。本罪具有如下构成特征：

（1）本罪侵犯的客体是由国家市场管理法规所确定的正常的市场管理秩序。

（2）本罪在客观方面表现为行为人违反国家规定，进行非法经营活动，扰乱市场秩序，情节严重的行为。具体行为表现如下：未经许可经营法律、行政法规规定的专营专卖物品或者其他限制买卖的物品；买卖进出口许可证、进出口原产地证明以及其他法律、行政法规规定的经营许可证或批准文件；未经国家行政主管部门批准，非法经营证券、期货、保险业务的，或者非法从事资金支付结算业务的；其他严重扰乱市场秩序的非法经营行为。②

（3）本罪的犯罪主体是一般主体，个人和单位均可构成。

（4）本罪在主观方面表现为故意，过失不能构成本罪。

根据我国刑法第二百二十五条和第二百三十一条的规定，个人犯本罪的，处5年以下有期徒刑或者拘役，并处或者单处违法所得1倍以上5倍以下罚金；情节特别严重的，处5年以上有期徒刑，并处违法所得1倍以上5倍以下罚金或者没收财产。单位犯本罪的，对单位判处罚金，并对其直接负责的主管人员和其他直接责任人员，依照上述规定处罚。

---

① 李洁. 刑法学［M］. 2版. 北京：中国人民大学出版社，2014：396.

② 李洁. 刑法学［M］. 2版. 北京：中国人民大学出版社，2014：398.

第二十二章　侵犯公民人身权利、民主权利罪

第一节　侵犯公民人身权利、民主权利罪概述

一、侵犯公民人身权利、民主权利罪的概念和特征

（一）侵犯公民人身权利、民主权利罪的概念

侵犯公民人身权利、民主权利罪，是指侵犯公民人身和与人身直接有关的权利，非法剥夺或者妨害公民自由行使依法享有的管理国家事务和参加社会政治活动，以及妨害婚姻家庭，依法应当受到刑罚处罚的行为。

（二）侵犯公民人身权利、民主权利罪的特征

侵犯公民人身权利、民主权利罪具有以下几个特征：

（1）这类犯罪侵犯的客体，是公民的人身权利、民主权利和与人身有关的其他权利。人身权利主要是指人的生命、健康、人格、名誉和自由的权利。民主权利是指宪法、法律规定公民依法享有的选举权和被选举权；对任何国家工作人员的违法失职行为，向有关国家机关进行检举、控告或者申诉的权利。与人身有关的其他权利，是指除人身权利、民主权利以外的与人身直接有关的婚姻家庭、宗教信仰自由、通信自由等权利。

（2）这类犯罪在客观方面，表现为侵犯公民人身权利、民主权利的行为。从行为表现形式看，有些犯罪既可以由作为形式构成，也可以由不作为形式构成。

（3）这类犯罪的主体，绝大部分是一般主体，即任何达到法定年龄，具有刑事责任能力的公民；少数犯罪为特殊主体，例如刑讯逼供罪只能由司法工作人员构成。

（4）这类犯罪在主观方面，除过失致人死亡、过失重伤由过失构成外，其他各种犯罪都只能由故意构成。

二、侵犯公民人身权利、民主权利的种类

根据我国刑法分则第四章的规定，侵犯公民人身权利、民主权利罪共有 31 个条文、37 个罪名，具体规定在第二百三十二条至二百六十二条。根据各具体犯罪侵犯的直接客体和各罪之间的相互关系，可以分为如下几个方面的犯罪：

（1）侵犯公民生命权利的犯罪：故意杀人罪、过失致人死亡罪。

（2）侵犯公民健康权利的犯罪：故意伤害罪、过失致人重伤罪。

（3）侵犯妇女、儿童身心健康的犯罪：强奸罪、强制猥亵、侮辱罪、猥亵儿童罪。

（4）侵犯公民人身自由的犯罪：非法拘禁罪，绑架罪，拐卖妇女、儿童罪，收买被拐卖的妇女、儿童罪，强迫劳动罪，非法侵入住宅罪等。

（5）侵犯公民人格、名誉的犯罪：侮辱罪、诽谤罪、诬告陷害罪。

（6）侵犯公民民主权利的犯罪：破坏选举罪，侵犯通信自由罪，报复陷害罪，打击报复会计、统计人员罪等。

（7）司法工作人员侵犯公民权利的犯罪：刑讯逼供罪、暴力取证罪，虐待被监管人罪。

（8）破坏民主平等、宗教信仰的犯罪：煽动民族仇恨、民族歧视罪，出版歧视、侮辱少数民族作品罪，侵犯少数民族风俗习惯罪。

（9）侵犯公民婚姻家庭的犯罪：暴力干涉婚姻自由罪、重婚罪、破坏军婚罪、虐待罪、遗弃罪、拐卖儿童罪。

第二节 重点罪名论述

一、故意杀人罪

（一）故意杀人罪的概念和特征

故意杀人，是指故意非法剥夺他人生命，依法应当受到刑罚处罚的行为。本罪具有如下构成特征：

（1）本罪侵犯的客体，是他人的生命权利。

这是杀人罪区别于其他犯罪的本质特征。人的生命，始于出生，终于死亡，即从胎儿与母体分离出来独立呼吸时起，到大脑机能停止活动时结束。至于该人是婴儿还是大人，是健康的人还是病人，都不影响本罪的成立。杀死母腹中的胎儿（即堕胎）和掘墓毁尸，都不能构成杀人罪。

（2）本罪在客观上表现为非法剥夺他人生命的行为。

“非法”指违反国家法律的不法行为。如果是合法剥夺他人生命的行为，例如正当防卫杀死不法侵犯者，法警依法对罪犯执行枪决等，不构成故意杀人罪。

（3）本罪主体是年满14周岁及以上且有刑事责任能力的人。

（4）本罪在主观上必须具有杀人的故意。

这是指行为人明知自己的非法行为会造成他人死亡的结果，而希望或放任死亡结果的发生。对死亡结果抱有希望态度的是直接故意杀人，对死亡结果报有放任态度的是间接故意杀人。二者都属于故意杀人罪。

（二）故意杀人罪的认定

1. 实践中虽是自杀案件但定故意杀人罪的情形

（1）以暴力、威胁方法逼迫他人自杀或者以相约自杀的方式欺骗他人自杀而本人不自杀的，应当以故意杀人罪定罪处罚；

（2）诱骗帮助不满 14 周岁的人或者丧失辨认或者控制能力的人自杀的，应当以故意杀人罪定罪处罚；

（3）实施了刑法所规定的作为或者不作为而造成他人自杀身亡的，应当将他人自杀身亡的结果作为行为人构成的某种犯罪的量刑情节予以考虑；

（4）教唆、帮助意志完全自由的人自杀的，不以犯罪论处。

2. 本罪与危害公共安全罪（以放火、爆炸、决水、投放危险物质等危险方法造成被害人死亡）的区别

两者区别的关键在于针对对象是否特定及是否危及公共安全：本罪针对的是特定的犯罪对象，可能是一个人，也可能是几个人；而后罪针对的不特定的多数人的生命、健康和重大公私财产的安全。

（三）对故意杀人罪的处罚

根据我国刑法第二百三十二条规定："故意杀人的，处死刑、无期徒刑或者 10 年以上有期徒刑；情节较轻的，处 3 年以上 10 年以下有期徒刑。"

二、过失致人死亡罪

（一）过失致人死亡罪的概念和特征

过失致人死亡罪，是指行为人因疏忽大意没有预见到或者已经预见到而轻信能够避免造成的剥夺他人生命权，依法应当受到刑罚处罚的行为。本罪具有如下构成特征：

（1）本罪侵犯的客体是他人的生命权。

（2）本罪在客观方面表现为过失致使他人死亡的行为。且须同时具备以下三要素：行为人具有致人死亡的行为、客观上必须发生了致人死亡的结果、行为人的过失行为与被害人死亡结果之间有因果关系。

（3）本罪的犯罪主体是一般主体，即年满 16 周岁以上且具有刑事责任能力的自然人；已满 14 周岁不满 16 周岁的自然人不能成为本罪主体。

（4）本罪主观上只能是过失，包括疏忽大意的过失和过于自信的过失，且过失针对的是死亡结果。

（二）过失致人死亡罪的认定

本罪与故意杀人罪的危害结果相同，最大的区别在于主观方面不同。过失行为只有已经造成他人死亡时，才构成过失致人死亡罪。且如果我国刑法上针对过失致人死亡另有明确规定的，依照相关规定处罚。比如司机驾车不慎撞死他人，应按交通肇事罪处理，而非过失致人死亡罪。

（三）对过失致人死亡罪的处罚

我国刑法第二百三十三条规定："过失致人死亡的，处 3 年以上 7 年以下有期徒

刑；情节较轻的，处3年以下有期徒刑。”

三、故意伤害罪

（一）故意伤害罪的概念和特征

故意伤害罪，是指故意非法损害他人健康，依法应当受到刑罚处罚的行为。本罪具有如下构成特征：

（1）本罪侵犯的客体是他人的身体健康，主要表现在他人的肢体、器官或身体其他部位组织的完整，或者身体内部和外部器官的正常机能。

（2）本罪在客观上表现为非法损害他人健康的行为。实施伤害行为的手段是多种多样的——无论是暴力手段，还是非暴力手段；使用了凶器，还是没有使用凶器；自己动手伤人，还是利用第三人或动物去伤人——都构成故意伤害罪。

（3）本罪的犯罪主体是一般主体，即年满16周岁以上且具有刑事责任能力的自然人。

（4）本罪在主观上必须具有伤害的故意，即行为人明知自己的行为会发生损害他人健康的结果，并且希望或放任这种结果发生。

（二）故意伤害罪的认定

（1）故意伤害自己的健康，不构成故意伤害罪。但是如果这种伤害行为危害了社会利益而触犯我国刑法其他规定的，应按有关规定定罪处罚。例如，军人战时自伤身体，以逃避执行军事义务，应按我国刑法第四百三十四条战时自伤罪论处；为了诬陷他人而自伤身体，应按我国刑法第二百四十三条诬告陷害罪论处。

（2）医生为保全患者的生命截去其坏死的肢体、实行正当防卫的人将不法侵犯者打伤、司法人员将无视开枪警告的逃犯击伤等，都是合法行为，不构成故意伤害罪。

（3）认定重伤的标准。[①] 按照《人体重伤鉴定标准》，重伤是指以下情形：使人肢体残废或毁人容貌（使人面部变成难以恢复的丑陋形状）的，使人丧失听觉、视觉或者其他器官功能的，其他对于人体健康有重大伤害的。在一般情况下，判断伤势轻重，以伤害当时的情况为主，结合考虑案件判处前的治疗情况。

（三）对故意伤害罪的处罚

（1）我国刑法第二百三十四条规定：“故意伤害他人身体的，处3年以下有期徒刑、拘役或者管制。犯前款罪，致人重伤的，处3年以上10年以下有期徒刑；致人死亡或者以特别残忍手段致人重伤造成严重残疾的，处10年以上有期徒刑、无期徒刑或者死刑。”

（2）根据2017年4月1日实施的最高人民法院《关于常见犯罪的量刑指导意见》（以下简称《量刑指导意见》）的规定，构成故意伤害罪的，可以根据下列不同情形在相应的幅度内确定量刑起点：

---

① 我国刑法第九十五条对重伤的标准做了原则性的规定。根据这一规定，1990年3月29日，司法部、最高人民法院、最高人民检察院、公安部联合发布了《人体重伤鉴定标准》。

①故意伤害致一人轻伤的，可以在2年以下有期徒刑、拘役幅度内确定量刑起点。

②故意伤害致一人重伤的，可以在3年至5年有期徒刑幅度内确定量刑起点。

③以特别残忍手段故意伤害致一人重伤，造成六级严重残疾的，可以在10年至13年有期徒刑幅度内确定量刑起点。依法应当判处无期徒刑以上刑罚的除外。

四、强奸罪

(一) 强奸罪的概念和特征

强奸罪，是指以暴力、胁迫或者其他手段，违背妇女意志，强行与其发生性关系，依法应当受到刑罚处罚的行为。本罪具有如下构成特征：

(1) 本罪侵犯的客体，是妇女的性的自主权，即妇女按照自己的意志决定正当性行为的权利。

(2) 本罪在客观上表现为违背妇女意志，使用暴力、胁迫或者其他手段，实施强行奸淫的行为。

“违背妇女意志”，是指违背妇女当时的真实意愿；“实施强行奸淫的行为”，是指行为人使用暴力、胁迫或者其他手段，使被害人处于不能反抗、不敢反抗或者不知反抗的情况下，对其实施奸淫行为。需要注意的是违背妇女意志和实施强行奸淫的行为是互相联系、互相依存的：违背妇女意志而实施奸淫行为，必然是借助暴力、胁迫或者其他手段；违背妇女意志是构成强奸妇女罪的本质特征，而实施强行奸淫的行为则是本质特征的客观表现。

(3) 本罪的主体是特殊主体，即年满14周岁具有刑事责任能力的男子。妇女可以成为教唆、帮助男子实施强奸的共犯。

(4) 本罪在主观上只能由故意构成，并具有奸淫的目的。

(二) 强奸罪的认定

1. 本罪与通奸的区别

通奸是指一方或双方有配偶的男女自愿发生性关系的行为。它和强奸罪的根本区别在于没有违背妇女的意志，也没有采取暴力、胁迫等强制手段。

2. 本罪与未婚男女在恋爱过程中发生的不正当性行为的区别

未婚男女在恋爱过程中发生的不正当性行为双方是自愿的，不发生违背女方意志的问题，不构成犯罪。

3. 轮奸与男女之间乱搞两性关系的区别

轮奸是指二男或以上，在同一时间，轮流对同一妇女强行奸淫的行为，属于情节严重的强奸罪。男女多人，在同一时间、地点乱搞两性关系，并不违背妇女意志，不能定为强奸罪。

(三) 对强奸罪的处罚

(1) 我国刑法第二百三十六条规定：“以暴力、胁迫或者其他手段强奸妇女的，处3年以上10年以下有期徒刑。奸淫不满14周岁的幼女的，以强奸论，从重处罚。”

我国刑法第二百三十六条第二款规定：“强奸妇女、奸淫幼女，有下列情形之一的，处10年以上有期徒刑、无期徒刑或者死刑：（一）强奸妇女、奸淫幼女情节恶劣的；（二）强奸妇女、奸淫幼女多人的；（三）在公共场所当众强奸妇女的；（四）二人以上轮奸的；（五）致使被害人重伤、死亡或者造成其他严重后果的。”

（2）根据《量刑指导意见》的规定，构成强奸罪的，可以根据下列不同情形在相应的幅度内确定量刑起点：

①强奸妇女一人的，可以在3年至6年有期徒刑幅度内确定量刑起点。奸淫幼女一人的，可以在4年至7年有期徒刑幅度内确定量刑起点。

②有下列情形之一的，可以在10年至13年有期徒刑幅度内确定量刑起点：强奸妇女、奸淫幼女情节恶劣的；强奸妇女、奸淫幼女3人的；在公共场所当众强奸妇女的；2人以上轮奸妇女的；强奸致被害人重伤或者造成其他严重后果的。依法应当判处无期徒刑以上刑罚的除外。

五、绑架罪

（一）绑架罪的概念和特征

绑架罪，是指以勒索财物为目的或者出于其他目的，采用暴力、胁迫或者麻醉方法，劫持他人作为人质，依法应当受到刑罚处罚的行为。本罪具有如下构成特征：

（1）本罪侵犯的客体是复杂客体，既侵犯被害人的财产所有权，又侵犯被害人的人身权利。

（2）本罪在客观方面表现为使用暴力、胁迫或者麻醉的方法，劫持他人或者绑架他人作为人质的行为。

（3）本罪是一般主体。由于本罪的危害性严重，已满14周岁的人，便可成为本罪主体。

（4）本罪主观方面必须出于故意，并具有勒索财物的目的或者其他目的。

（二）绑架罪的认定

1. 本罪与抢劫罪的区别

区别	绑架罪	抢劫罪
侵犯方法	绑架人质，然后以伤害或者杀害人质相威胁而勒索	当场对被害人施加暴力或者威胁而劫取财物
强取财物的时间与手段	按犯罪分子指定的时间、地点送交钱财	当场劫取或者令其交出财物
强取钱财数额	必须按犯罪分子的要求交付	以当场抢到多少为限

2. 本罪与为讨债而绑架人质的区别

实践中，经常会发生为讨还债务、追回借出物品等其他目的而扣押人质的行为，如果情节较轻，危害不大，可不以犯罪论处；如果情节严重，危害较大，构成犯罪的，可定为非法拘禁罪。

3. 本罪的既遂与未遂的区别

本罪的既遂与未遂不以是否勒索财物为标准，因为勒索财物只是行为人的主观目的，只要实施了相关犯罪行为，即可构成既遂。

根据我国刑法第二百三十九条第二款规定，以勒索财物为目的，偷盗婴幼儿的（秘密抱走或者哄骗领走、带走不满6周岁的婴、幼儿脱离家庭或者监护人，勒令以财物赎回人质的行为），依照绑架罪处罚。

（三）对绑架罪的处罚

我国刑法第二百三十九条规定："以勒索财物为目的绑架他人的，或者绑架他人作为人质的，处10年以上有期徒刑或者无期徒刑，并处罚金或者没收财产；致使被绑架人死亡或者杀害被绑架人的，处死刑，并处没收财产。"

其中，"致使被绑架人死亡"是指在绑架过程中使用暴力故意伤害致人死亡；"杀害绑架人"包括先将人质杀死，然后隐瞒事实真相向人质亲友勒索赎金；或者在勒索目的达到或未达目的以后杀死人质（撕票）。

六、拐卖妇女、儿童罪

（一）拐卖妇女、儿童罪的概念和特征

拐卖妇女、儿童罪，是指以出卖为目的，有拐骗、绑架、收买、贩卖、接送、中转妇女或儿童，依法应当受到刑罚处罚的行为。本罪具有如下构成特征：

（1）本罪侵犯的客体是妇女、儿童的人身自由权利。本罪侵犯的对象，仅限于妇女和儿童。

（2）本罪在客观方面表现为实施拐骗、收买、贩卖、接送或者中转妇女或儿童的行为。"拐骗"指用欺骗、利诱等手段使妇女、儿童脱离家庭或者监护人，以便贩卖的行为；"收买"指为了再转手高价卖出而从拐卖、绑架妇女儿童的犯罪分子手中买来被害妇女、儿童的行为；"贩卖"指拐卖妇女、儿童的犯罪分子将拐骗、收买来的妇女、儿童卖与他人的行为。

（3）本罪是一般主体，即年满16周岁且具有刑事责任能力的自然人。

（4）本罪在主观方面，只能是直接故意，并且具有出卖的目的，即为了出卖而拐骗、收买、贩卖、接送、中转妇女或儿童等。

（二）本罪与拐骗儿童罪的区别

两罪最主要的区别在于以下两个方面：一是侵犯的客体不同，本罪侵犯的客体是被拐卖儿童的人身自由权利，拐骗儿童罪侵犯的是他人的家庭关系和儿童的合法权益；二是目的不同，本罪拐卖儿童的目的一般是为了图财，而拐骗儿童罪是为了收养、使唤等。

（三）对拐卖妇女、儿童罪的处罚

我国刑法第二百四十条规定："拐卖妇女、儿童的，处5年以上10年以下有期徒刑，并处罚金。拐卖妇女、儿童犯罪情节严重的，处10年以上有期徒刑或者无期徒刑，并处罚金或者没收财产。"

该条还规定了本罪应当处以死刑的情形："情节特别严重的，处死刑，并处没收财产：①拐卖妇女、儿童集团的首要分子；②拐卖妇女、儿童三人以上的；③奸淫被拐卖的妇女的；④诱骗、强迫被拐卖的妇女卖淫或者将被拐卖的妇女卖给他人迫使其卖淫的；⑤以出卖为目的，使用暴力、胁迫或者麻醉方法绑架妇女、儿童的；⑥以出卖为目的，偷盗婴幼儿的；⑦造成被拐卖的妇女、儿童或者其亲属重伤、死亡或者其他严重后果的；⑧将妇女、儿童卖往境外的。"

七、侮辱罪、诽谤罪

(一) 侮辱罪、诽谤罪的概念和特征

侮辱罪，是指使用暴力或者其他方法，公然贬低他人人格，破坏他人名誉，情节严重，依法应当受到刑罚处罚的行为；诽谤罪，是指捏造并散布虚构的事实，损害他人人格，破坏他人名誉，情节严重，依法应当受到刑罚处罚的行为。

侮辱罪、诽谤罪在侵犯的客体、犯罪主体和犯罪主观方面都相同，主要区别就在犯罪的客观方面，我国刑法将这两种犯罪规定在一个条文中，适用同一法定刑。这两种犯罪具有如下构成特征：

(1) 本罪侵犯的客体是公民的人格尊严，包括姓名权（公民依法决定、使用、改变自己姓名和保护自己姓名的权利）与肖像权（公民对自己的肖像加以认可、利用和保护的权利）。

(2) 本罪在客观方面，须具有以暴力或者其他方法公然侮辱他人或者捏造事实诽谤他人的行为。

(3) 本罪是一般主体，即年满16周岁以上且具有刑事责任能力的自然人。法人不能成为本罪的主体。

(4) 本罪在主观方面，只能由故意构成，并且具有侮辱他人或者诽谤他人的目的。

(二) 侮辱罪、诽谤罪的认定

1. 本罪与一般侮辱、诽谤违法行为

根据我国刑法第二百四十六条规定，侮辱、诽谤他人的行为，必须情节严重的，才构成犯罪。一般的侮辱、诽谤行为，情节较轻的，不以犯罪论处。根据《治安管理处罚条例》有关规定，尚不够刑事处罚，可处15日以下的拘留、200元以下的罚款或者警告。

2. 诽谤罪与诬告陷害罪

区别	诽谤罪	诬告陷害罪
捏造的内容	足以损害他人的人格、名誉的事实	犯罪事实
行为方式	向社会扩散或者让众多的人知道	必须向国家机关或者有关部门告发
主观方面	意图损害他人的人格、名誉	意图使他人受刑事处分
侵犯的客体	他人的人格和名誉权利	公民的人身权利和司法机关的正常活动

（三）对侮辱罪、诽谤罪的处罚

我国刑法第二百四十六条规定："以暴力或者其他方法公然侮辱他人或者捏造事实诽谤他人，情节严重的，处3年以下有期徒刑、拘役、管制或者剥夺政治权利。"

同时第二款规定，犯本罪的，告诉的才处理，但是严重危害社会秩序和国家利益的除外。所谓"告诉的才处理"，根据我国刑法第九十八条规定，是指被害人告诉才处理，即被害人直接向人民法院告发的，人民法院才受理，属于自诉案件。另也强调规定如果被害人因受强制、威吓无法告诉的，人民检察院和被害人的近亲属也可以告诉。

第三款更明确规定："通过信息网络实施第一款规定的行为，被害人向人民法院告诉，但提供证据确有困难的，人民法院可以要求公安机关提供协助。"

八、刑讯逼供罪

（一）刑讯逼供罪的概念和特征

刑讯逼供罪，是指司法工作人员对犯罪嫌疑人、被告人使用肉刑或者变相肉刑，逼取口供，依法应当受到刑罚处罚的行为。本罪具有如下构成特征：

（1）本罪侵犯的客体是公民的人身权利和司法机关的正常活动。犯罪对象包括犯罪嫌疑人；正在侦查起诉、审判过程中的刑事被告人；已经判决有罪、正在服刑中的罪犯。

（2）本罪在客观方面，表现为使用肉刑或者变相肉刑逼取口供的行为。

（3）本罪的主体只能是司法工作人员，而且主要指有审讯职权的司法工作人员。

（4）本罪在主观方面，只能由故意构成，并具有逼取口供的目的。

（二）对刑讯逼供罪的处罚

我国刑法第二百四十七条规定："司法工作人员对犯罪嫌疑人、被告人实行刑讯逼供或者使用暴力逼取证人证言的，处3年以下有期徒刑或者拘役。致人伤残、死亡的，依照本法第二百三十四条（故意伤害罪）、第二百三十二条（故意杀人罪）的规定定罪从重处罚。"

九、暴力干涉婚姻自由罪

（一）暴力干涉婚姻自由罪的概念和特征

暴力干涉婚姻自由罪，是指以暴力手段干涉他人行使结婚和离婚自由权利，依法应当受到刑罚处罚的行为。本罪具有如下构成特征：

（1）本罪侵犯的客体，包括他人的婚姻自由权利及他人的人身权利。婚姻自由权利，包括结婚自由和离婚自由的权利。

（2）本罪在客观方面，表现为使用暴力方法干涉他人婚姻自由的行为。

（3）本罪是一般主体，即年满16周岁以上且具有刑事责任能力的自然人。

（4）本罪在主观方面，只能是直接故意，过失不构成本罪。

（二）对暴力干涉婚姻自由罪的处罚

我国刑法第二百五十七条规定："犯暴力干涉婚姻自由罪的，处2年以下有期徒刑或者拘役；致使被害人死亡的，处 2 年以上 7 年以下有期徒刑。”其中，“致使被害人死亡”包括暴力干涉婚姻自由导致被干涉者自杀和过失致被干涉者死亡两种情况。

特别需要注意的是，本罪如果未引起被害人死亡的，那么被干涉者告诉的才处理。

十、重婚罪

（一）重婚罪的概念与特征

重婚罪，是指有配偶而又与他人结婚，或者明知他人有配偶而与之结婚，依法应当受到刑罚处罚的行为。本罪具有如下构成特征：

（1）本罪侵犯的客体，是我国一夫一妻制的婚姻制度。

（2）本罪在客观方面，表现为有配偶而又重婚，或者明知他人有配偶而与之结婚的行为。“有配偶而重婚”，指已经结婚的自然人，在没有依法解除婚姻关系之前，又与他人结婚；“明知他人有配偶而与之结婚”指本人虽然没有结婚，但明知对方是有夫之妇，或者有妇之夫而与其结婚。

（3）本罪的主体包括两种：一种是已有配偶的人；另一种是本人虽无配偶，但明知他人有配偶而与之结婚者。

（4）本罪在主观方面，只能是故意。

（二）重婚罪的认定

（1）对已履行结婚登记手续，而尚未同居的男女一方又与他人结婚的，应认定为重婚行为。

（2）对夫妻双方或其中任何一方虽提出离婚要求，但尚未办理解除婚姻关系即取得离婚证之前，又与他人结婚的，应认定为重婚行为。

（三）对重婚罪的处罚

我国刑法第二百五十八条规定：“有配偶而重婚的，或者明知他人有配偶而与之结婚的，处 2 年以下有期徒刑或者拘役。”

十一、虐待罪

（一）虐待罪的概念和特征

虐待罪，是指对共同生活的家庭成员，经常以打骂、强迫过度劳动等方法，从肉体上和精神上进行残害，情节恶劣，依法应当受到刑罚处罚的行为。本罪具有如下构成特征：

（1）本罪侵犯的客体，既包括共同生活的家庭成员依法享有的合法权利，也包括被害人的人身权利。

（2）本罪在客观方面，表现为实施虐待行为。虐待行为既可以是积极的作为方式，也可以是消极的不作为方式。比如打骂、不给吃饭、强迫劳动等。

（3）虐待罪的主体，要求具有特定身份，即指与被虐待者具有一定的亲属关系或收养关系，并在一个家庭内部共同生活的自然人。

（4）本罪在主观方面，只能是故意。

(二) 对虐待罪的处罚

根据我国刑法第二百六十条第一款规定，虐待家庭成员，情节恶劣的，处 2 年以下有期徒刑、拘役或者管制。而且规定告诉的才处理，但也明确规定了除外情形，即被害人没有能力告诉，或者因受到强制、威吓无法告诉。

本条第二款规定，因虐待引起被害人重伤、死亡的，处 2 年以上 7 年以下有期徒刑。

第二十三章　侵犯财产罪

第一节　侵犯财产罪概述

一、侵犯财产罪的概念和特征

（一）侵犯财产罪的概念

侵犯财产罪，是指故意非法地将公共财产和公民私有财产据为己有，或者故意毁坏公私财物的，依法应当受到刑罚处罚的行为。

（二）侵犯财产罪的特征

（1）本类犯罪侵犯的客体是公私财产的所有权。

侵犯的对象是公共财产和公民私人所有的财产。“公共财产”的范围包括：国有财产；劳动群众集体所有的财产；用于扶贫和其他公益事业的社会捐助或者专项基金的财产；在国家机关、国有公司、企业和人民团体管理、使用或者运输中的私人财产。“公民私人所有的财产”的范围包括：公民的合法收入、储蓄、房屋和其他生活资料；依法归个人、家庭所有的生产资料；个体户和私营企业的合法财产；依法归个人所有的股份、股票、债券和其他财产。①

另外须注意，本类犯罪侵犯的财产必须具有经济价值，必须具有所有权关系。所以如果是无主物，或者遗弃物，就不能成为本类犯罪的犯罪对象。

（2）本类犯罪的主体除少数是特殊主体外，其余皆为一般主体。

多数犯罪是一般主体，如盗窃罪、诈骗罪、抢夺罪、故意毁坏财物罪等；少数犯罪是特殊主体，要求由具备一定身份的人员构成，如职务侵占罪和挪用资金罪的主体必须是公司、企业或者其他单位的人员，如贪污罪的主体必须是国家机关工作人员等。

（3）本类犯罪的主观方面只能是出于故意，而且除故意毁坏财物罪外，都具有非法占有的目的，即明知是公共的或者他人的财物而意图把它非法转归已有或者归第三者（既包括公民个人，也包括集体）占有。

（4）本类犯罪的客观方面表现为侵犯公私财产关系的行为。

大多表现为以暴力或非暴力、以公开或者秘密的方法，攫取公私财物，挪用单位财物，或者毁坏公私财物的行为。行为表现大多为两类：一是以各种手段非法占有公

① 根据刑法典第九十一条的和九十二条的规定。

私财物的行为；二是故意毁坏公私财物的行为。

二、侵犯财产罪的种类

根据我国刑法第五章的规定，侵犯财产罪包括：抢劫罪；盗窃罪；抢夺罪；诈骗罪；聚众哄抢公私财物罪；侵占罪；职务侵占罪；挪用资金罪；挪用特定款物罪；敲诈勒索罪；故意毁坏财物罪；破坏生产经营罪。

第二节 重点罪名论述

一、抢劫罪

（一）抢劫罪的概念和特征

抢劫罪，是指以非法占有为目的，当场施用暴力、胁迫或者其他方法，劫取公私财物，依法应当受到刑罚处罚的行为。本罪具有如下构成特征：

（1）本罪侵犯的客体是复杂客体，是公私财物的所有权和公民的人身权利。

（2）本罪在客观方面表现为对公私财物的所有人、持有人或者保管人等当场使用暴力、胁迫或者其他方法强行劫取财物，或者迫使其当场交出财物的行为。“暴力”是指对被害人的身体施以打击或强制，比如殴打、捆绑、伤害等强暴行为；“胁迫”指以暴力相威胁；“其他方法”指行为人实施暴力、胁迫方法以外的其他使被害人不知反抗或不能反抗的方法。

（3）本罪在主观方面必须出于直接故意，并且具有非法占有公私财物的目的。

（4）本罪的主体是一般主体。而且凡年满 14 周岁以上且具有刑事责任能力的自然人①，均可以构成本罪的主体。

（二）抢劫罪的认定

（1）行为人先是实行盗窃，在盗窃过程中由于遭到反抗而施用暴力，将财物抢走的，应按抢劫定罪。

（2）行为人事先携带并身藏凶器，准备进行抢劫，但进入现场后，发现无人看管而将财物偷走的，应按盗窃定罪。

（3）抢劫赌资、犯罪所得的赃款赃物的，以抢劫罪定罪。但是行为人仅以其自己所输的赌资或所赢的赌债为抢劫对象，一般不以抢劫罪定罪处罚。构成其他犯罪的，依照刑法的相关规定处罚。②

（4）行为人先盗窃、诈骗、抢夺财物，而后为了掩藏赃物、抗拒抓捕或毁灭罪证又当场使用暴力或者以暴力相威胁的，则是由原来犯的盗窃罪、诈骗罪、抢夺罪转化为抢劫罪，应以抢劫罪定罪量刑。

---

① 我国刑法第十七条规定。

② 《最高人民法院关于审理抢劫、抢夺刑事案件适用法律若干问题的意见》第七条第二款规定。

（三）对抢劫罪的处罚

我国刑法第二百六十三条规定：

（1）以暴力、胁迫或者其他方法抢劫公私财物的，处3年以上10年以下有期徒刑，并处罚金。

（2）本罪加重处罚即处10年以上有期徒刑、无期徒刑或者死刑，并处罚金或者没收财产的情形包括：入户抢劫的；在公共交通工具上抢劫的；抢劫金融机构的；多次抢劫或抢劫数额巨大的；抢劫致人重伤、死亡的；冒充军警人员抢劫的；持枪抢劫的；抢劫军用物资或者抢险、救灾、救济物资的。

需要注意的是，根据我国刑法第二百六十九条规定，犯盗窃、诈骗、抢夺罪，为窝藏赃物、抗拒抓捕或者毁灭罪证而当场使用暴力或者以暴力相威胁的，依照本法第二百六十三条的规定定罪处罚。携带凶器抢夺的，依照本法第二百六十三条（抢劫罪）的规定定罪处罚。

根据《量刑指导意见》的规定，构成抢劫罪的，可以根据下列不同情形在相应的幅度内确定量刑起点：

（1）抢劫一次的，可以在3年至6年有期徒刑幅度内确定量刑起点。

（2）有下列情形之一的，可以在10年至13年有期徒刑幅度内确定量刑起点：入户抢劫的；在公共交通工具上抢劫的；抢劫银行或者其他金融机构的；抢劫3次或者抢劫数额达到数额巨大起点的；抢劫致一人重伤的；冒充军警人员抢劫的；持枪抢劫的；抢劫军用物资或者抢险、救灾、救济物资的。依法应当判处无期徒刑以上刑罚的除外。

二、抢夺罪

（一）抢夺罪的概念和特征

抢夺罪，是指以非法占有为目的，乘人不备，公然夺取数额较大的公私财物，依法应当受到刑罚处罚的行为。本罪有如下构成特征：

（1）本罪侵犯的客体是公私财物的所有权。本罪的对象是一般的财物，如金钱、物品等，不包括枪支、弹药、公文、证件、印章等特殊物品，否则不构成本罪，会涉及其他具体犯罪。

（2）本罪在客观方面表现为乘人不备，公开夺取公私财物，且取得数额较大的财物的行为。

（3）本罪主体为一般主体，即年满16周岁以上且具备刑事责任能力的自然人。

（4）本罪在主观方面表现为故意，且具有非法占有公私财物的目的。行为人明知自己的行为会发生侵犯公私财产的结果，并且希望这种结果发生。

（二）抢夺罪的认定

1. 本罪与抢劫罪的区别

抢夺罪与抢劫罪最关键的区别在于犯罪客观方面表现是否“使用暴力或胁迫”。抢夺罪是不采用暴力、胁迫等强制方法而公然夺取财物；抢劫罪是行为人采取暴力、胁迫或者其他手段迫使被害人交出财物或者直接将财物抢走。

2. 本罪与盗窃罪的区别

区别抢夺罪和盗窃罪的关键在于“公然夺取”。盗窃罪是秘密窃取公私财物的行为，即行为人用自以为不会被财物控制人发觉的手段窃走财物；而抢夺罪的客观方面是公然抢夺他人财物的行为，即行为人当着财物管理者的面，公开夺走其财物。

（三）对抢夺罪的处罚

我国刑法第二百六十七条规定：

（1）数额较大的，处3年以下有期徒刑、拘役或者管制，并处或者单处罚金。

（2）数额巨大或者有其他严重情节的，处3年以上10年以下有期徒刑，并处罚金。

（3）数额特别巨大或者有其他特别严重情节的，处10年以上有期徒刑或者无期徒刑，并处罚金或者没收财产。其中，“情节特别严重”主要指抢夺财物数额特别巨大的；抢夺救灾款物、军用物资，后果特别严重的等，则从重处罚。

根据《量刑指导意见》的规定，构成抢夺罪的，可以根据下列不同情形在相应的幅度内确定量刑起点：

（1）达到数额较大起点的，或者2年内3次抢夺的，可以在1年以下有期徒刑、拘役幅度内确定量刑起点。

（2）达到数额巨大起点或者有其他严重情节的，可以在3年至5年有期徒刑幅度内确定量刑起点。

（3）达到数额特别巨大起点或者有其他特别严重情节的，可以在10年至12年有期徒刑幅度内确定量刑起点。依法应当判处无期徒刑的除外。

三、盗窃罪

（一）盗窃罪的概念和特征

盗窃罪，是指以非法占有为目的，盗窃公私财物数额较大或者多次盗窃、入户盗窃、携带凶器盗窃、扒窃公私财物，依法应当受到刑罚处罚的行为。本罪具有如下构成特征：

（1）本罪侵犯的客体是公私财物的所有权。侵犯的对象，是国家、集体或个人的财物。

（2）本罪在客观方面表现为行为人具有窃取数额较大的公私财物或者多次窃取公私财物的行为。“窃取”指行为人违反被害人的意志，将他人占有的财物转移为自己或第三者（包括单位）占有。

（3）本罪主体是一般主体，即年满16周岁以上且具备刑事责任能力的人。

（4）本罪在主观方面表现为直接故意，且具有非法占有的目的。

（二）盗窃罪的认定

司法实践中，以下情况均以盗窃罪定罪处罚：盗窃信用卡并使用的；盗窃增值税专用发票或者可以用于骗取出口退税、抵扣税款的其他发票的；邮政工作人员私自开拆或者隐匿、毁弃邮件、电报而窃取财物的；以牟利为目的，盗接他人通信线路、复制他人电信码号或者明知是盗接、复制的电信设备、设施而使用的；将电信卡非法充值后使用，造成电信资费损失数额较大；盗用他人公共信息网络上网账号、密码上网，造成他人电信资费损失数额较大的。

（三）对盗窃罪的处罚

我国刑法第二百六十四条规定：

（1）盗窃公私财物，数额较大或者多次盗窃的，处 3 年以下有期徒刑、拘役或者管制，并处或者单处罚金。

（2）数额巨大或者有其他严重情节的，处 3 年以上 10 年以下有期徒刑，并处罚金。

（3）数额特别巨大或者有其他特别严重情节（主要指盗窃数额巨大的盗窃集团的首要分子；盗窃数额特别巨大的；盗窃金库、珍贵文物、重要军事物资、救灾物资数额巨大的等）的，处 10 年以上有期徒刑或者无期徒刑，并处罚金或者没收财产。

（4）有下列情形之一的，处无期徒刑或者死刑，并处没收财产：盗窃金融机构，数额特别巨大的；盗窃珍贵文物，情节严重的。

根据《量刑指导意见》的规定，构成盗窃罪的，可以根据下列不同情形在相应的幅度内确定量刑起点：

（1）达到数额较大起点的，2 年内 3 次盗窃的，入户盗窃的，携带凶器盗窃的，或者扒窃的，可以在 1 年以下有期徒刑、拘役幅度内确定量刑起点。

（2）达到数额巨大起点或者有其他严重情节的，可以在 3 年至 4 年有期徒刑幅度内确定量刑起点。

（3）达到数额特别巨大起点或者有其他特别严重情节的，可以在 10 年至 12 年有期徒刑幅度内确定量刑起点。依法应当判处无期徒刑的除外。

四、诈骗罪

（一）诈骗罪的概念和特征

诈骗罪，是指以非法占有为目的，用虚构事实或者隐瞒真相的方法，骗取数额较大的公私财物，依法应当受到刑罚处罚的行为。本罪具有如下构成特征：

（1）本罪侵犯的客体是公私财物所有权。本罪侵犯的对象不包括非法利益，也应排除金融机构的贷款（已在我国刑法分则中规定为贷款诈骗罪）。

（2）本罪在客观上表现为使用欺诈方法骗取数额较大的公私财物。即用虚构事实或隐瞒真相欺骗方法使被害人产生错误认识，且基于错误认识处分财产，使行为人取得财产，被害人损失财产。

（3）本罪主体是一般主体，即年满 16 周岁以上且具有刑事责任能力的自然人。

（4）本罪在主观方面为直接故意，并且具有非法占有公私财物的目的。

（二）对诈骗罪的处罚

我国刑法第二百六十六条规定：

（1）数额较大的（诈骗公私财物价值 3 000 元至 10 000 元以上），处 3 年以下有期徒刑、拘役或者管制，并处或者单处罚金。

（2）数额巨大（诈骗公私财物价值3万元至10万元以上）或者有其他严重情节的，处3年以上10年以下有期徒刑，并处罚金。

（3）数额特别巨大（诈骗公私财物价值50万元以上的）或者有其他特别严重情节的，处10年以上有期徒刑或者无期徒刑，并处罚金或者没收财产。

根据《量刑指导意见》的规定，构成诈骗罪的，可以根据下列不同情形在相应的幅度内确定量刑起点：

（1）达到数额较大起点的，可以在1年以下有期徒刑、拘役幅度内确定量刑起点。

（2）达到数额巨大起点或者有其他严重情节的，可以在3年至4年有期徒刑幅度内确定量刑起点。

（3）达到数额特别巨大起点或者有其他特别严重情节的，可以在10年至12年有期徒刑幅度内确定量刑起点。依法应当判处无期徒刑的除外。

五、敲诈勒索罪

（一）敲诈勒索罪的概念和特征

敲诈勒索罪，是指以非法占有为目的，对被害人使用威胁或要挟的方法，强行索要公私财物，依法应当受到刑罚处罚的行为。本罪具有如下构成特征：

（1）本罪侵犯的客体不仅包括公私财物的所有权，还包括他人的人身权利或者其他权益。这是本罪与盗窃罪、诈骗罪不同的显著特点之一。

（2）本罪在客观方面表现为行为人采用威胁、要挟、恐吓等手段，迫使被害人交出财物的行为。

（3）本罪的主体为一般主体，即年满16周岁以上且具有刑事责任能力的自然人。

（4）本罪在主观方面表现为直接故意，必须具有非法强索他人财物的目的。

（二）敲诈勒索罪的认定

（1）行为人使用了威胁或要挟手段，非法取得了他人的财物，就构成了敲诈勒索罪的既遂。如果行为人仅仅使用了威胁或要挟手段，被害人并未产生恐惧情绪，因而没有交出财物，或者被害人虽然产生了恐惧，但并未交出财物，均属于敲诈勒索罪的未遂。

（2）如果行为人不具有非法强索他人财物这种目的，或者索取财物的目的并不违法，比如债权人为讨还久拖不还的债务，而使用带有一定威胁成分的语言，催促债务人加快偿还等，不构成敲诈勒索罪。

（3）本罪与招摇撞骗罪的区别。

区别	敲诈勒索罪	招摇撞骗罪
行为特征	以威胁或要挟为特征	以骗为特征，完全以假象蒙蔽被害人
心理状态	造成被害人精神上的恐惧，出于无奈，被迫交出财物或出让其他财产性利益	被害人在受骗后，“自愿”交出财物或出让其他合法权益

（续表）

区别	敲诈勒索罪	招摇撞骗罪
获取利益的范围	仅限于财物	比较广泛，既包括财物或财产性利益，又包括非财产性利益，如骗取某种职称或职务、政治待遇或荣誉称号等
侵犯的客体	公私财物的所有权和公民人身权利以及其他合法权益	国家机关的威信及社会管理秩序

（三）对敲诈勒索罪的处罚

我国刑法第二百七十四条规定：

（1）敲诈勒索公私财物，数额较大或者多次敲诈勒索的，处3年以下有期徒刑、拘役或者管制，并处或者单处罚金。

（2）数额巨大或者有其他严重情节的，处3年以上10年以下有期徒刑，并处罚金。

（3）数额特别巨大或者有其他特别严重情节的，处10年以上有期徒刑，并处罚金。

（4）关于“数额较大”“数额巨大”“数额特别巨大”“多次敲诈勒索”的认定标准及“其他严重情节”“其他特别严重情节”的认定等，参见最高人民法院、最高人民检察院联合发布的《关于办理敲诈勒索刑事案件适用法律若干问题的解释》。

根据《量刑指导意见》的规定，构成敲诈勒索罪的，可以根据下列不同情形在相应的幅度内确定量刑起点：

（1）达到数额较大起点的，或者2年内3次敲诈勒索的，可以在1年以下有期徒刑、拘役幅度内确定量刑起点。

（2）达到数额巨大起点或者有其他严重情节的，可以在3年至5年有期徒刑幅度内确定量刑起点。

（3）达到数额特别巨大起点或者有其他特别严重情节的，可以在10年至12年有期徒刑幅度内确定量刑起点。

六、侵占罪

（一）侵占罪的概念和特征

侵占罪，是指以非法占有为目的，将他人交给自己保管的财物、遗忘物或者埋藏物非法占为己有，数额较大，拒不交还，依法应当受到刑罚处罚的行为。本罪具有如下构成特征：

（1）本罪侵犯的客体是他人财物的所有权。本罪的犯罪对象仅针对为代为保管的他人财物、他人的遗忘物、他人的埋藏物。

（2）本罪的客观方面表现为将他人的交由自己代为保管的财物、遗忘物或者埋藏物非法占为己有，数额较大，拒不交还的行为。所以，“合法持有他人财物”是本罪成立的必要前提。

（3）本罪的主体为一般主体，凡年满16周岁以上且具有刑事责任能力的自然人。

(4) 本罪在主观方面为直接故意，并且具有非法占有他人财物的目的。即明知属于他人交由自己保管的财物、遗忘物或者埋藏物而非法占为己有。

(二) 侵占罪的认定

1. 本罪与盗窃罪的区别

侵占罪与盗窃罪都是一般主体，区别主要为犯罪对象：盗窃罪是秘密窃取公私财物的行为，而且盗窃的是并不在行为人控制之下的财物；而侵占罪则是行为人实施侵占行为时，被侵占之物已在其实际控制之下，即侵占的是其已合法持有的财物。

2. 本罪与贪污罪的区别

区别	侵占罪	贪污罪
犯罪对象	不仅可以是公共财物，还可以是私人财物，且包括不动产	只限于公共财产，且不能是不动产
犯罪主体	一般主体，只要是代为保管他人财物且对其加以侵占的人	特殊主体，即国家工作人员
客观方面	是否利用职务上的便利，并不影响该罪的成立	必须利用职务上的便利，即利用自己职务范围内的权力和地位所形成的经手管理公共财物的便利条件
诉讼类型	自诉案件	公诉案件

3. 本罪与诈骗罪的区别

侵占罪与诈骗罪的区别主要是：诈骗罪是以他人持有的财物为侵犯的对象，且通过虚构事实或者隐瞒真相的方法将他人持有的财物转移到行为人实际控制之下，并占为己有；而侵占罪则是以自己已经合法持有的他人财物为侵犯的对象，是把本来合法的持有变为非法所有。

4. 本罪与职务侵占罪的区别

区别	侵占罪	职务侵占罪
犯罪主体	一般主体	特殊主体，即公司、企业或者其他单位的人员
客观方面表现	将他人的财物占为己有，其占有与职务上的便利无关	利用职务上的便利，即利用主管、经管或经手财物的便利条件，将本单位的财物非法占为己有
行为对象	代为保管的他人财物、拾得的他人遗忘物或者发掘的埋藏物	本单位的财物

(三) 对侵占罪的处罚

我国刑法第二百七十条规定："数额较大，拒不退还的，处2年以下有期徒刑、拘役或者罚金；数额巨大或者有其他严重情节的，处2年以上5年以下有期徒刑，并处罚金。本罪，告诉的才处理。"

第二十四章　妨害社会管理秩序罪

第一节　妨害社会管理秩序罪概述

一、妨害社会管理秩序罪的概念和特征

（一）妨害社会管理秩序罪的概念

妨害社会管理秩序罪，是指危害国家机关的管理活动，破坏公共秩序、公共卫生、历史文化遗产、环境自然资源以及危害公共健康和社会风化，依法应当受到刑罚处罚的犯罪行为。

（二）妨害社会管理秩序罪的特征

本类犯罪的基本特征是：

（1）本类犯罪侵犯的客体是社会管理秩序，即国家机关依法对社会进行管理而形成的正常的社会秩序。

提请大家注意的是，由于我国刑法分则的其他章节对侵犯或者破坏国家安全、社会公共安全、市场经济、人身权利、家庭婚姻、公私财产、国防与军事利益以及国家机关正常活动等社会秩序的行为做了特别规定，故本章所规定的本类犯罪所侵犯的同类客体是刑法分则其他各章规定之罪所侵犯的同类客体以外的国家对社会的日常管理活动与秩序。

（2）本类犯罪客观方面表现为妨害国家机关对社会的管理活动、破坏社会秩序，情节严重的行为。

（3）本类犯罪在主观方面，除少数犯罪以外多数犯罪都是由故意构成，即行为人明知自己的行为会发生妨害国家对社会的管理活动和社会管理秩序的危害结果，而希望或放任这种结果的发生。

（4）本类犯罪的主体，多数犯罪为一般主体，少数犯罪为特殊主体，其中一些犯罪的主体既可以是自然人也可以是单位。例如非法出售、私赠文物藏品罪的主体仅限于单位；脱逃罪的主体只能是依法被关押的罪犯、被告人和犯罪嫌疑人；医疗事故罪的主体只能是医务人员。

二、妨害社会管理秩序罪的种类

根据我国刑法分则第六章的规定，妨害社会管理秩序罪包括以下 9 类：

（1）扰乱公共秩序罪；

（2）妨害司法罪；

（3）妨害国（边）境管理罪；

（4）妨害文物管理罪；

（5）危害公共卫生罪；

（6）破坏环境资源保护罪；

（7）走私、贩卖、运输、制造毒品罪；

（8）组织、强迫、引诱、容留、介绍卖淫罪；

（9）制作、贩卖、传播淫秽物品罪。

第二节　重点罪名论述

一、赌博罪

（一）赌博罪的概念与特征

赌博罪，是指以营利为目的，聚众赌博或者以赌博为业，依法应当受到刑罚处罚的行为。本罪具有如下构成特征：

（1）本罪侵犯的客体是社会秩序。赌博不仅危害社会秩序，影响生产、工作和生活，而且往往是诱发其他犯罪的温床，对社会危害很大，应予严厉打击。

（2）本罪客观方面表现为聚众赌博或者以赌博为业的行为。

“聚众赌博”指组织、招引多人进行赌博，犯罪嫌疑人从中抽头渔利；“以赌博为业”指嗜赌成性，且以赌博所得为其生活来源。只要具备聚众赌博或以赌博为业的其中一种行为即可。

（3）本罪主体为一般主体，即年满16周岁以上且具备刑事责任能力的自然人。

（4）本罪在主观方面表现为故意，并且以营利为目的。即行为人聚众赌博或者参加赌博，是为了获取钱财，而不是为了消遣、娱乐；但是要注意的是，以营利为目的并不是赌博结果一定要赢得钱财，实际是否获取钱财不影响行为人具备赌博罪的主观要件。

（二）赌博罪的认定

1. 本罪与一般违法行为的区别

主要考虑主观上是否以营利为目的，客观上是否具有聚众赌博、开设赌场、以赌博为业的行为。对于虽然多次参加赌博，但不是以赌博为生活来源或主要经济来源的；或者行为人虽然提供赌场、赌具，本人未从中渔利的，都不能认定赌博罪。以上这些行为若情节严重，可依我国治安管理处罚法有关规定处理。

2. 本罪与诈骗罪的区别

诈骗罪是以非法占有为目的，以欺骗的手段非法取得公私财物的行为。虽然都有赌的行为，但诈骗罪是制造虚假事实、引诱他人参加赌博，以非法占有为目的；赌博活动本身则是凭偶然之事实决定输赢，其目的仍在于通过赌博达到营利的目的，而不是以非法占有为目的。所以如果以赌博为名，行诈骗之实，诈骗对方的财物的行为应构成诈骗罪。

（三）对赌博罪的处罚

我国刑法第三百零三条规定：

（1）以营利为目的，聚众赌博或者以赌博为业的，处3年以下有期徒刑、拘役或者管制，并处罚金。

（2）开设赌场的，处3年以下有期徒刑、拘役或者管制，并处罚金；情节严重的，处3年以上10年以下有期徒刑，并处罚金。

二、伪证罪

（一）伪证罪的概念与特征

伪证罪，是指在刑事诉讼中，证人、鉴定人、记录人和翻译人对与案件有重要关系的情节，故意作虚假证明、鉴定、记录、翻译，意图陷害他人或者隐匿罪证，依法应当受到刑罚处罚的行为。本罪具有如下构成特征：

（1）本罪侵犯的客体是司法机关的正常活动，且特指司法机关的刑事诉讼活动。司法机关的民事诉讼活动、行政诉讼活动不能成为伪证罪的客体要件。本罪侵犯的对象，可以是有罪的人，也可以是被怀疑有罪而实际上无罪的人。

（2）本罪在客观方面表现为在刑事侦查、起诉、审判中，对与案件有重要关系的情节，作虚假的证明、鉴定、记录、翻译的行为，或者隐匿罪证的行为。

“作虚假”包括证人作了虚假的证明、鉴定人作了不符合事实真相的鉴定、记录人作了不真实的记录、翻译人作了歪曲原意的翻译等；“隐匿罪证”指掩盖歪曲事实真相、毁灭证据，将应该提供的证据予以隐匿。至于伪证行为是否造成了错判，不影响定罪，可作为量刑的情节予以考虑。

（3）本罪的主体是特殊主体，即在刑事诉讼中的证人、鉴定人、记录人和翻译人。

“证人”是根据司法机关的要求，陈述自己所知道的案件情况的人；“鉴定人”是司法机关为鉴别案件中某些情节的真伪和事实真相而指派或聘请的、具有专门知识或者特殊技能的人；“记录人”是为案件的调查取证，询问证人、被害人或审问犯罪嫌疑人、被告人等作记录的人；“翻译人”是司法机关指派或聘请为案件中的外籍、少数民族或聋哑人等诉讼参与人充当翻译的人员，以及为案件中的法律文书或者证据材料等有关资料做翻译的人员。

（4）本罪在主观方面必须出于直接故意，即行为人明知虚假陈述或隐匿的是与案件有重要关系的情节，但为了陷害他人或者隐匿罪证故意为之。

（二）伪证罪的认定

1. 本罪与诬告陷害罪的区别

区别	伪证罪	诬告陷害罪
主体	特殊主体	一般主体
对象	在与案件有重要关系的个别情节上提供伪证	捏造整个犯罪事实
发生阶段	整个刑事诉讼中	立案侦查之前实行的，并且是引起案件侦查的原因
犯罪目的	可以是陷害他人，也可以是包庇罪犯	只能是陷害他人

2. 本罪与包庇罪的区别

区别	伪证罪	包庇罪
主体要件	特殊主体	一般主体
实施犯罪的时间	只能在侦查、审判阶段实施	可以在犯罪分子被逮捕、关押前实施，也可以在被逮捕、判刑之后实施
犯罪的内容	与案件有重要关系的犯罪情节	可以是全部罪行或者重要犯罪事实
对象	在侦查、审判中，未被逮捕或未被判决的未决犯罪嫌疑人	可以是未决犯罪嫌疑人，也可以是已决犯人，或者是服刑中逃跑的犯罪分子

（三）对伪证罪的处罚

我国刑法第三百零五条规定："在刑事诉讼中，证人、鉴定人、记录人、翻译人对与案件有重要关系的情节，故意作虚假证明、鉴定、记录、翻译，意图陷害他人或者隐匿罪证的，处3年以下有期徒刑或者拘役；情节严重的，处3年以上7年以下有期徒刑。"

三、医疗事故罪

（一）医疗事故罪的概念与特征

医疗事故罪，是指医务人员严重不负责任，造成就诊人（病人）死亡或者严重损害就诊人（病人）身体健康，依法应当受到刑罚处罚的行为。本罪具有如下构成特征：

（1）本罪侵犯的客体是医疗单位的正常工作秩序，以及公民的生命健康权利。

（2）本罪在客观方面表现为违反医疗规章制度，对工作严重不负责任，

造成就诊人（病人）死亡或者严重损害就诊人（病人）身体健康的行为，包括以下三个方面：医务人员在诊疗护理工作中有严重不负责任的行为；严重不负责任行为导致就诊人（病人）严重损害身体健康或死亡的结果；严重不负责任行为与就诊人（病人）重伤、死亡之间必须存在刑法上的因果关系。

（3）本罪主体为特殊主体，是达到刑事责任年龄并具有刑事责任能力的实施了违章医疗行为的医务人员，具体包括从事诊疗、护理的人员，药剂人员及经批准的个体

行医人员。实践中既无医疗技能又未取得行医许可证的非法行医者，不属于医疗事故罪的主体。

（4）本罪在主观方面表现为过失，且须强调的是行为人主观上对病人伤亡存在重大业务过失。

（二）医疗事故罪的认定

1. 本罪与医疗差错的区别

两者区别在于所造成的后果不同：医疗差错未造成就诊人（病人）死亡、残废、组织器官损伤导致功能障碍的不良后果；本罪则造成了就诊人（病人）死亡或身体健康严重损害的后果。

2. 本罪与医疗意外的区别

两者最关键的区别在于主观上有无过失：如果是由医务人员责任心不强，违反规章制度或诊疗常规造成的，则构成医疗事故罪，是疏忽大意过失，对严重后果的发生是应当预见而没有预见；如果是由医务人员难以预料或难以防范的因素所引起，属于医疗意外，对严重后果的发生是难以预见而没有预见，不能以犯罪论处。

（三）对医疗事故罪的处罚

我国刑法第三百三十五条规定：“医务人员严重不负责任，造成就诊人死亡或者严重损害就诊人身体健康的，处 3 年以下有期徒刑或者拘役。”

四、污染环境罪

（一）污染环境罪的概念与特征

污染环境罪，是指违反防治环境污染的法律规定，排放有害物质，造成环境污染，后果严重，依法应受到刑罚处罚的行为。本罪具有如下构成特征：

（1）本罪侵犯的客体为国家环境保护和环境污染防治的管理制度。

（2）本罪在客观方面表现为违反国家规定，向土地、水体和大气排放危险废物，造成环境污染，致使公私财产遭受重大损失或者人身伤亡的严重后果的行为。其中，相关国家规定包括：《中华人民共和国环境保护法》《中华人民共和国大气污染防治法》《中华人民共和国水污染防治法》《中华人民共和国海洋环境保护法》《中华人民共和国固体废物污染环境防治法》等法律，以及《放射防护条例》《工业“三废”排放试行标准》等一系列专门法规。

（3）本罪的主体为一般主体。自然人主体即年满 16 周岁以上且具有刑事责任能力的人，均可构成本罪。单位也可以成为本罪主体。

（4）本罪在主观方面表现为故意。

（二）对污染环境罪的处罚

最高人民法院、最高人民检察院对《中华人民共和国刑法修正案（八）》罪名作出补充规定，取消原“重大环境污染事故罪”罪名，改为“污染环境罪”，从 2011 年 5 月 1 日起施行。对本罪的处罚如下：“违反国家规定，排放、倾倒或者处置有放射性的废物、含传染病病原体的废物、有毒物质或者其他有害物质，严重污染环境的，处 3

年以下有期徒刑或者拘役，并处或者单处罚金；后果特别严重的，处3年以上7年以下有期徒刑，并处罚金。"

五、走私、贩卖、运输、制造毒品罪

（一）走私、贩卖、运输、制造毒品罪的概念与特征

走私、贩卖、运输、制造毒品罪，是指明知是毒品而故意实施走私、贩卖、运输、制造，依法应受到刑罚处罚的行为。本罪具有如下构成特征：

（1）本罪侵犯的客体是国家对毒品的管理制度和人民的生命健康。

本罪的对象是毒品，包括鸦片、海洛因、甲基苯丙胺（冰毒）、吗啡、大麻、可卡因以及国务院规定管制的其他能够使人形成瘾癖的麻醉药品和精神药品。[①] 由于毒品既有医用价值，又能使人成瘾、产生依赖性，因而犯罪分子利用其来牟取非法利润。

（2）本罪客观方面表现为行为人进行走私、贩卖、运输、制造毒品的行为。"走私毒品"是非法运输、携带、邮寄毒品进出国（边）境的行为；"贩卖毒品"是有偿转让毒品或者以贩卖为目的而非法收购毒品；"运输毒品"是采用携带、邮寄、利用他人或者使用交通工具等方法在我国领域内将毒品转移地点；"制造毒品"是使用原材料而制作成原材料以外的物。

（3）本罪的主体是一般主体，即年满16周岁以上且具有刑事责任能力的自然人。另，本罪特殊的情况为：已满14周岁未满16周岁的未成年人贩卖毒品的[②]，应当负刑事责任。

（4）本罪在主观方面表现为故意，且是直接故意，即明知是毒品而走私、贩卖、运输、制造，过失不构成本罪。

（二）走私、贩卖、运输、制造毒品罪的认定

1. 本罪与其他犯罪的区别

行为人在既走私毒品又走私其他货物、物品的，一般实行数罪并罚；行为人故意以非毒品冒充毒品或者明知是假毒品而贩卖营利的，应定诈骗罪；行为人在生产、销售的食品中掺入微量毒品的，应定生产、销售有毒、有害食品罪。

2. 本罪的既遂与未遂

由于本罪有四种行为方式——走私、贩卖、运输、制造，所以既遂的标准因行为不同而有异：走私毒品的使毒品进入国内领域内、装载毒品的船舶到达本国港口或航空器到达本国领土内时为既遂；贩卖毒品的以毒品实际上转移给买方为既遂；运输毒品的以毒品到达目的地时是犯罪既遂；制造毒品的以实际上制造毒品为既遂，但毒品数量、纯度等都不影响既遂的成立。

（三）对走私、贩卖、运输、制造毒品罪的处罚

根据我国刑法第三百四十七条等的规定，对本罪的处罚如下：

① 根据《中华人民共和国刑法》第三百五十七条规定。
② 根据《中华人民共和国刑法》第十七条第二款规定。

（1）处十五年有期徒刑、无期徒刑或者死刑，并处没收财产：①走私、贩卖、运输、制造鸦片 1 000 克以上、海洛因或者甲基苯丙胺 50 克以上或者其他毒品数量大的；②走私、贩卖、运输、制造毒品集团的首要分子；③武装掩护走私、贩卖、运输、制造毒品的；④以暴力抗拒检查、拘留、逮捕，情节严重的；⑤参与有组织的国际贩毒活动的。

（2）走私、贩卖、运输、制造鸦片 200 克以上不满 1 000 克、海洛因或者甲基苯丙胺 10 克以上不满 50 克或者其他毒品数量较大的，处 7 年以上有期徒刑，并处罚金。

（3）走私、贩卖、运输、制造鸦片不满 200 克、海洛因或者甲基苯丙胺不满 10 克或者其他少量毒品的，处 3 年以下有期徒刑、拘役或者管制，并处罚金；情节严重的，处 3 年以上 7 年以下有期徒刑，并处罚金。

（4）单位犯本罪的，对单位判处罚金，并对其直接负责的主管人员和其他直接责任人员，依照自然人犯本罪的规定处罚。

（5）利用、教唆未成年人走私、贩卖、运输、制造毒品，或者向未成年人出售毒品的，从重处罚。

另，本罪是选择性罪名，以实施的行为确定罪名。实施了其中两种以上行为的，不实行数罪并罚。

根据《量刑指导意见》的规定，构成走私、贩卖、运输、制造毒品罪的，可以根据下列不同情形在相应的幅度内确定量刑起点：

（1）走私、贩卖、运输、制造鸦片 1 000 克，海洛因、甲基苯丙胺 50 克或者其他毒品数量达到数量大起点的，量刑起点为 15 年有期徒刑。依法应当判处无期徒刑以上刑罚的除外。

（2）走私、贩卖、运输、制造鸦片 200 克，海洛因、甲基苯丙胺 10 克或者其他毒品数量达到数量较大起点的，可以在 7 年至 8 年有期徒刑幅度内确定量刑起点。

（3）走私、贩卖、运输、制造鸦片不满 200 克，海洛因、甲基苯丙胺不满 10 克或者其他少量毒品的，可以在 3 年以下有期徒刑、拘役幅度内确定量刑起点；情节严重的，可以在 3 年至 4 年有期徒刑幅度内确定量刑起点。

再根据《量刑指导意见》的规定，有下列情节之一的，可以增加基准刑的 10%~30%：①利用、教唆未成年人走私、贩卖、运输、制造毒品的；②向未成年人出售毒品的；③毒品再犯。有下列情节之一的，可以减少基准刑的 30% 以下：①受雇运输毒品的；②毒品含量明显偏低的；③存在数量引诱情形的。

第二十五章　危害国防利益罪

第一节　危害国防利益罪概述

一、危害国防利益罪的概念及特征

（一）危害国防利益罪的概念

危害国防利益罪，是指违反国防法律、法规，拒不履行国防义务或以其他形式危害国防利益，依法应当受到刑罚处罚的行为。

（二）危害国防利益罪的特征

（1）本类犯罪所侵犯的客体，是中华人民共和国的国防利益。

（2）本类犯罪主体既可以是公民个人，也可以是单位，还有极个别的军职人员。

（3）本类犯罪客观上表现为行为人实施了危害国防利益的行为。危害国防利益的行为具体规定在《中华人民共和国国防法》《中华人民共和国兵役法》《中华人民共和国军事设施保护法》《中华人民共和国预备役军官法》《中华人民共和国人民防空法》《中华人民共和国征兵工作条例》等法律法规中。

（4）本类犯罪主观上既可以是故意，也可以是过失。

二、危害国防利益罪的种类

根据我国刑法第七章的规定，危害国防利益罪按其所侵犯的直接客体的不同，分为五个方面的犯罪，即：

（一）危害国防安全方面的犯罪

该罪包括：阻碍军人执行职务罪和阻碍武装部队军事行动罪；破坏武器装备罪、破坏军事设施罪和破坏军事通信罪；妨害军事禁区管理秩序罪、妨害军事管理区管理秩序罪。

（二）危害军队作战利益方面的犯罪

该罪包括：提供虚假敌情罪、战时造谣惑众罪；为逃离部队军人提供隐蔽处所财物罪；战时拒绝或者故意延误军事订货罪；战时拒绝军事征用罪。

（三）危害军队战斗力方面的犯罪

该罪包括：提供不合格武器装备、军事设施罪；煽动军人逃离部队或者故意雇用逃离部队军人罪；接送不合格兵员罪。

（四）危害战争动员秩序和兵役制度方面的犯罪

该罪包括：战时拒绝、逃避征召或者军事训练罪；战时拒绝、逃避服役罪。

（五）损害军队声誉方面的犯罪

该罪包括：冒充军人招摇撞骗罪；伪造、变造、买卖或者盗窃、抢夺武装部队公文、证件、印章罪。

第二节　重点罪名论述

一、危害国防安全方面的犯罪

（一）妨害军事行动罪

妨害军事行动罪，是指行为人以暴力、威胁的方法阻碍军人依法执行职务或者阻碍武装部队军事行动，依法应受到刑罚处罚的行为。

1. 妨害军事行动罪罪名

妨害军事行动罪包括两个罪名，即阻碍军人执行职务罪和阻碍武装部队军事行动罪。

“阻碍军人执行职务罪”，是指使用暴力或者以暴力手段相威胁等方法设置障碍，阻碍军人履行职责，依法应受到刑罚处罚的行为。本罪侵犯的客体是军人依法执行职务的活动；本罪客观方面表现是行为人实施了以暴力、威胁方法阻碍军人执行职务的行为；本罪主体为一般主体，特定情况下，军人也可以构成本罪主体；本罪主观方面须故意。

“阻碍武装部队军事行动罪”，是指故意阻碍武装部队军事活动，造成严重后果，依法应受到刑罚处罚的行为。本罪侵犯的客体是武装部队的军事活动；本罪客观方面表现为以暴力或者威胁方式阻碍武装部队军事活动；本罪主体是一般主体；本罪主观方面为故意。

2. 对妨害军事行动罪的处罚

我国刑法第三百六十八条规定，构成此罪的，处3年以下有期徒刑、拘役、管制或者罚金；故意阻碍武装部队军事行动，造成严重后果的，处5年以下有期徒刑或者拘役。

（二）破坏武器装备、军事设施、军事通信罪

破坏武器装备、军事设施、军事通信罪，是指行为人出于泄愤报复或者其他个人目的，对武器装备、军事设施或者军事通信进行破坏，依法应受刑罚处罚的行为。

本罪侵犯的客体是军队战斗力的物质基础和通信保障；本罪客观方面表现为破坏武器装备、军事设施、军事通信的行为；本罪主体是一般主体；本罪主观方面是故意（如果是过失，则构成我国刑法分则所规定的过失损坏武器装备、军事设施、军事通

信罪）。

破坏武器装备、军事设施或军事通信的犯罪行为，不仅严重危害武器装备和军事设施的安全，也严重损害国家的财产。以放火、爆炸等危险方法破坏武器装备、军事设施、军事通信的，从一重罪处罚。

根据我国刑法第三百六十九条规定，“破坏武器装备、军事设施、军事通信的，处3年以下有期徒刑、拘役或者管制；破坏重要武器装备、军事设施、军事通信的，处3年以上10年以下有期徒刑；情节特别严重的，处10年以上有期徒刑、无期徒刑或者死刑”；“过失犯前款罪，造成严重后果的，处3年以下有期徒刑或者拘役；造成特别严重后果的，处3年以上7年以下有期徒刑。”“战时犯前两款罪的，从重处罚。”

二、危害军队作战利益方面的犯罪

（1）提供虚假敌情罪，是指行为人在战时故意向武装部队提供虚假敌情，造成严重后果，依法应受刑罚处罚的行为。

我国刑法第三百七十七条规定，构成此罪的，处3年以上10年以下有期徒刑；造成特别严重后果的，处10年以上有期徒刑或者无期徒刑。

（2）战时造谣惑众罪，是指行为人出于主观上的故意和个人目的，在战时造谣惑众、扰乱军心，依法应受刑罚处罚的行为。

我国刑法第三百七十八条规定，构成此罪的，处3年以下有期徒刑、拘役或者管制；情节严重的，处3年以上10年以下有期徒刑。

三、危害军队战斗力方面的犯罪

（一）提供不合格武器装备、军事设施罪

提供不合格武器装备、军事设施罪，是指行为人出于主观上的故意，向武装部队提供不合格武器装备和军事设施，依法应受刑罚处罚的行为。它包括故意提供不合格武器装备罪和故意提供不合格军事设施罪。

我国刑法第三百七十条规定，构成此罪的，处5年以下有期徒刑或者拘役；情节严重的，处5年以上10年以下有期徒刑；情节特别严重的，处10年以上有期徒刑、无期徒刑或者死刑。属于过失构成此罪，造成严重后果的，处3年以下有期徒刑或者拘役；造成特别严重后果的，处3年以上7年以下有期徒刑。单位故意犯此罪的，对单位判处罚金，并对其直接负责的主管人员和其他直接责任人员，依照本条第一款的规定处罚。

（二）接送不合格兵员罪

接送不合格兵员罪，是指行为人违反兵员征集法规，在征兵工作中徇私舞弊，接送不合格兵员，情节严重，依法应受刑罚处罚的行为。“不合格兵员”指身体条件、文化条件和政治条件不符合法定标准的兵员。

我国刑法第三百七十四条规定，构成此罪的，处3年以下有期徒刑或者拘役；造成特别严重后果的，处3年以上7年以下有期徒刑。

四、危害战争动员秩序和兵役制度方面的犯罪

战时拒绝、逃避服役罪，是指在战时情况下或国家进行战争动员后，公民违反兵役法，拒绝、逃避服役，情节严重，依法应受刑罚处罚的行为。它包括战时拒绝服役罪和战时逃避服役罪。

根据我国刑法第三百七十六条第二款规定，构成此罪的，处 2 年以下有期徒刑或拘役。

五、损害军队声誉方面的犯罪

冒充军人招摇撞骗罪，是指非军职人员为牟取非法利益，冒充军人招摇撞骗，依法应受刑罚处罚的行为。这种犯罪行为严重损害了军队声誉，侵犯了军人的合法权益，也严重扰乱了社会的治安秩序。

本罪侵犯的客体是军队的声誉、威信及其正常活动；本罪客观方面表现为实施了假冒军人进行招摇撞骗的行为；本罪主体是一般主体，非军职人员；本罪主观方面是故意，并须具有非法牟利的目的。

根据我国刑法第三百七十二条规定，构成此罪的，处三年以下有期徒刑、拘役、管制或者剥夺政治权利；情节严重的，处 3 年以上 10 年以下有期徒刑。

第二十六章　贪污贿赂罪

第一节　贪污贿赂罪概述

一、贪污贿赂罪的概念和特征

（一）贪污贿赂罪的概念

贪污贿赂罪，是指国家工作人员或国有单位实施的贪污、受贿等侵犯国家廉政建设制度，以及与贪污、受贿犯罪密切相关的侵犯职务廉洁性，依法应受刑事处罚的行为。

（二）贪污贿赂罪的特征

贪污贿赂罪具有以下几个特征：

（1）本类犯罪侵犯的客体是国家的廉政建设制度。国家的廉政建设制度包括恪尽职守、廉洁奉公、吏治清明、反对腐败等。

（2）本类犯罪在客观方面表现为侵犯国家廉政制度情节严重的行为。大多数为国家工作人员利用职务之便贪污、受贿、挪用公款，其他是与国家工作人员职务密切相关的行为，如拒不说明巨额财产来源、隐瞒境外存款，还有部分是对向性的行贿、介绍贿赂的行为。本类犯罪除巨额财产来源不明罪、隐瞒境外存款罪表现为不作为之外，其他犯罪通常表现为作为。

（3）本类犯罪的主体包括自然人和单位。自然人大多数要求是特殊主体，即国家工作人员；少数犯罪的主体，如行贿罪、介绍贿赂罪等犯罪主体为一般主体。

（4）本类犯罪在主观方面均由故意构成，即明知自己的行为会损害国家工作人员职务的廉洁性，并且希望或放任这种结果发生。

二、贪污贿赂罪的种类

根据我国刑法第八章的规定，贪污贿赂罪共有13个具体罪名，并可分为两类：

（一）贪污犯罪

贪污犯罪包括贪污罪、挪用公款罪、巨额财产来源不明罪、隐瞒境外存款罪、私分国有资产罪和私分罚没财产罪。

（二）贿赂犯罪

贿赂犯罪包括受贿罪、单位受贿罪、利用影响力受贿罪、行贿罪、对单位行贿罪、介绍贿赂罪、单位行贿罪。

第二节 重点罪名论述

一、贪污罪

（一）贪污罪的概念和特征

贪污罪，是指国家工作人员和受国家机关、国有公司、企业事业单位、人民团体委托管理、经营国有财产的人员，利用职务上的便利，侵吞、窃取、骗取或者以其他手段非法占有公共财物，依法应受刑事处罚的行为。本罪具有如下构成特征：

（1）本罪的客体是复杂客体，即本罪既侵犯国家工作人员的职务廉洁性，也侵犯公共财产的所有权。

（2）本罪的客观方面表现为行为人利用职务上的便利，侵吞、窃取、骗取或者以其他手段非法占有公共财物的行为。在这里，利用职务上的便利和非法占有公共财物二者缺一不可。

（3）本罪的主体是特殊主体。具体包括两类人员：

一类是国家工作人员（本章所述以下罪中国家工作人员均同于此），包括①：国家机关从事公务的人员；国有公司、企业、事业单位、人民团体中从事公务的人员；国家机关、国有公司、企业、事业单位委派到非国有公司、企业、事业单位、社会团体从事公务的人员；其他依照法律从事公务的人员。另一类是国家机关、国有公司、企业、事业单位、人民团体委托管理、经营国有财产的人员。

（4）本罪的主观方面是直接故意，并且以非法占有为目的。即行为人明知自己的行为侵犯了职务行为的廉洁性，会发生侵犯公共财产的结果，并且希望这种结果的发生。

（二）贪污罪的认定

根据《最高人民法院、最高人民检察院关于办理商业贿赂刑事案件适用法律若干问题的意见》第十条规定：办理商业贿赂犯罪案件，要注意区分贿赂与馈赠的界限。主要分析判断如下因素：发生财物往来的背景，如双方是否存在亲友关系及历史上交往的情形和程度；往来财物的价值；财物往来的缘由、时机和方式，提供财物方对于接受方有无职务上的请托；接受方是否利用职务上的便利为提供方谋取利益；等等。

（三）对贪污罪的处罚

根据我国刑法第三百八十三条规定，对犯贪污罪的，根据情节轻重，分别依照下列规定处罚：

（1）个人贪污数额在10万元以上的，处10年以上有期徒刑或者无期徒刑，可以并处没收财产；情节特别严重处死刑，并处没收财产。

---

① 根据《中华人民共和国刑法》第九十三条的规定。

（2）个人贪污数额在5万元以上不满10万元，处5年以上有期徒刑，并处没收财产；犯罪情节特别严重的，判处无期徒刑，并处没收财产。

（3）个人的贪污数额在5 000元以上不满5万元，处1年以上7年以下有期徒刑；犯罪情节严重的，处7年以上10年以下有期徒刑。

（4）个人的贪污数额在5 000元以上不满1万元，犯罪之后有悔改表现、积极退赃的，减轻处罚或者免予刑事处罚，建议由其所在单位或者上级主管机关给予行政处分。

（5）个人的贪污数额不满5 000元，情节较重，判处2年以下有期徒刑或者拘役；情节较轻，建议由其所在单位或者上级主管机关酌情给予行政处分处罚。

（6）对多次贪污未经处理的，按照累计贪污数额处罚。

二、挪用公款罪

（一）挪用公款罪的概念和特征

挪用公款罪，是指国家工作人员利用职务上的便利，挪用公款归个人使用，进行非法活动，或者挪用公款数额较大进行营利活动，或者挪用公款数额较大，超过3个月未还的，依法应受刑事处罚的行为。本罪具有如下构成特征：

（1）本罪侵犯的客体既包括国家工作人员的职务廉洁性，也包括公共财产的占有使用收益权。

（2）本罪的客观方面表现为行为人利用职务上的便利，挪用公款归个人使用，进行非法活动，或者挪用公款数额较大进行营利活动，或者挪用公款数额较大超过三个月未还的。

（3）本罪的主体是特殊主体，即只能由国家工作人员构成。

（4）本罪的主观方面是直接故意。

（二）本罪与贪污罪的区别

两罪都是利用职务之便、都是出于直接故意。主要区别如下：

区别	挪用公款罪	贪污罪
犯罪对象	公款和特定公物	公共财产
侵犯程度	占有、使用、收益权	占有、使用、收益、处分权
行为方式	使用公款	占有财物
犯罪目的	暂时使用	永久占有
构成犯罪的时限要求	数额较大归个人进行非营利性的合法使用的，必须非法控制公款超过3个月未还才构成犯罪	只要非法占有了公物即构成犯罪
法律后果	未超过1万元归个人进行非营利性的合法使用时，超过3个月后在案发前全部归还本息的，可不认为犯罪	贪污行为一经实施，即使在案发前全部退赃也不影响其犯罪的构成
量刑程度	处罚较轻	处罚较重

（三）对挪用公款罪的处罚

我国刑法第三百八十四条规定：

（1）国家工作人员利用职务上的便利，挪用公款归个人使用的，进行非法活动，或者挪用公款数额较大、进行营利活动，或者挪用公款数额较大、超过 3 个月未还，为挪用公款罪，处 5 年以下有期徒刑或者拘役。

（2）情节严重，处 5 年以上有期徒刑。

（3）挪用公款数额巨大不退还，处 10 年以上有期徒刑或者无期徒刑。

（4）挪用用于救灾和抢险与防汛、优抚、扶贫、移民、救济款物归个人使用，从重处罚。

三、巨额财产来源不明罪

（一）巨额财产来源不明罪的概念和特征

巨额财产来源不明罪，是指国家工作人员的财产或者支出明显超过合法收入，差额巨大，本人不能说明其来源是合法的，依法应受刑事处罚的行为。本罪具有如下构成特征：

（1）本罪侵犯的首要客体是国家工作人员职务行为的廉洁性；其次侵犯了国有财产、集体财产和公民个人的财产所有权。

（2）本罪在客观方面表现为国家工作人员的财产或支出明显超过合法收入，且差额巨大，并且本人不能说明其合法来源。本罪的行为状态，表现为国家工作人员对数额巨大的不合法财产的占有和支配。

（3）本罪的主体是特殊主体，即只能由国家工作人员构成。

（4）本罪在主观上是故意，即行为人明知财产不合法而故意占有，案发后又故意拒不说明财产的真正来源，或者有意编造财产来源的合法途径。

（二）巨额财产来源不明罪的认定

首先，国家工作人员的合法收入是计算非法所得数额的基础。国家工作人员的合法收入，包括工资、奖金、各种补贴、本人的其他劳动收入、亲友的馈赠和依法继承的财产等。如果行为人能够说明财产的来源是合法的，并经查证属实的，应作为本人的合法收入。

其次，本罪虽然作为一个独立的罪名，但与贪污罪、受贿罪有着密切的联系，因为很多巨额财产来源不明就是还没被查明证实的贪污罪和受贿罪。也就是行为人拥有的来源不明的巨额财产既可能来自于贪污、受贿，也可能来自于其他犯罪行为。

（三）对巨额财产来源不明罪的处罚

我国刑法第三百九十五条规定："国家工作人员的财产、支出明显超过合法收入，差额巨大的，可以责令该国家工作人员说明来源，不能说明来源的，差额部分以非法所得论，处 5 年以下有期徒刑或者拘役；差额特别巨大的，处 5 年以上 10 年以下有期徒刑。财产的差额部分予以追缴。"

《关于人民检察院直接受理立案侦查案件立案标准的规定（试行）》规定："涉嫌

巨额财产来源不明，数额在30万元以上的，应予立案。”

四、受贿罪

(一) 受贿罪的概念和特征

受贿罪，是指国家工作人员利用职务上的便利，索取他人财物的，或者非法收受他人财物，为他人谋取利益，依法应受刑事处罚的行为。本罪具有如下构成特征：

(1) 本罪侵犯的客体是国家机关、国有公司、企事业单位、人民团体的正常管理活动及国家工作人员的职务廉洁性。

(2) 本罪的客观方面表现为利用职务上的便利，索取他人财物或者非法收受他人财物，为他人谋取利益的行为。“利用职务上的便利”是指利用本人职务上主管、负责或者承办某项公共事务的权利所形成的便利条件，包括利用职务上的便利和利用与职务有关的便利条件。

受贿罪的行为方式有以下四种：一是索贿，即主动向他人索取财物；二是收受贿赂，即非法收受他人财物，并为他人谋取利益（可以是不正当利益，也可以是正当利益）；三是收受回扣、手续费等①；四是斡旋受贿②。

(3) 本罪的主体是特殊主体，即只能由国家工作人员构成。但是请注意，在特殊情况下，国家工作人员的亲属，可以成为受贿罪的共犯，而无论该亲属本身是否具有国家工作人员身份。

(4) 本罪的主观方面是直接故意。即只有行为人是出于故意所实施的受贿犯罪行为才构成受贿罪，过失行为不构成本罪。

(二) 受贿罪的认定

(1) 对于索取他人财物的，不论是否“为他人谋取利益”，均可构成受贿罪。

(2) 对于非法收受他人财物的，须同时具备“为他人谋取利益”，才能构成受贿罪。但为他人谋取的利益是否为正当的利益以及该利益是否实现，均不影响受贿罪的成立。

(3) 根据《全国法院审理经济犯罪案件工作座谈会纪要》规定，非国家工作人员与国家工作人员勾结伙同受贿的，应当以受贿罪的共犯追究刑事责任。

(三) 对受贿罪的处罚

我国刑法第三百八十六条规定：“对犯受贿罪的，根据受贿所得数额及情节，依照本法第三百八十三条的规定处罚。索贿的从重处罚。”

我国刑法第三百八十三条规定：“对犯贪污罪的，根据情节轻重，分别依照下列规定处罚：贪污数额较大或者有其他较重情节的，处3年以下有期徒刑或者拘役，并处罚金；贪污数额巨大或者有其他严重情节的，处3年以上10年以下有期徒刑，并处罚金或者没收财产；贪污数额特别巨大或者有其他特别严重情节的，处10年以上有期徒

① 《中华人民共和国刑法》第三百八十五条第二款规定。

② 《中华人民共和国刑法》第三百八十八条规定。

刑或者无期徒刑，并处罚金或者没收财产；数额特别巨大，并使国家和人民利益遭受特别重大损失的，处无期徒刑或者死刑，并处没收财产。对多次贪污未经处理的，按照累计贪污数额处罚。”

五、单位行贿罪

（一）单位行贿罪的概念和特征

单位行贿罪，是指单位为谋取不正当利益而行贿，或者违反国家规定，给予国家工作人员以回扣、手续费，情节严重，依法应受刑罚处罚的行为。本罪具有如下构成特征：

（1）本罪侵犯的客体，主要是国家机关、公司、企业、事业单位和团体的正常管理活动、职能活动及声誉。本罪的犯罪对象是财物。该财物一般是公司、企业、事业单位、机关、团体的财物，而非某个人的财物。同时，也包括一些具有财产性质的利益，如国内外旅游等。

（2）本罪在客观方面表现为公司、企业、事业单位、机关、团体为了谋取不正当利益，给予国家工作人员以数额较大的财物，或者违反国家规定，给予上述人员“回扣”“手续费”，情节严重的行为。

（3）本罪的主体必须是单位①，不仅包括公司、企业、事业单位、机关、团体，还包括集体所有制企业、中外合作企业、有限公司、外资公司、私营公司等。

（4）本罪在主观方面表现为直接故意，并且具有为本单位谋取不正当利益的目的。

（二）单位行贿罪的认定

实践中要注意某些单位没有行贿的故意，而是因被勒索被迫给予国家工作人员（即国家机关、国有公司、企业、事业单位中从事公务的人员和国家机关、国有公司、企业、事业单位委派到非国有公司、企业、事业单位、社会团体中从事公务的人员）以财物的，没有获得不正当利益的，不能认定为单位行贿。

公司、机关、事业单位等及其分支机构、内设职能部门都能成为单位犯罪主体。但是个体工商户不能成为单位犯罪主体。

（三）对单位行贿罪的处罚

我国刑法第三百九十三条规定：“单位为谋取不正当利益而行贿，或者违反国家规定，给予国家工作人员以回扣、手续费，情节严重的，对单位判处罚金，并对其直接负责的主管人员和其他直接责任人员，处五年以下有期徒刑或者拘役。”

---

① 根据《中华人民共和国刑法》第三十条及最高人民法院《关于审理单位犯罪案件具体应用法律有关问题的解释》的规定。

第二十七章　渎职罪

第一节　渎职罪概述

一、渎职罪的概念及特征

（一）渎职罪的概念

渎职罪，是指国家机关工作人员利用职务上的便利或者徇私舞弊、滥用职权、玩忽职守，妨害国家机关的正常活动，损害公众对国家机关工作人员职务活动客观公正性的信赖，致使国家与人民利益遭受重大损失，依法应受刑罚处罚的行为。

（二）渎职罪的特征

（1）本类犯罪的犯罪主体限定为国家机关工作人员。但在依照法律、法规规定行使国家行政管理职权的组织中从事公务的人员，或者在受国家机关委托代表国家机关行使职权的组织中从事公务的人员，或者虽未列入国家机关人员编制但在国家机关中从事公务的人员在代表国家机关行使职权时有渎职行为，构成犯罪的，依照刑法关于渎职罪的规定追究刑事责任。[①] 比如协管、协警及治安联防人员等。

（2）本类犯罪侵犯的客体是国家机关的正常活动。国家机关包括权力机关、行政机关、审判机关、检察机关等。

（3）本类犯罪的主观方面大多数出于故意，少数出于过失。且故意与过失的具体内容因具体犯罪不同而不同。

（4）本类犯罪的客观方面表现为利用职务上的便利或者徇私舞弊、滥用职权、玩忽职守，致使国家和人民利益遭受重大损失的行为。

二、渎职罪的种类

我国刑法第九章规定有35个罪名。根据客观表现可分为三类犯罪：

（一）滥用职权型渎职罪

该类罪包括滥用职权罪，故意泄露国家秘密罪，私放在押人员罪，违法发放林木采伐许可证罪，办理偷越国（边）境人员出入境证件罪，放行偷越国（边）境人员罪，阻碍解救被拐卖、绑架妇女、儿童罪，帮助犯罪分子逃避处罚罪。

① 全国人大常委会关于《中华人民共和国刑法》第九章渎职罪主体适用问题的立法解释。

（二）玩忽职守型渎职罪

该类罪包括玩忽职守罪，过失泄露国家秘密罪，失职致使在押人员脱逃罪，国家机关工作人员签订、履行合同失职被骗罪，环境监管失职罪，传染病防治失职罪，商检失职罪，动植物检疫失职罪，不解救被拐卖、绑架妇女、儿童罪，失职造成珍贵文物损毁、流失罪。

（三）徇私舞弊型渎职罪

该类罪包括徇私枉法罪，民事、行政枉法裁判罪，执行裁判玩忽职守、滥用职权罪，徇私舞弊减刑、假释、暂予监外执行罪，徇私舞弊不移交刑事案件罪，滥用管理公司、证券职权罪，徇私舞弊不征、少征税款罪，徇私舞弊发售发票、抵扣税款、出口退税罪，违法提供出口退税凭证罪，非法批准征用、占用土地罪，非法低价出让国有土地使用权罪，放纵走私罪，商检徇私舞弊罪，动植物检疫徇私舞弊罪，放纵制售伪劣商品犯罪行为罪，招收公务员、学生徇私舞弊罪。

第二节　重点罪名论述

一、滥用职权罪

（一）滥用职权罪的概念和特征

滥用职权罪，是指国家机关工作人员超越职权，违反法律决定、处理其无权决定、处理的事项，或者违反法定程序处理公务，致使公共财产、国家和人民利益遭受重大损失，依法应受刑罚处罚的行为。本罪具有如下构成特征：

（1）本罪侵犯的客体是国家机关的正常活动。侵犯的对象可以是公共财产或者公民的人身及其财产。

（2）本罪客观方面表现为滥用职权，致使公共财产、国家和人民利益遭受重大损失的行为。滥用职权，是指不法行使职务上的权限的行为。

（3）本罪主体特定为国家机关工作人员。

（4）本罪在主观方面表现为故意，行为人明知自己滥用职权的行为会发生致使公共财产、国家和人民利益遭受重大损失的结果，并且希望或者放任这种结果发生。

（二）滥用职权罪的认定

要区别滥用职权罪与玩忽职守罪：玩忽职守罪是指国家机关工作人员严重不负责任，不履行或者不正确履行职责，致使公共财产、国家和人民利益遭受重大损失，应受刑罚处罚的行为。滥用职权罪是对职权的“滥用”，主要表现为超越职权的滥用、违法行使职权的滥用。行为方式主要表现为作为；玩忽职守罪在客观方面的本质属性是对职守的“玩忽”，主要表现为不履行职责或不认真履行职责。行为方式的主要表现为不作为。

两罪立案标准[1]不同：滥用职权造成死亡1人，或者重伤2人、轻伤5人以上即可立案，而玩忽职守除造成死亡1人以外，重伤要3人、轻伤10人以上才能立案；滥用职权造成直接经济损失达20万元即可立案，而玩忽职守则要30万元才能立案。

（三）对滥用职权罪的处罚

我国刑法第三百九十七条规定："国家机关工作人员滥用职权或者玩忽职守，致使公共财产、国家和人民利益遭受重大损失的，处3年以下有期徒刑或者拘役；情节特别严重的，处3年以上7年以下有期徒刑。"

二、故意泄露国家秘密罪

（一）故意泄露国家秘密罪的概念和特征

故意泄露国家秘密罪，是指国家机关工作人员违反国家保密法的规定，故意泄露国家秘密，情节严重，依法应受刑罚处罚的行为。所谓"国家秘密"是指关系国家的安全和利益，依照法定程序确定，在一定时间内只限一定范围的人员知情的事项。据刑法的规定，只有故意泄露国家秘密情节严重的，才构成犯罪。本罪具有如下构成特征：

（1）本罪侵犯的客体是国家的保密制度。

保守国家秘密是一切国家机关、武装力量、政党、社会团体、企事业单位和每个公民对国家应尽的义务。任何泄露国家机密的行为，都会给国家的安全和人民的利益造成严重危害。

本罪侵犯的对象是国家秘密。国家秘密主要包括[2]：国家事务的重大决策中的秘密事项；国防建设和武装力量活动中的秘密事项；外交和外事活动中的秘密事项以及对外承担保密义务的事项；国民经济和社会发展中的秘密事项；科学技术中的秘密事项；维护国家安全活动和追查刑事犯罪中的秘密事项；其他经国家保密工作部门确定应当保守的国家秘密事项。

（2）本罪在客观方面，表现为行为人必须具有违反国家保密法的规定，故意泄露国家秘密，情节严重的行为［情节严重的具体规定可参考2006年7月26日最高人民检察院公布的《关于渎职侵权犯罪案件立案标准的规定》（高检发释字〔2006〕2号）］。

（3）本罪的主体一般为特殊主体，即国家机关工作人员才能构成该罪。但同时《中华人民共和国刑法》第三百九十八条第二款对该罪主体范围作了扩大解释，包括"非国家机关工作人员"也可以作为犯罪主体，但应"酌情处罚"。

（4）本罪在主观方面表现为故意，过失不能构成该罪。

① 最高人民检察院《关于人民检察院直接受理立案侦查案件立案标准的规定（试行）》。

② 根据《中华人民共和国保守国家秘密法》第八条。

（二）故意泄露国家秘密罪的认定

1. 本罪与侵犯商业秘密罪的区别

区别	故意泄露国家秘密罪	侵犯商业秘密罪
侵犯的客体	国家保密制度	权利人对商业秘密的专用权
侵犯的对象	国家秘密	商业秘密
客观表现	违反国家保密法规，使不应该知悉某项国家秘密的人员知悉了该项国家秘密的行为，其行为特征是泄露	以盗窃、利诱、胁迫或其他不正当手段获取权利人的商业秘密的行为；披露、使用或者允许他人使用以前项手段获取的权利人的商业秘密的行为；违反约定或者违反权利人有关保守商业秘密的要求，披露、使用或者允许他人使用其所掌握的商业秘密
犯罪主体	只能是自然人，且以国家机关工作人员为主	既可以是自然人，也可以是单位
主观表现	只能是故意	既可以是故意，也可以是过失

2. 本罪与为境外窃取、刺探、收买、非法提供国家秘密或情报罪的区别

区别	故意泄露国家秘密罪	为境外窃取、刺探、收买、非法提供国家秘密或情报罪
侵犯的客体	国家的保密制度，属于渎职罪的范畴	国家安全和利益，属于危害国家安全罪的范畴
侵犯的对象	涉及国家安全和利益的国家秘密	除了国家秘密以外，还包括影响国家安全的情报
客观表现	违反国家保密法规，将自己了解和掌握的国家秘密泄露给他人的行为	为境外的机构、组织、人员窃取、刺探、收买、非法提供国家秘密的行为
犯罪主体	国家机关工作人员	一般主体
构成犯罪情节轻重	情节严重才能构成犯罪	没有情节的要求

（三）对故意泄露国家秘密罪的处罚

我国刑法第三百九十八条规定：“国家机关工作人员违反保守国家秘密法的规定，故意或者过失泄露国家秘密，情节严重的，处3年以下有期徒刑或者拘役；情节特别严重的，处3年以上7年以下有期徒刑。非国家机关工作人员犯前款罪的，依照前款的规定酌情处罚。”

行为人非法获取国家秘密而又故意加以泄露的，不实行数罪并罚。对之应依照其中的一罪从重处罚。由于非法获取国家秘密属于行为犯，不以情节严重为必要，因此，应以非法获取国家秘密罪从重论处。

三、徇私枉法罪

（一）徇私枉法罪的概念和特征

徇私枉法罪，是指司法工作人员徇私枉法、徇情枉法，对明知是无罪的人而使他受追诉、对明知是有罪的人而故意包庇不使他受追诉，或者在刑事审判活动中故意违背事实和法律作枉法裁判，依法应受刑罚处罚的行为。本罪具有如下构成特征：

（1）本罪侵犯的客体是国家司法机关的正常活动。

（2）本罪在客观方面表现为在刑事诉讼中徇私、徇情枉法的行为。所谓徇私、徇情枉法，是指出于个人目的，为了私利私情而故意歪曲事实，违背法律，作错误裁判。

（3）本罪的主体是特殊主体，即司法工作人员，主要是司法工作人员中从事侦查、检察、审判工作的人员，包括公安、国安、监狱、军队保卫部门、人民检察院中的侦查人员（包括铁路运输检察院、林业检察院等专门检察院的检察人员）、人民法院的审判人员。非上述机关人员或者虽为上述机关中的工作人员但不负有侦查、检察、审判、监管职责的，一般不能成为该罪主体，构成该罪时必是共同犯罪。

（4）本罪在主观方面表现为故意，过失不构成该罪。

（二）徇私枉法罪的认定

1. 本罪与诬告陷害罪的区别

区别	徇私枉法罪	诬告陷害罪
主体	只能是司法工作人员	一般主体
客体	司法机关的正常活动	主要侵犯的是他人的人身权利
客观方面	利用职权使无罪的人受到追诉或者使有罪的人不受到追诉，其行为一定与职务活动有关	捏造他人犯罪的事实加以告发。它与行为人是否担任职务或担任何种职务无关

2. 本罪与伪证罪的区别

区别	徇私枉法罪	伪证罪
主体	只能是司法工作人员	在侦查、审判过程中出现的诉讼参与人，即证人、鉴定人、记录人和翻译人
客体	司法机关的正常活动	主要侵犯的是他人的人身权利
客观方面	利用职权使无罪的人受到追诉或者使有罪的人不受到追诉，其行为一定与职务活动有关	除鉴定人、翻译人、记录人具有一定的身份，并有可能利用职务之便作伪证外，证人只是具有证人的身份，了解案件情况的人，不要求身份条件和具有利用职务之便的行为
犯罪手段	除在制造伪证、隐匿、销毁证明材料上与后者相同外，还可以在起诉、审判过程中曲解或滥用法律条文，玩弄或违反诉讼程序，使无罪的人受追诉、使有罪的人不受追诉	只能在侦查、审判过程中作虚假证明、作不符合事实的记录、作违背事实的鉴定、作不符合原意的翻译

（三）对徇私枉法罪的处罚

我国刑法第三百九十九条规定："司法工作人员徇私枉法、徇情枉法，或者在刑事审判活动中故意违背事实和法律作枉法裁判的，处5年以下有期徒刑或者拘役；情节严重的，处5年以上10年以下有期徒刑；情节特别严重的，处10年以上有期徒刑。"

四、国家机关工作人员签订、履行合同失职被骗罪

（一）国家机关工作人员签订、履行合同失职被骗罪的概念和特征

国家机关工作人员签订、履行合同失职被骗罪是指国家机关工作人员在签订、履行合同过程中，因严重不负责任被诈骗，致使国家利益遭受重大损失，依法应受刑罚处罚的行为。本罪具有如下构成特征：

（1）本罪侵犯的客体是国家机关的正常活动。

由于国家工作人员对本职工作严重不负责，不遵纪守法，违反规章制度，不履行应尽的职责义务，致使国家经济利益受到重大损失，给国家、集体和人民利益造成严重损害，从而危害了国家机关的正常活动。

（2）本罪在客观方面表现为国家机关工作人员在签订、履行合同过程中，因严重不负责任被诈骗，致使国家利益遭受重大损失。

（3）本罪主体为特殊主体，即是国家机关工作人员，根据我国刑法的规定，国家机关工作人员是指在国家各级人大及其常委会、国家各级人民政府及各级人民法院、人民检察院中从事公务的人员。

（4）本罪在主观方面只能由过失构成，故意不构成本罪。如果行为人在主观上对于危害结果的发生不仅预见到，而且希望或者放任它的发生，那就不属于本罪所定的犯罪行为，而构成其他的故意犯罪。

（二）本罪与签订、履行合同失职被骗罪的区别

两罪区别之关键在于主体不同：本罪主体仅限于国家机关工作人员；而签订、履行合同失职被骗罪主体则为国有公司、企业、事业单位中的直接负责的主管人员。

（三）对国家机关工作人员签订、履行合同失职被骗罪的处罚

我国刑法第四百零六条规定："国家机关工作人员在签订、履行合同过程中，因严重不负责任被诈骗，致使国家利益遭受重大损失的，处3年以下有期徒刑或者拘役；致使国家利益遭受特别重大损失的，处3年以上7年以下有期徒刑。"

五、环境监管失职罪

（一）环境监管失职罪的概念和特征

环境监管失职罪，是指负有环境保护监督管理职责的国家机关工作人员严重不负责任、导致发生重大环境污染事故，致使公私财产遭受重大损失或者造成人身伤亡的严重后果，依法应受刑罚处罚的行为。本罪具有如下构成特征：

（1）本罪侵犯的客体是国家环境保护机关的监督管理活动和国家对保护环境防治

污染的管理制度。

（2）本罪在客观方面表现为严重不负责任，导致发生重大环境污染事故，致使公私财产遭受重大损失或者造成人身伤亡的严重后果的行为。具体体现在《中华人民共和国环境保护法》《中华人民共和国水污染防治法》《中华人民共和国大气污染防治法》《中华人民共和国海洋环境保护法》《中华人民共和国固体废物污染防治法》等法律及其他有关法规所规定的关于环境保护部门监管工作人员不履行职责、工作极不负责的行为。

（3）本罪主体为特殊主体，即负有环境保护监督管理职责的国家机关工作人员，具体是指各级环境行政主管部门的工作人员、依照法律规定对环境污染防治实施监督管理的协管部门的工作人员、代表国家机关行使环境监管职责的国家机关中从事公务的人员。

（4）本罪的主观一般是过失，但也可能是放任的间接故意（如明知行为违反环境保护法，可能造成重大环境污染事故、危及公私财产或人身安全，但不采取任何措施予以制止，而是采取放任的态度，以致产生严重后果）。

（二）本罪与重大责任事故罪的区别

区别	环境监管失职罪	重大责任事故罪
主体	只能为国家机关工作人员，及代表国家机关行使环境监管职责的国家机关中从事公务的人员	工厂、矿山、林场、建筑或者其他企业、事业单位的人员
客观方面	行为人严重不负责任，不履行或者不认真、不正确履行法律所赋予的环境监管职责	行为人不服从管理、违反规章制度，或者强令工人违章冒险作业
客体	国家机关的正常管理活动	社会公共安全
发生的场合	只能发生在国家机关的环境监管活动过程中	发生在生产作业过程中

（三）对环境监管失职罪的处罚

我国刑法第四百零八条规定：“负有环境保护监督管理职责的国家机关工作人员严重不负责任，导致发生重大环境污染事故，致使公私财产遭受重大损失或者造成人身伤亡的严重后果的，处3年以下有期徒刑或者拘役。”

第二十八章 军人违反职责罪

第一节 军人违反职责罪概述

一、军人违反职责罪的概念与特征

(一) 军人违反职责罪的概念

我国刑法第四百二十条规定:“军人违反职责,危害国家军事利益,依照法律应当受刑罚处罚的行为,是军人违反职责罪。”据此,军人违反职责罪,是指中国人民解放军的现役军人、执行军事任务的预备役人员以及执行军事任务的其他人员违反职责,危害国家军事利益,依法应受刑罚处罚的行为。

(二) 军人违反职责罪的构成特征

(1) 本类犯罪侵害的客体,是国家的军事利益,包括一切关系国家军事设施、军事装备、国防建设、武装斗争、军事后勤供给等方面的利益。

(2) 本类犯罪在客观方面表现为违反军人职责,危害国家军事利益的行为。所谓“违反军人职责”是指行为人不遵守国家有关军事法规、命令、条例等所确定的具体职责。军人违反职责的行为既包括作为,也包括不作为,其中可以由不作为构成的犯罪较多,这也是军法从严的体现。需要注意的是,行为的时间、地点,对军人违反职责罪的定罪与量刑具有重要意义。一方面,许多犯罪行为要求在“战时”“临阵”“在战场上”“在军事行为地区”等时间与地点实施;另一方面,“战时”等特定时间往往是法定刑升格的条件或从重处罚的法定情节。

(3) 本类犯罪的主体是特殊主体。只有具有军人身份的人才具有军人职责,才可能违反军人职责。具体地说,违反军人职责罪的主体分为两类:一类是现役军人,包括中国人民解放军的现役军官、文职干部、士兵及具有军籍的学员,中国人民武装警察部队的现役警官、文职干部、士兵及具有军籍的学员;一类是执行军事任务的预备役人员和其他人员。根据共同犯罪的原理,其他公民只能与军人构成违反军人职责罪的共犯,而不可能单独实施军人违反职责罪。

(4) 本类犯罪主观方面多数出于故意,少数出于过失。故意、过失的内容得根据刑法总则的规定以及各种犯罪的具体行为予以确定。

二、军人违反职责罪的种类

我国刑法分则第十章规定了30多种罪名,根据各种具体犯罪的直接客体,可将军人违反职责罪划分为如下几类：

（1）危害作战利益的犯罪；

（2）违反部队管理制度的犯罪；

（3）危害军事秘密的犯罪；

（4）危害部队物资保障的犯罪；

（5）侵犯部属、伤病军人、平民、战俘利益的犯罪。

第二节　重点罪名论述

一、危害作战利益的犯罪

（一）战时违抗命令罪

战时违抗命令罪，是指部属人员在战时故意违抗上级命令，对作战造成危害，依法应受刑罚处罚的行为。本罪具有如下构成特征：

（1）本罪客观方面表现为在战时违抗作战命令，对作战造成危害的行为。首先，行为必须发生在战时，平时违抗上级命令的行为不构成本罪。其次，必须有违抗作战命令的行为，主要表现为三种情况：一是拒不执行作战命令，二是拖延或迟缓执行作战命令，三是实施不符合作战命令的行为。最后，必须对作战造成危害，即由于行为人违抗作战命令而扰乱了作战部署，贻误了战机，使部队遭受较大损失。

（2）本罪主观方面只能出于故意，即明知是上级的作战命令而故意违抗，过失行为不成立本罪。

根据我国刑法第四百二十一条的规定，犯战时违抗命令罪的，处3年以上10年以下有期徒刑；致使战斗、战役遭受重大损失的，处10年以上有期徒刑、无期徒刑或者死刑。

（二）隐瞒、谎报军情罪

隐瞒、谎报军情罪，是指故意隐瞒、谎报军情，对作战造成危害，依法应受刑罚处罚的行为。本罪具有如下构成特征：

（1）本罪在客观方面表现为隐瞒军情，或者报告捏造的、虚构的或其他不真实的军情，对作战造成危害的行为。

（2）本罪主体是参加作战的军职人员。

（3）本罪主观方面必须出于故意，即明知是军情而故意隐瞒，或者明知是不真实的军情而报告。由于疏忽大意或者过于自信而报告不真实军情的，不构成本罪。

根据我国刑法第四百二十二条的规定，犯本罪的，处3年以上10年以下有期徒刑；致使战斗、战役遭受重大损失的，处10年以上有期徒刑、无期徒刑或者死刑。

（三）投降罪

投降罪，是指在战场上贪生怕死，自动放下武器投降敌人，依法应受刑罚处罚的行为。本罪具有如下构成特征：

（1）本罪客观方面表现为在战场上贪生怕死，自动放下武器投降敌人的行为。所谓“贪生怕死”，是指为了活命而放弃战斗；所谓“自动放下武器”，是指有能力作战而不作战，并非仅指放下手中武器。

（2）主体必须是参加作战的军职人员。

（3）主观方面表现为故意，出于贪生怕死的动机。

根据我国刑法第四百二十三条的规定，犯本罪的，处3年以上10年以下有期徒刑；情节严重的，处10年以上有期徒刑或者无期徒刑；投降后为敌人效劳的，处10年以上有期徒刑、无期徒刑或者死刑。

（四）战时自伤罪

战时自伤罪，是指在战时自伤身体，逃避军事义务，依法应受刑罚处罚的行为。本罪具有如下构成特征：

（1）本罪在客观方面表现为在战时自伤身体，逃避军事义务的行为，在平时自伤身体的不成立本罪。

（2）主体是参加作战或者担负作战任务的军职人员，其他公民自伤的不成立本罪。

（3）主观方面表现为故意，目的是为了逃避作战义务，过失致自己身体受伤的不成立本罪。

根据我国刑法第四百三十四条规定，犯战时自伤罪的，处3年以下有期徒刑；情节严重的，处3年以上7年以下有期徒刑。

二、违反部队管理制度的犯罪

（一）擅离、玩忽军事职守罪

擅离、玩忽军事职守罪，是指指挥人员和值班、值勤人员擅自离开自己的指挥或者值班、值勤岗位，或者在履行职责时玩忽职守，因而造成严重后果，依法应受刑罚处罚的行为。本罪的主体是军人中的特殊主体，即军队中具有指挥职务和值班、值勤职务的指战员；主观上是过失。

根据我国刑法第四百二十五条的规定，平时犯擅离、玩忽军事职守罪的，处3年以下有期徒刑或者拘役；造成特别严重后果的，处3年以上7年以下有期徒刑；战时犯本罪的，处5年以上有期徒刑。

（二）军人叛逃罪

军人叛逃罪，是指在履行公务期间，擅离岗位，叛逃境外或者在境外叛逃，危害国家军事利益，依法应受刑罚处罚的行为。本罪与刑法第一百零九条的叛逃罪的主客观方面相同，只是主体不同：本罪主体必须是军职人员，叛逃罪的主体是军职人员以外的国家机关工作人员以及掌握国家秘密的国家工作人员。

根据我国刑法第四百三十条规定，犯本罪的，处5年以下有期徒刑或者拘役；情节严重的，处5年以上有期徒刑；驾驶航空器、舰船叛逃的，或者有其他特别严重情节的，处10年以上有期徒刑、无期徒刑或者死刑。

三、危害军事秘密的犯罪

（一）非法获取军事秘密罪

非法获取军事秘密罪，是指以窃取、刺探、收买方法，非法获取军事秘密，依法应受刑罚处罚的行为。本罪在主观上只能出于故意，犯罪的目的与动机一般不影响本罪的成立，但如果为了境外的机构、组织、人员实施上述行为，则构成其他犯罪。

根据我国刑法第四百三十一条第一款的规定，犯本罪的，处5年以下有期徒刑；情节严重的，处5年以上10年以下有期徒刑；情节特别严重的，处10年以上有期徒刑。

（二）为境外窃取、刺探、收买、非法提供军事秘密罪

为境外窃取、刺探、收买、非法提供军事秘密罪，是指为境外的机构、组织、人员窃取、刺探、收买、非法提供军事秘密，依法应受刑罚处罚的行为。窃取、刺探、收买、非法提供是行为的四种表现形式，只要实施其中之一便构成犯罪；本罪的主观上只能出于故意，犯罪主体是军职人员。

根据我国刑法第四百三十一条第二款的规定，犯为境外窃取、刺探、收买、非法提供军事秘密罪的，处10年以上有期徒刑，无期徒刑或者死刑。

（三）故意泄露军事秘密罪和过失泄露军事秘密罪

故意泄露军事秘密罪，是指违反保守国家秘密法规，故意泄露军事秘密，情节严重，依法应受刑罚处罚的行为。过失泄露军事秘密罪，是指违反保守国家秘密法规，过失泄露军事秘密，情节严重的行为。两罪的客观方面表现为违反保守国家秘密法规，泄露国家军事秘密，情节严重的行为。

泄露军事秘密，是指违反保守国家秘密法的规定，使军事秘密被不应当知悉者知悉，以及使军事秘密超出了限定的接触范围，而不能证明未被不应知悉者知悉，依法应受刑罚处罚的行为。两罪主体必须是军职人员。故意泄露军事秘密罪的主观方面为故意；过失泄露军事秘密罪的主观方面为过失。

根据我国刑法第四百三十二条的规定，平时犯故意泄露军事秘密罪、过失泄露军事秘密罪的，处5年以下有期徒刑或者拘役；情节特别严重的，处5年以上10年以下有期徒刑；战时犯本罪的，处5年以上10年以下有期徒刑，情节特别严重的，处10年以上有期徒刑或者无期徒刑。

四、危害部队物资保障的犯罪

（一）武器装备肇事罪

武器装备肇事罪，是指违反武器装备使用规定，情节严重，因而发生重大责任事故，致人重伤、死亡或者造成其他严重后果，依法应受刑罚处罚的行为。本罪具有如下构成特征：

（1）犯罪客体为国家关于武器装备的管理制度。

（2）客观方面表现为违反武器装备使用规定，情节严重，因而发生重大责任事故，

致人重伤、死亡或者造成其他严重后果的行为。

(3) 犯罪主体为特殊主体，即现役军人。

(4) 主观方面只能是过失，包括疏忽大意的过失与过于自信的过失。这里的过失是指行为人对自己行为引起的责任事故而言，对于违反武器装备使用规定也可能是明知故犯。

根据我国刑法第四百三十六条的规定，犯武器装备肇事罪的，处3年以下有期徒刑或者拘役；后果特别严重的，处3年以上7年以下有期徒刑。

(二) 盗窃、抢夺武器装备、军用物资罪

盗窃、抢夺武器装备、军用物资罪，是指军职人员以非法占有为目的，窃取或者公然夺取部队的武器装备或者军用物资，依法应受刑罚处罚的行为。本罪在客观上表现为窃取或者公然夺取部队除枪支、弹药、爆炸物以外的武器装备或者军用物资的行为。如果行为人窃取、抢夺其他财物，则不构成本罪，而构成盗窃罪、抢夺罪；如果行为人窃取、抢夺枪支、弹药、爆炸物，也不构成本罪，而构成刑法第一百二十七条的盗窃、抢夺枪支、弹药、爆炸物罪。本罪的主体必须是军职人员，本罪主观方面只能出于故意。

根据我国刑法第四百三十八条的规定，犯盗窃、抢夺武器装备、军用物资罪的，处5年以下有期徒刑或者拘役；情节严重的，处5年以上10年以下有期徒刑；情节特别严重的，处10年以上有期徒刑、无期徒刑或者死刑。

五、侵犯部属、伤病军人、平民、俘虏利益的犯罪

(一) 虐待部属罪

虐待部属罪，是指处于领导岗位的军职人员，滥用职权，虐待部属，情节恶劣，致人重伤或者造成其他严重后果，依法应受刑罚处罚的行为。“滥用职权”，是指不法行使职务上的权限的行为。“虐待部属”是指对部属进行肉体上的摧残、精神上的折磨、生活上的非人道待遇。“情节恶劣”是指虐待部属的行为造成了重伤、死亡或其他严重后果；犯罪主体必须是处于领导岗位的军职人员，一般士兵不能单独成为本罪主体，但可以成为本罪的共犯；主观方面必须出于故意。

根据我国刑法第四百四十三条的规定，犯虐待部属罪的，处5年以下有期徒刑或者拘役；致人死亡的，处5年以上有期徒刑。

(二) 遗弃伤病军人罪

遗弃伤病军人罪，是指在战场上故意遗弃伤病军人，情节恶劣，依法应受刑罚处罚的行为。本罪在客观上表现为将伤病军人遗弃在战场上的行为，行为必须在战场发生，必须是有能力救助而不救助。主体是直接责任人员，包括对伤员负有救护任务的救护人员和指挥人员。主观方面只能是故意，犯罪的动机不影响本罪的成立。情节恶劣是本罪的构成特征，如被遗弃伤病军人被敌人俘虏或死亡等。

根据我国刑法第四百四十四条的规定，犯遗弃伤病军人罪的，对直接责任人员，处5年以下有期徒刑。

（三）虐待俘虏罪

虐待俘虏罪，是指虐待俘虏，情节恶劣，依法应受刑罚处罚的行为。本罪在客观方面表现为虐待俘虏的行为。“虐待”是指肉体上的摧残、精神上的折磨、生活上的非人道待遇的行为。主观方面必须出于故意。成立本罪还要求情节恶劣，如采用残忍手段进行虐待的，虐待行为造成严重后果的，多次或一贯虐待俘虏的等。

根据我国刑法第四百四十八条的规定，犯虐待俘虏罪的，处3年以下有期徒刑。

图书在版编目(CIP)数据

刑法学/肖红超,尹亚萍主编.—成都:西南财经大学出版社,2017.7
ISBN 978-7-5504-3013-6

Ⅰ.①刑… Ⅱ.①肖…②尹… Ⅲ.①刑法—法的理论—中国—教材
Ⅳ.①D924.01

中国版本图书馆 CIP 数据核字(2017)第 116824 号

刑法学

肖红超 尹亚萍 主编

责任编辑:李才

封面设计:穆志坚

责任印制:封俊川

出版发行	西南财经大学出版社(四川省成都市光华村街 55 号)
网　　址	http://www.bookcj.com
电子邮件	bookcj@foxmail.com
邮政编码	610074
电　　话	028-87353785　87352368
照　　排	四川胜翔数码印务设计有限公司
印　　刷	郫县犀浦印刷厂
成品尺寸	185mm×260mm
印　　张	13
字　　数	285 千字
版　　次	2017 年 7 月第 1 版
印　　次	2017 年 7 月第 1 次印刷
印　　数	1—2000 册
书　　号	ISBN 978-7-5504-3013-6
定　　价	29.00 元